भारत में उद्यमिता

श्री कलराज मिश्र की पुस्तकें

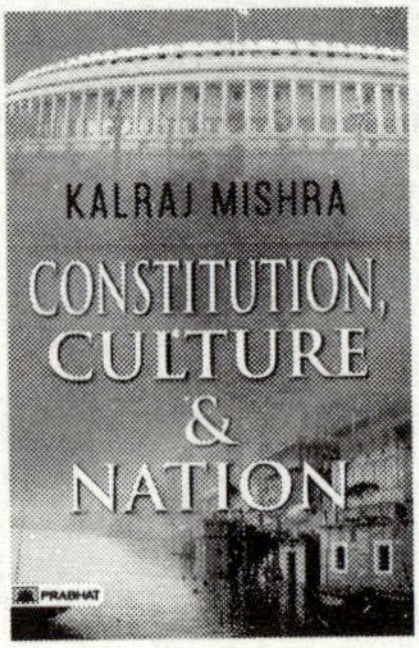

भारत में उद्यमिता

कलराज मिश्र

संपादक

बसंत कुमार

प्रभात प्रकाशन

प्रकाशक • **प्रभात प्रकाशन प्रा. लि.**
4/19 आसफ अली रोड,
नई दिल्ली–110002

संस्करण • 2024
मूल्य • पाँच सौ रुपए
मुद्रक • नरुला प्रिंटर्स, दिल्ली

BHARAT MEIN UDYAMITA
by Shri Kalraj Mishra ₹ 500.00
Published by Prabhat Prakashan Pvt. Ltd, 4/19 Asaf Ali Road, New Delhi-2
e-mail: prabhatbooks@gmail.com ISBN 978-93-5322-629-9

SHANTA KUMAR
Member of Parliament (Lok Sabha)
CHAIRMAN
Committee on Public Undertakings

147, Parliament House
New Delhi-110001
Phone : 23034639
Telefax: 23018475

प्राक्कथन

वर्ष 2014 में भारतीय जनता पार्टी के मेरे मित्र और सहयोगी पंडित कलराज मिश्र ने लघु एवं मध्यम उद्योग का दायित्व सँभालकर प्रधानमंत्री नरेंद्र मोदीजी के मेक इन इंडिया और सबका साथ सबका विकास के आयाम को सफलता से कार्यान्वित कर छोटे और मझोले उद्योगों को नई दिशा प्रदान की। यह मिश्रजी के कुशल मार्गदर्शन का ही परिणाम है कि आज एम.एस.एम.ई. सेक्टर देश के निर्यात में 40 प्रतिशत विनिर्माण में 45 प्रतिशत व सकल घरेलू उत्पाद में 8 प्रतिशत योगदान देकर भारतीय अर्थव्यवस्था का महत्त्वपूर्ण अंग बन गया है।

मुझे प्रसन्नता है कि संपादक बसंत कुमार ने कलराज मिश्रजी के एम.एस. एम.ई. सेक्टर के योगदान पर पुस्तक संकलित कर प्रशंसनीय और श्रमसाध्य कार्य किया है। आशा है, यह पुस्तक लघु और मझोले उद्योगों की विकास गाथा में रुचि रखनेवालों के लिए उपयोगी साबित होगी।

29 अप्रैल, 2019

(शांता कुमार)

Res. : 23, Ashoka Road, New Delhi-110001 • Phones : 23745003, 23745005 • Telefax : 23745008
Yamini Parisar, Palampur-176061 • Phone : 01894-230630 • Mob. : 09418030630/09013869148
Fax : 01894-232588 • E-mail : skyamini@gmail.com/shanta.kumar@sansad.nic.in

प्रस्तावना

देश में मई 2014 को श्री नरेंद्र मोदी के नेतृत्व में सरकार के गठन के पश्चात् देश में उद्यमिता के क्षेत्र में क्रांतिकारी परिवर्तन हुए। प्रधानमंत्रीजी ने एम.एस.एम.ई. सेक्टर की महत्ता को ध्यान में रखते हुए अपने वरिष्ठतम सहयोगी पं. कलराज मिश्र को सूक्ष्म, लघु एवं मध्यम उद्यम का उत्तरदायित्व सौंपा। प्रधानमंत्रीजी की आशाओं के अनुरूप श्री मिश्र ने देश में व देश के बाहर एम.एस.एम.ई. सेक्टर की उपलब्धियों के नए आयाम स्थापित किए।

वे अपने अथक प्रयास से प्रधानमंत्री के मेक इन इंडिया और सबका साथ सबका विकास के आयाम को चरितार्थ करने में प्रयासरत हैं। उनके कुशल मार्गदर्शन व अथक प्रयास से इस समय एम.एस.एम.ई. सेक्टर में कुल 361.76 लाख उद्यम कार्यरत हैं, जिसमें से 15.64 लाख पंजीकृत हैं। इन उद्यमियों के उत्पाद न सिर्फ पूरे देश में, वरन् पूरे देश से बाहर भी अपनी गुणवत्ता व उपयुक्त कीमत के लिए जाने जाते हैं। भारतीय एम.एस.एम.ई. सेक्टर विदेशी बाजार में विदेशी कंपनियों को कड़ी प्रतियोगिता दे रहा है। रोजगार सृजन के क्षेत्र में सूक्ष्म, लघु एवं मध्यम उद्यम मंत्रालय ने अनेक कार्यक्रम चलाए और इन कार्यक्रमों से लगभग 3.94,669 युवा लाभान्वित हुए। प्रधानमंत्री रोजगार सृजन योजना के अंतर्गत 1,70,373 उद्यम स्थापित किए गए और 1,29,380 युवाओं के लिए रोजगार के अवसर सृजित किए गए। उद्यमिता विकास संस्थानों ने 1,52,834 युवाओं के लिए उद्यम सृजन और उन्हें उद्यम प्रारंभ करने के लिए 5,505 कार्यक्रम आयोजित किए। उनकी प्रेरणा से रवांडा सहित अनेक देशों में

इनक्यूबेशन केंद्रों की स्थापना की गई।

इसके साथ ही ऑस्ट्रेलिया के साथ द्विपक्षीय सहयोग के माध्यम से स्किल डेवलपमेंट, तकनीकी विकास और सू.ल.म. उद्योगों के विपणन में आदान-प्रदान को आगे बढ़ाने पर चर्चा की। देश के पूर्वोत्तर के राज्य, जो उद्यमिता के क्षेत्र में पिछले छह दशकों से नजरअंदाज किए जा रहे थे, उन राज्यों में श्री मिश्र के कठिन परिश्रम से एम.एस.एम.ई. सेक्टर में विगत तीन वर्षों में विभिन्न कार्यक्रम प्रारंभ किए गए। उन्होंने नागालैंड के दीमापुर में (Regional Conclave) का उद्घाटन किया, जिसका उद्देश्य पूर्वोत्तर के आठ राज्यों—अरुणाचल प्रदेश, असम, मणिपुर, मेघालय, मिजोरम, नागालैंड, त्रिपुरा और सिक्किम में एम.एस.एम.ई. सेक्टर का विकास है।

30 मार्च, 2017 को कोरिया-भारत एम.एस.एम.ई. द्विपक्षीय समूह की बैठक हुई। दोनों पक्षों ने एम.एस.एम.ई. के संवर्धन और विकास में उठाए जानेवाले कदमों की चर्चा की। उन्होंने प्रौद्योगिकी अंतरणों, संयुक्त उद्यमों, व्यावसायिक संधियों, प्रदर्शनियों में भागीदारी एवं व्यापार मेलों के संदर्भ में दोनों के बीच में परस्पर सहयोग पर चर्चा की। कोरियाई पक्ष भारत और कोरिया गणराज्य में स्टार्टअप्स को सहायता देने के लिए सहमत हो गए, जो एक-दूसरे के देश में स्टार्टअप्स स्थापित करने के इच्छुक होंगे। इसका आयोजन भारत के सू.ल.म. उद्यम मंत्री श्री कलराज मिश्र के एम.एस.एम.ई. सेक्टर के विदेशों में विस्तार के प्रयासों की एक कड़ी है।

एम.एस.एम.ई. क्षेत्र में चल रहे उद्यमों का ग्रोथ ओरिएंटेशन बहुत ही महत्त्वपूर्ण है। यह एक ऐसा फोकस क्षेत्र है, जो उद्यमों को उत्पादन क्षमता में वृद्धि के साथ-साथ प्रतिस्पर्धी भी बनाए रखता है। श्री कलराज मिश्र के व्यापक व प्रगतिवादी दृष्टिकोण व तत्काल निर्णय लेने की क्षमता के कारण एम.एस.एम.ई. सेक्टर ने इस क्षेत्र में उल्लेखनीय काम किया और इससे लगभग 22567 उद्यम लाभान्वित हुए। प्रधानमंत्री की मेक इन इंडिया पहल को मूर्त रूप देने हेतु सूक्ष्म, लघु एवं मध्यम उद्यम मंत्रालय ने वर्ष 2014 में एक वृहद् कार्य योजना तैयार की, जिसके अंतर्गत ग्रामीण अर्थव्यवस्था को सदृढ बनाने के लिए एंपायर, स्फूर्ति, कोयर उद्यमी योजना (रिमोट) और पर्वतीय, सीमावर्ती

क्षेत्रों को पुनर्जीवित करने के लिए योजना प्रारंभ की गई। आजीविका और औद्योगिकी को बढ़ावा देने के लिए 200 करोड़ रुपए की नवप्रवर्तन प्रौद्योगिकी नेटवर्क उद्यमिता स्कीम की जाँच की गई। खादी ग्रामोद्योग द्वारा ग्रामीण क्षेत्रों में बेरोजगार युवाओं के लिए रोजगार सृजन के अतिरिक्त खादी को 21वीं सदी के आधुनिक फैशन के अनुरूप बनाने का काम कलराजजी की दूरदृष्टि व कल्पना शक्ति का परिणाम है।

वंचित समाज अर्थात् अनुसूचित जातियों और जनजातियों के बीच उद्यमिता को बढ़ावा देने के प्रधानमंत्री के आह्वान को मूर्त रूप देने के लिए अलग से 500 करोड़ का प्रावधान किया गया है। स्टैंडअप इंडिया के कार्यान्वयन हेतु अनुसूचित जाति/अनुसूचित जनजाति और महिला उद्यमियों को बढ़ावा देने हेतु बैंकों के माध्यम से 10 लाख रुपए से 100 लाख रुपए तक ऋण की व्यवस्था की गई है। मंत्रालय द्वारा चलाई जा रही योजनाएँ महिलाओं के जीवन में सकारात्मक परिवर्तन लाने में महत्त्वपूर्ण भूमिकाएँ निभा रही हैं। महिलाओं और वंचित समाज के सशक्तीकरण हेतु क्लस्टर विकास के अनेक कार्यक्रम चलाए जा रहे हैं। एम.एस.एम.ई. मंत्रालय द्वारा चलाई जा रही विभिन्न योजनाओं और कल्याणकारी कार्यक्रमों के माध्यम से एम.एस.एम.ई. सेक्टर देश के आर्थिक विकास में महत्त्वपूर्ण योगदान कर रहा है। श्री मिश्र के कुशल नेतृत्व व मार्गदर्शन में आज एम.एस.एम.ई. क्षेत्र का निर्यात में योगदान 40 प्रतिशत, विनिर्माण में 45 प्रतिशत और सकल घरेलू उत्पाद में 8 प्रतिशत रहा है।

देश के युवा उद्यमियों व वंचित समाज तथा महिला उद्यमियों या ऐसे लोग जो अपना उद्यम प्रारंभ करना चाहते हैं, के हितों को ध्यान में रखकर इस कृति का निर्माण किया गया है। आशा है, यह कृति अपने उद्देश्य में पूर्ण रूप से सफल रहेगी।

—बसंत कुमार

अनुक्रम

संक्षिप्त जीवन परिचय

पं. कलराज मिश्र

कुशल प्रशासक, संगठन कला में निपुण, स्वभाव में शालीन एवं मृदुभाषी पं. कलराज मिश्र का जन्म उत्तर प्रदेश के जनपद गाजीपुर के मलिकपुर गाँव में 1 जुलाई, 1941 को पं. रामाज्ञा मिश्र की चौथी संतान के रूप में हुआ। उन्होंने सन् 1963 में वाराणसी की काशी विद्यापीठ से एम.ए. (समाजशास्त्र) की शिक्षा ग्रहण की। 7 मई, 1963 को सत्यवती मिश्रा के साथ परिणय सूत्र में बँधे। चार दशक से राष्ट्रीय राजनीति के परिप्रेक्ष्य में रहने के बावजूद श्री मिश्र के व्यक्तित्व और परिवार में पूर्वांचल की भाषा-संस्कृति, परंपराओं व शालीनता को आसानी से देखा जा सकता है।

वाराणसी में शिक्षा के दौरान वे राष्ट्रीय स्वयंसेवक संघ के संपर्क में आए। वे संघ की राष्ट्रवाद की अवधारणा को जीवन में आचरित करते हुए आगे बढ़े और शिक्षा पूर्ण करने के पश्चात् संघ प्रचारक के रूप में अपने को समर्पित किया। वर्ष 1963 में संघ के प्रचारक बन गए और प्रचारक के रूप में गोरखपुर से कार्य प्रारंभ किया। ठीक पाँच वर्ष प्रचारक के रूप में 1968 में, उन्हें उत्तर प्रदेश में जनसंघ में संगठन मंत्री के रूप में आजमगढ़ में लगाया गया। उनकी अपार संगठन क्षमता को देखते हुए उन्हें 1974 में लोकनायक जयप्रकाश नारायण की समग्र क्रांति का पूर्वी उत्तर प्रदेश का संयोजक बनाया गया। आपातकाल के दौरान 'रासुका' में बंदी बनाए गए और 19 महीने तक देवरिया जेल में रहे तथा मोरारजी देसाई के नेतृत्ववाली जनता पार्टी के शासन काल में 2 अप्रैल को राज्यसभा के लिए चुने गए। उसी वर्ष इंदौर में युवा मोर्चा

के आयोजित अधिवेशन में मोर्चा के राष्ट्रीय अध्यक्ष चुने गए। बाद में तत्कालीन सत्तारूढ़ जनता पार्टी के अध्यक्ष श्री चंद्रशेखरजी ने जनता पार्टी के विभिन्न युवा संगठनों में सामंजस्य स्थापित करने के लिए यूथ को-ऑर्डिनेशन कमेटी का गठन किया और इस कमेटी के संयोजक के रूप में श्री मिश्र को चुना। उनके इस चयन से जनता पार्टी में सभी शीर्ष नेताओं की सहमति थी। आशा के अनुरूप उन्होंने जनता पार्टी के पाँच घटकों—जनसंघ, कांग्रेस फॉर डेमोक्रेसी, कांग्रेस (ओ), सोशलिस्ट और लोकदल के युवा संगठनों के बीच समन्वय स्थापित करने में सफलता प्राप्त की।

सन् 1980 में भारतीय जनता पार्टी के गठन के पश्चात् वे उत्तर प्रदेश भारतीय जनता पार्टी के संगठन महामंत्री बनाए गए। उस समय उत्तर प्रदेश में भारतीय जनता पार्टी के प्रदेश अध्यक्ष श्री माधव प्रसाद त्रिपाठी थे। 1984 में श्री माधव प्रसाद त्रिपाठी के स्वर्गवासी होने के पश्चात् श्री कल्याण सिंह अध्यक्ष बने, उनके साथ भी प्रदेश महामंत्री के रूप में उत्तराखंड सहित उत्तर प्रदेश (उत्तराखंड का निर्माण नहीं हुआ था) संगठन कार्य को व्यापकता प्रदान की। ग्रामीण क्षेत्रों में प्रभावी तौर पर संगठन को मजबूती प्रदान की। पूरे प्रदेश में कार्यकर्ताओं के घर जा-जाकर उनके सुख-दुःख में सहभागिता कर पार्टी कार्यकर्ताओं में नई ऊर्जा का संचार किया। सन् 1991 के चुनाव में उनके कुशल संचालन व सक्षम नेतृत्व में भारतीय जनता पार्टी ने 212 सीटें जीतकर पहली बार स्पष्ट बहुमत प्राप्त किया, जिसे उत्तर प्रदेश भारतीय जनता पार्टी के इतिहास का स्वर्णिम युग कहा जाता है। वे चार बार उत्तर प्रदेश भारतीय जनता पार्टी के अध्यक्ष रहे। उत्तर प्रदेश सरकार में लोक निर्माण, पर्यटन, चिकित्सा, शिक्षा जैसे महत्त्वपूर्ण विभागों के मंत्री रहे। उनके कुशल मार्गदर्शन के कारण उत्तर प्रदेश पर्यटन विभाग को भारत सरकार की ओर से 'बेस्ट परफॉर्मिंग स्टेट इन द कंट्री' का पुरस्कार मिला। लोक निर्माण मंत्री के रूप में उनके कार्यकाल को प्रदेश में आज भी याद किया जाता है। प्रदेश की खस्ता हालत सड़कों को ठीक करने के लिए उन्होंने प्रदेश में गड्ढामुक्त सड़कों का न सिर्फ नारा दिया, बल्कि उसे चरितार्थ किया और अपने प्रयास से दीनदयाल उपाध्याय संपर्क योजना के माध्यम से कनेक्टीविटी का सपना साकार किया। उनके कार्यकाल में प्रदेश में राष्ट्रीय राजमार्ग में 4236 कि.मी. की वृद्धि हुई और श्यामाप्रसाद मुखर्जी शहरी

सुधार योजना प्रारंभ की गई। ग्रामीण इलाकों को शहरों से जोड़ने के लिए 500 आबादीवाले गाँवों को मुख्य सड़क से जोड़ने के लिए दीनदयाल मार्ग योजना की शुरुआत की गई। यह योजना माननीय अटल बिहारी वाजपेयी को इतनी पसंद आई कि जब वे भारत सरकार के प्रधानमंत्री बने तो उन्होंने प्रधानमंत्री ग्राम सड़क योजना की शुरुआत की। उत्तर प्रदेश में बहुजन समाज पार्टी और भारतीय जनता पार्टी की मिली-जुली सरकार बनने पर उनके प्रदेश अध्यक्ष पद छोड़कर मंत्री बनने पर लखनऊ में भारतीय जनता पार्टी के शीर्ष नेता श्री लालकृष्ण आडवाणी ने उल्लेख किया, "हम इस सरकार को भाजपा की ओर से गंभीरता प्रदान करने लिए कलराजजी जैसे वरिष्ठ नेता को प्रदेश दायित्व से मुक्त कर इस सरकार में शामिल कर रहे हैं।" माननीय आडवाणीजी के इस उल्लेख से कलराजजी की राजनीतिक महत्ता का सुखद एहसास होता है।

सन् 2001 में राज्यसभा के लिए पुन: निर्वाचित हुए। वर्ष 2002 के चुनावों में पार्टी को अपेक्षित सफलता न मिलने पर नैतिक जिम्मेदारी लेते हुए अध्यक्ष पद से त्यागपत्र दे दिया। पार्टी के केंद्रीय नेतृत्व ने वर्ष 2003 में उत्तर प्रदेश प्रभारी, 2004 में दिल्ली व राजस्थान के प्रभारी के रूप में संगठन की विशेष जिम्मेदारी दी। वर्ष 2006 से वर्ष 2009 के लोकसभा चुनाव तक बिहार प्रदेश प्रभारी का दायित्व निभाया। वर्ष 2006 में तीसरी बार राज्यसभा के सदस्य निर्वाचित हुए। राज्यसभा के कार्यकाल में वे पार्टी के प्रमुख वक्ताओं के रूप में उभरे और महत्त्वपूर्ण राष्ट्रीय व स्थानीय मुद्दों को सदन के बाहर प्रखरता से उठाया। 25 मार्च, 2011 को भारतीय जनता पार्टी के राष्ट्रीय उपाध्यक्ष बनाए गए तथा हिमाचल प्रदेश के प्रभारी बनाए गए। उन्होंने राज्यसभा सांसद के रूप में सब-ऑर्डिनेट लेजिसलेशन कमेटी के चेयरमैन के रूप में सराहनीय काम किया।

खेलों के प्रति उनकी विशेष रुचि है। ऑल इंडिया ओलंपिक संघ, उत्तर प्रदेश के अध्यक्ष रहे तथा उत्तर प्रदेश स्पोर्ट्स प्रमोशन समिति के अध्यक्ष के साथ-साथ तीरंदाजी संघ के राष्ट्रीय उपाध्यक्ष रहे हैं। वर्ष 2012 के विधानसभा चुनावों में लखनऊ (पूर्वी) सीट से भारी मतों से विजय प्राप्त की। वर्ष 2014 के आम चुनावों में उन्हें नई सीट देवरिया से पार्टी नेतृत्व द्वारा भेजा गया। उन्होंने पार्टी का फैसला सहर्ष स्वीकार किया। अपनी कर्मठता, लोकप्रियता व अनूठे व्यक्तित्व व अथक परिश्रम के बल पर अपने निकटतम प्रतिद्वंद्वी को लगभग

पौने तीन लाख मतों से पराजित किया। उनकी कर्मठता, प्रतिभा और स्वच्छ छवि की बदौलत उन्हें प्रधानमंत्री श्री नरेंद्र मोदी के मंत्रिमंडल में सूक्ष्म, लघु एवं मध्यम उद्यम मंत्री बनाया गया।

पूर्वांचल की मिट्टी व मलिकपुर की सोंधी खुशबू, जैसे सहज, सरल, सर्वसुलभ व्यक्तित्व के धनी, विरोधियों सहित सभी के साथ मैत्री भाव रखनेवाले पंडित कलराज मिश्र अपने साढ़े चार दशक के राजनीतिक जीवन में सबसे लंबे समय तक उत्तर प्रदेश में भारतीय जनता पार्टी के प्रदेश अध्यक्ष रहे और पार्टी के जनाधार विस्तार में महत्त्वपूर्ण भूमिका निभाई।

भारत सरकार के सूक्ष्म, लघु तथा मध्यम उद्यम मंत्री के रूप में उन्होंने एम.एस.एम.ई. सेक्टर को नई दिशा दी। उनके अद्वितीय विजन से यह सेक्टर भारतीय अर्थव्यवस्था का महत्त्वपूर्ण अंग बन गया है। इनके कार्यकाल के तीन वर्षों में एम.एस.एम.ई. सेक्टर चाहे रोजगार सृजन हो, चाहे खादी व ग्रामीण उद्योगों का विकास हो या स्किल डेवलपमेंट हो, सभी क्षेत्रों में अपेक्षित विकास किया है। उनके विषय में यह कहा जाता है कि देश के सूक्ष्म लघु एवं मध्यम उद्यम मंत्री के रूप में यदि उन्होंने पूरे पाँच वर्ष का कार्यकाल मिला होता तो देश में एम.एस.एम.ई. सेक्टर का योगदान देश्र के विकास में विश्व के सभी देशों से अधिक होता।

वर्ष 2017 में 75 वर्ष आयु पार करने के पश्चात् स्वेच्छा से मंत्रिमंडल से त्यागपत्र दे दिया। परंतु पार्टी नेतृत्व ने उनकी अद्वितीय संगठन क्षमता को ध्यान में रखते हुए भाजपा हरियाणा प्रदेश का प्रभारी नियुक्त किया है।

उनकी संगठन क्षमता का करिश्मा था कि पहली बार लोकसभा चुनात्रों में भारतीय जनता पार्टी ने 10 की 10 सीटें प्राप्त की है। उनकी अद्वितीय संगठन क्षमता, प्रशासनिक क्षमता तथा उनके योगदान को ध्यान में रखते हुए सरकार ने उन्हें हिमाचल प्रदेश का राज्यपाल मनोनित करने का फैसला किया है। आशा ही नहीं पूर्ण विश्वास है कि वे इस संवैधनिक दायित्व का निष्पक्ष होकर निर्वाह करने में सफल होंगे। क्योंकि वे उन गिने-चुने नेताओं में गिने जाते हैं जो पार्टी लाइन से परे लोकप्रिय हैं तथा अपने विरोधियों द्वारा भी सम्मान से देखे जाते हैं।

□

वर्ष 2014–2017 में एम.एस.एम.ई. की उपलब्धियाँ

सूक्ष्म, लघु और मध्यम उद्यम मंत्रालय सूक्ष्म, लघु और मध्यम उद्यम (एम.एस.एम.ई.), खादी और ग्रामोद्योग एवं कॅयर क्षेत्र का कार्य देखता है। इस मंत्रालय को पूर्ववर्ती लघु उद्योग मंत्रालय एवं कृषि और ग्रामीण उद्योग मंत्रालय को मिलाकर वर्ष 2007 में बनाया गया था।

सूक्ष्म, लघु और मध्यम उद्यम भारतीय अर्थव्यवस्था की रीढ़ हैं। भारतीय अर्थव्यवस्था में सर्वाधिक रोजगार देकर विनिर्माण उत्पादन में 45 प्रतिशत तथा कुल निर्यात में 40 प्रतिशत का योगदान देता है। छठी आर्थिक गणना, 2013 के अनुसार गैर कृषि क्षेत्र में सूक्ष्म, लघु और मध्यम उद्यम की 4.53 करोड़ स्थापनाएँ हैं।

भारत सरकार ने सूक्ष्म, लघु और मध्यम उद्यम के विकास को संवर्धित करने के लिए बहुत से कदम उठाए हैं। इनमें ऋण की उपलब्धता, प्रौद्योगिकीय उन्नयन, गुणवत्ता सुधार एवं विपणन सहायता स्कीम शामिल हैं। मुद्रा, स्टैंडअप इंडिया, एम.एस.ई. के लिए ऋण गारंटी निधि की वर्धित कवरेज और एम.एस.एम.ई. को बैंकों द्वारा दी गई उच्चतर ऋण सीमाओं ने उनकी ऋण सहायता में सुधार किया है।

मीडिया समूह के समक्ष एम.एस.एम.ई. की उपलब्धियों पर श्री कलराज मिश्र

खादी और ग्रामोद्योग आयोग (के.वी.आई.सी.) खादी और ग्रामोद्योग को संवर्धित एवं विकसित कर ग्रामीण अर्थव्यवस्था के सुदृढीकरण में महत्त्वपूर्ण भूमिका निभाता है। आयोग ग्रामीण क्षेत्र के तैयार माल से उपभोक्ताओं की आवश्यकता को पूरा करता है और 140 लाख व्यक्तियों को रोजगार देता है। इन उद्योगों के उत्पाद खादी, पॉटरी तैयार अनाज और दलहन, घाणी का तेल, अगरबत्ती (सुगंध स्टिक), शहद, वन्य उत्पाद, पाम गुड़, साबुन, फाइबर, उत्पाद, ग्रामीण अभियांत्रिकी, तैयार फल एवं वनस्पति रेंज के हैं।

कयर उद्योग लगभग लगभग 8 लाख व्यक्तियों को रोजगार देता है और इसका निर्यात में बहुत योगदान है। वर्ष 2013-15 में कयर निर्यात में भारत का कयर निर्यात लगभग 1500 करोड़ था। विश्व का कुल कयर उत्पादन लगभग 2,50,000 टन है और इसमें भारत का उत्पादन 60 प्रतिशत है। आज कयर उद्योग बहुत हद तक साधारण रस्सी के विनिर्माण से उच्च जीवनशैली के उत्पादों तक आ गया है। भारतीय कयर की स्वर्णिम बनावट इसे यूरोपीय एवं अमेरिकी बाजारों में मूल्यवान उत्पाद बनाती है और बहुत से कॉरपोरेट घरानों ने इसकी बड़ी संभावना का अनुभव कर कयर कारखाने लगाए हैं। कयर का लाभ इसका पर्यावरण अनुकूल (ग्रीन बिजनेस) है और प्रौद्योगिकीय इंटरवेंशन एवं विविधिकरण से मूल्यवर्धन के लिए बहुत संभावना है।

यह सूक्ष्म, लघु और मध्यम उद्यम मंत्रालय के लिए सम्मान का विषय था कि माननीय प्रधानमंत्री श्री नरेंद्र मोदीजी ने 18 अक्तूबर, 2016 को मंत्रालय की दो स्कीमें राष्ट्रीय अनुसूचित जाति/अनुसूचित जनजाति हब और जीरो डिफेक्ट, जीरो इफेक्ट (जेड) स्कीम का शुभारंभ किया। वर्ष 2007 में एम.एस.एस.ई. मंत्रालय का गठन होने के पश्चात् पहली बार माननीय प्रधानमंत्री ने मंत्रालय की स्कीमों का अनावरण करते हुए इनकी प्रशंसा की। माननीय प्रधानमंत्री ने 31 दिसंबर, 2016 को राष्ट्र को अपने संबोधन में एम.एस.एम.ई. के बारे में विशेष उल्लेख किया। उन्होंने सूक्ष्म, लघु और मध्यम उद्यमों के लिए वर्धित ऋण सुविधा एवं सूक्ष्म और लघु उद्यमों के लिए ऋण गारंटी निधि न्यास के लिए वर्धित समग्र राशि (सी.जी.टी.एम.एस.ई.) की घोषणा की। 1 फरवरी, 2017 को प्रस्तुत किए गए केंद्रीय बजट में सूक्ष्म, लघु और मध्यम उद्यमों पर विशेष

ध्यान देते हुए 50 करोड़ रुपए से कम का कारोबार करनेवाली कंपनियों के लाभ पर कर को 30 प्रतिशत से कम कर 25 प्रतिशत पर लाया गया।

माननीय प्रधानमंत्री द्वारा शुभारंभ किया गया राष्ट्रीय अनुसूचित जाति/अनुसूचित जनजाति हब केंद्रीय मंत्रालयों और केंद्रीय सार्वजनिक क्षेत्रों के उपक्रमों को, वस्तुओं एवं सेवाओं की आपूर्ति करने में सूक्ष्म व लघु उद्यमों से 4 प्रतिशत के अनिवार्य खरीद (प्रोक्योरमेंट) के लक्ष्य को पूरा करने के लिए अनुसूचित जाति/अनुसूचित जनजाति उद्यमियों को सहायता देता है। अनुसूचित जाति/अनुसूचित जनजाति हब क्षमता, गुणवत्ता, ऋण पहुँच, सी.पी.एस.ई. तथा केंद्रीय मंत्रालयों के साथ लिंकेज एवं विपणन सहायता को सुधारने में अनुसूचित जाति/अनुसूचित जनजाति के उद्यमों को सहायता देता है। इससे बहुत हद तक उनके बीच स्वरोजगार एवं उद्यमीय संस्कृति का संवर्धन होगा।

संगठनात्मक स्थापना

इस मंत्रालय के निम्नलिखित संगठन हैं—

- विकास आयुक्त एम.एस.एम.ई. कार्यालय
- खादी और ग्रामोद्योग आयोग (के.वी.आई.सी.)
- कयर बोर्ड
- राष्ट्रीय लघु उद्योग निगम लिमिटेड (एन.एस.आई.सी.)
- राष्ट्रीय सूक्ष्म, लघु और मध्यम उद्यम संस्थान (निम्समे)
- महात्मा गांधी ग्रामीण औद्योगिकीकरण (एमगिरी)

प्राप्त माइलस्टोन

1. उद्योग आधार ज्ञापन (यूएएम)

3.10.2014 को अपने 'मन की बात' संबोधन में माननीय प्रधानमंत्री के सुझाव के आधार पर मंत्रालय ने सूक्ष्म, लघु और मध्यम उद्यमों के पंजीकरण को आसान बनाने के लिए फार्म को सरल करने हेतु दिनांक 18 सितंबर, 2015 को एक सरल एक पृष्ठीय पंजीकरण फॉर्म 'उद्योग आधार ज्ञापन' अधिसूचित किया। उद्योग आधार ज्ञापन की मुख्य विशेषताएँ निम्नलिखित हैं—

- एकल पृष्ठीय ऑनलाइन पंजीकरण–मोबाइल अनुकूल
- स्व–प्रमाणन
- किसी दस्तावेज की जरूरत नहीं
- कोई शुल्क नहीं

सितंबर, 2015 में इसके कार्यान्वयन से 29.69 लाख से अधिक सूक्ष्म, लघु और मध्यम उद्यमों ने 24.04.2017 तक यू.ए.एम. पोर्टल पर पंजीकरण कराया है।

2. सूक्ष्म, लघु और मध्यम उद्यमों के अंतर्गत पुनरुद्धार एवं पुनर्वास ढाँचा

सूक्ष्म, लघु और मध्यम उद्यम मंत्रालय ने 'सूक्ष्म, लघु और मध्यम उद्यमों के पुनरुद्धार एवं पुनर्वास के लिए ढाँचा' 29 मई, 2015 को अधिसूचित किया, ताकि उसमें सूक्ष्म, लघु और मध्यम उद्यमों के खाते में दबाव के समाधान के लिए सरल और तीव्र तंत्र का प्रावधान हो सके। इस दिशा में दिनांक 17 मार्च, 2016 को आर.बी.आई. द्वारा बैंकों को एक दिशा–निर्देश जारी किया गया, जिसमें बैंकों से कहा गया कि वे सूक्ष्म, लघु और मध्यम उद्यमों के लिए सुधारात्मक कार्य–योजना के अनुमोदन के लिए 30 जून, 2016 तक एक संरचना सृजित करें। बैंकों द्वारा 41,417 प्रस्ताव प्राप्त किए गए, जिनमें से 29,595 मामलों में दिनांक 31 दिसंबर, 2016 तक ढाँचे के अंतर्गत समिति द्वारा सुधारात्मक कार्य–योजना संबंधी निर्णय लिया गया।

3. शिकायत मॉनीटरिंग

मंत्रालय केंद्रीयकृत लोक शिकायत निवारण और मॉनीटरिंग प्रणाली (सी.पी.जी.आर.ए.एम.एस.) पर सभी शिकायतों पर ध्यान देता है और 31 मार्च, 2017 की स्थिति के अनुसार सी.पी.जी.आर.ए.एम.एस. पर लंबित शिकायत की संख्या 30 से कम थी। आगे अन्य शिकायतों और हितधारकों द्वारा दिए गए सुझावों को ट्रैक करने और मॉनीटरिंग करने के लिए सूक्ष्म, लघु और मध्यम उद्यम मंत्रालय अपने एम.एस.एम.ई. इंटरनेट शिकायत मॉनीटरिंग सिस्टम वाला पहला मंत्रालय बन गया है। इसकी सराहना की गई है। 31 मार्च, 2017 तक

एम.एस.एम.ई.-आई.जी.एम.एस. पर 2764 शिकायत/सुझाव दर्ज किए गए हैं, जिनमें से 2741 का निपटान कर दिया गया है।

4. नवप्रवर्तन, ग्रामीण उद्योग और उद्यमिता संवर्धन स्कीम (एस्पायर)

सूक्ष्म, लघु और मध्यम उद्यम मंत्रालय ने मार्च 2015 में एक नई स्कीम, एस्पायर शुरू की। 15 अप्रैल, 2016 को उत्तर प्रदेश के देवरिया में पहले आजीविका व्यवसाय इनक्यूबेटर (एल.बी.आई.) की स्थापना की गई। उसके बाद, 56 एल.बी.आई. को अनुमोदित किया गया है और 25 एल.बी.आई. स्थापित कर दिए गए हैं। 31 मार्च, 2017 तक 5 प्रौद्योगिकी व्यवसाय इनक्यूबेटर (टी.बी.आई.) की स्थापना की गई है। 5,103 इनक्यूबेटीज को एल.बी.आई. द्वारा प्रशिक्षित किया गया है और उनमें से 553 ने पहले ही अपना कारोबार शुरू कर दिया है। सिडबी के तहत स्टार्टअप में निवेश के लिए 60 करोड़ रुपए का एक समय कोष स्थापित किया गया है। इसमें से कृषि-आधारित उद्योगों में 4 वैकल्पिक निवेश कोषों के लिए 39.50 करोड़ रुपए की प्रतिबद्धता है।

4. अंतरराष्ट्रीय सहयोग

सूक्ष्म, लघु और मध्यम उद्यम मंत्रालय ने पहली बार एक अंतरराष्ट्रीय कार्यशाला का आयोजन किया था। इंडियन ओशन रिम एसोसिएशन (आई.ओ.आर.ए.) सदस्य राष्ट्रों ने 19-20 जनवरी, 2017 को नई दिल्ली में एस.एम.ई. में सहयोग के लिए समझौता ज्ञापन (एम.ओ.यू.) के मसौदे पर एक बैठक की। इस कार्यशाला में 17 सदस्य देशों के 29 प्रतिनिधियों ने भाग लिया।

पिछले तीन वर्षों के दौरान, सूक्ष्म, लघु और मध्यम उद्यम मंत्रालय ने स्वीडन और संयुक्त अरब अमीरात के साथ समझौता ज्ञापनों पर भी हस्ताक्षर किए। पिछले तीन वर्षों के दौरान मॉरीशस, स्लोवाक गणराज्य, दक्षिण अफ्रीका, कोरिया गणराज्य, किर्गिस्तान गणराज्य, सूडान, कनाडा और रोमानिया के प्रतिनिधिमंडलों के साथ द्विपक्षीय बैठकें की गई हैं।

इसके अतिरिक्त, राष्ट्रीय लघु उद्योग निगम लिमिटेड (एन.एस.आई.सी.) ने एस.एम.ई., क्रेता-विक्रेताओं के साथ बैठकों और प्रतिनिधिमंडलों का

आदान-प्रदान करने में बोत्सवाना, दक्षिण अफ्रीका, गांबिया और तंजानिया के समकक्ष संगठनों के साथ समझौता ज्ञापन पर हस्ताक्षर किए हैं। भारत जर्मन औजार कक्ष, औरंगाबाद ने भी वर्तमान स्तर से मोटर वाहन उद्योगों के लिए उन्नत वेल्डिंग केंद्र स्थापित करने के लिए वेल्डिंग संस्थान, यू.के. के साथ समझौता ज्ञापन पर हस्ताक्षर किए हैं।

19-20 जनवरी, 2017 एम.ओ.यू. के मसौदे पर कार्यशाला, जिसमें 17 देशों के 29 प्रतिनिधियों ने भाग लिया। छवि में सूक्ष्म, लघु एवं मध्यम उद्यम मंत्री कलराजजी व राज्यमंत्री श्री गिरिराज सिंह, श्री हरिभाई व अन्य विदेशी प्रतिनिधि

छवि में श्री कलराज मिश्र, राज्यमंत्री गिरिराज सिंह, हरिभाई चौधरी व साथ में जापान के प्रतिनिधि

एस.एम.ई. को–ऑपरेशन में श्री कलराज मिश्र विदेशी प्रतिनिधियों के साथ

इंडियन ओसियन कोरम एसोसिएशन वर्कशाप में
श्री कलराज मिश्र अन्य प्रतिनिधियों के साथ

5. सूक्ष्म, लघु और मध्यम उद्यमों के लिए ऋण गारंटी न्यास निधि (सी.जी.टी. एम.एस.ई.)

ऋण सुपुर्दगी पद्धति को सुदृढ करने तथा संपार्श्विक या तीसरे पक्ष की गारंटी के बिना 2 करोड़ रुपए के ऋण प्रवाह को सुसाध्य बनाने के लिए ऋण गारंटी स्कीम बनाई गई है। सी.जी.टी.एम.एस.ई. की समग्र निधि भारत सरकार और सिडबी द्वारा क्रमश: 4:1 के अनुपात में योगदान कर रही है, जब तब 2500 करोड़ रुपए के स्तर पर नहीं पहुँचती है, तथापि सूक्ष्म और लघु उद्यमों (एम.एस.ई.) की सहायता के लिए पैकेज पर सूक्ष्म, लघु और मध्यम उद्यम मंत्रालय के प्रस्ताव के अनुमोदन के फलस्वरूप, सरकार ने 2500 करोड़ रुपए के वर्तमान स्तर से 7500 करोड़ रुपए कर न्यास की समग्र निधि की वृद्धि को अनुमोदित कर दिया है। 5000 करोड़ रुपए तक की समग्र निधि की वृद्धि का पूरी तरह से भारत सरकार द्वारा योगदान किया जाना है। इस स्कीम के अंतर्गत आनेवाले ऋण की सीमा 1 करोड़ रुपए से बढ़ाकर 2 करोड़ रुपए कर दी गई है। नॉन बैंकिंग फाइनेंस कंपनियों (एन.बी.एफ.सी.) को भी सूक्ष्म और लघु उद्यमों को दिए जा रहे ऋणों के लिए ऋण गारंटी स्कीम के अंतर्गत शामिल किया गया है।

वर्ष 2014-17 के दौरान, सी.जी.टी.एम.एस.ई. की समग्र निधि की वृद्धि के लिए 996.33 करोड़ का योगदान दिया गया। वर्ष 2016-17 के दौरान, सी.जी. टी.एम.एस.ई. को 715.68 करोड़ रुपए का योगदान दिया गया है, जो योजना के शुरू होने के बाद से एक वर्ष में सबसे ज्यादा योगदान है। वर्ष 2011-14 के दौरान 48,035 करोड़ रुपए की गारंटी कवरेज को शामिल कर 8,80,993 गारंटी आवेदनों की तुलना में 2014-17 के दौरान 61,155 करोड़ रुपए की गारंटी कवरेज को शामिल कर 13,69,527 गारंटी आवेदनों को अनुमोदित किया गया।

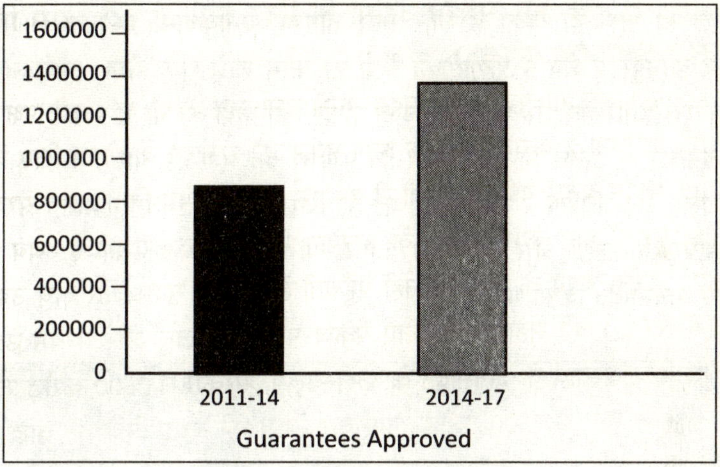

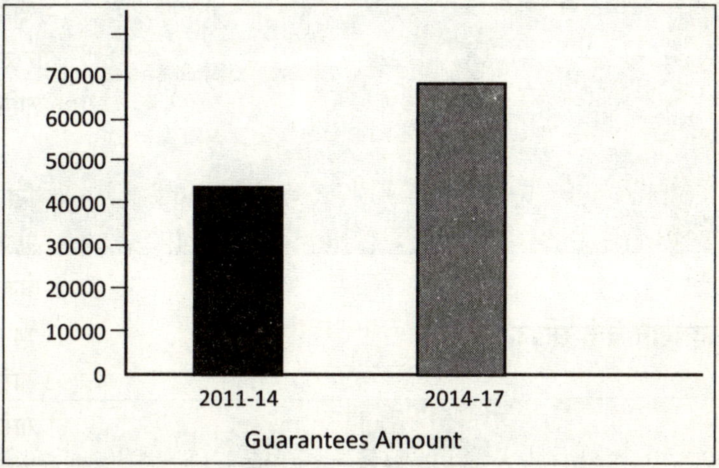

6. प्रौद्योगिकी केंद्र प्रणाली कार्यक्रम (टी.सी.एस.पी.)

सूक्ष्म, लघु और मध्यम उद्यम मंत्रालय ने विश्व बैंक की सहायता से 13 नए प्रौद्योगिकी केंद्र स्थापित करने का निर्णय लिया है। भिवाड़ी, दुर्ग, रोहतक, बद्दी, सितारगंज, पुड़ी, पुडुचेरी और बेंगलुरु में 8 प्रौद्योगिकी केंद्रों पर काम

पहले ही शुरू हो चुका है और ग्रेटर नोएडा, एर्नाकुलम, इम्फाल, भोपाल और कानपुर में शेष 5 प्रौद्योगिकी केंद्रों पर काम शीघ्र शुरू होगा। औरंगाबाद, भुवनेश्वर और मुंबई स्थित तीन मौजूदा प्रौद्योगिकी केंद्रों को भी 125 करोड़ रुपए के निवेश से उन्नत किया जा रहा है। पूर्वोत्तर क्षेत्र (एन.ई.आर.) के विकास के लिए एक विशेष स्कीम बनाई गई है, जिसके अंतर्गत तिनसुकिया, असम, दीमापुर, नागालैंड और अगरतला, त्रिपुरा में तकनीकी केंद्र स्थापित करने के लिए अनुमोदित किया गया है।

कंस्ट्रक्शन वर्क साइट पिक्चर्स

भिवाड़ी–मेन साइट एवं गार्ड रूम

दुर्ग मेन साइट

रोहतक बाउंड्री वाल

रोहतक-मेन साइट सर्वे पद प्रोग्रेस

7. उद्योग में भागीदारी

सैमसंग उत्पादों की मरम्मत और रखरखाव के संबंध में युवाओं को कौशल प्रदान करने के लिए 10 एम.एस.एम.ई. सैमसग टेक्नोलॉजी स्कूलों की स्थापना करने के लिए सैमसंग इलेक्ट्रॉनिक्स के साथ विकास आयुक्त, एम.एस. एम.ई. द्वारा एक समझौता ज्ञापन पर हस्ताक्षर किए गए हैं। 31 मार्च, 2017 के अंत तक इन स्कूलों में 1832 व्यक्तियों को प्रशिक्षित किया गया है और इनमें से 1165 व्यक्तियों को रोजगार दिया गया है। रोबोटिक्स, प्रोटोटाइप विकास के लिए 3डी मुद्रण, इलेक्ट्रिशियन एवं सौर प्रशिक्षण तथा कोऑर्डिनेट मेजरिंग मशीन (सी.एम.एम.) के क्षेत्रों में ए.एस.ई.ए. ब्राउन बोवेरी (ए.बी.बी.), एड्रोइटेक इन्फॉर्मेशन सिस्टम्स प्राइवेट लि., स्नेडर इलेक्ट्रिक इंडिया और कार्ल जेइस इंडिया जैसे निजी उद्योगों के सहयोग से एन.एस.आई.सी. ने रोजगार उन्मुखी प्रशिक्षण पहल की शुरुआत की।

8. एम.एस.एम.ई. डाटा बैंक

एम.एस.एम.ई. के संवर्धन और विकास की सुविधा के लिए और उनकी प्रतिस्पर्धा में वृद्धि के लिए सूक्ष्म, लघु और मध्यम उद्यम मंत्रालय ने 29 जुलाई, 2016 को सूक्ष्म, लघु और मध्यम उद्यम विकास (सूचना प्रस्तुत करना नियम, 2016) को अधिसूचित किया, जिसके अंतर्गत सभी एम.एस.एम.ई. को स्वयं के बारे में सूचना ऑनलाइन प्रस्तुत करनी है। इस डाटाबेस से सूक्ष्म, लघु और मध्यम उद्यम मंत्रालय स्कीमों को सरल एवं कारगर बनाने तथा मॉनीटर करने

और सूक्ष्म, लघु एवं मध्यम उद्यमियों को योजना का लाभ सीधे भेजने में सक्षम होगा। इससे विभिन्न मापदंडों के तहत एम.एस.एम.ई. की स्थिति के बारे में वास्तविक समय की सूचना भी मिलेगी। डाटा बैंक एम.एस.एम.ई. इकाइयों के लिए भी उपयोगी है, जो अब किसी सरकारी कार्यालय गए बिना अपनी उद्यम संबंधी सूचना अपडेट कर सकते हैं और अपने उत्पादों/सेवाओं के बारे में भी सूचना अपडेट कर सकते हैं। सरकारी विभागों द्वारा भारत सरकार की लोक खरीद (प्रोक्योरमेंट) नीति के अंतर्गत खरीद (प्रोक्योरमेंट) के लिए पहुँच बना सकते हैं। 31 मार्च, 2017 की स्थिति के अनुसार, इस पोर्टल पर 88,000 से अधिक एम.एस.एम.ई. इकाइयों को नामांकित किया गया।

9. माई. एम.एस.एम.ई.

विकास आयुक्त, एम.एस.एम.ई. ने मंत्रालय द्वारा कार्यान्वित की जा रही विभिन्न स्कीमों का लाभ लेने के लिए उद्यमों को सुसाध्य बनाने के लिए एक वेब-आधारित एप्लीकेशन मॉड्यूल, नामतः माई.एम.एस.एम.ई. शुरू किया है। इसे मोबाइल एप्लीकेशन में भी परिवर्तित किया गया है। उद्यमियों को ऑनलाइन आवेदन करना होगा और अपने मोबाइल पर आवेदन को ट्रैक करना होगा। यह माननीय प्रधानमंत्री की, जो प्रशासन को डिजिटल मोड में ही नहीं, बल्कि मोबाइल अनुकूल भी बनाना चाहते हैं, इच्छा के अनुरूप है।

10. बाजार संवर्धन विकास सहायता (एम.पी.डी.ए.) स्कीम

सरकार ने पूर्व की छूट प्रणाली के स्थान पर एक लचीली (फ्लेक्सेबल), वृद्धि उत्प्रेरक और कारीगर उन्मुखी बाजार विकास (एम.डी.ए.) स्कीम शुरू की है। एम.डी.ए. के अंतर्गत संस्थाओं को खादी और पॉली वस्त्र के उत्पादन मूल्य के 20 प्रतिशत की दर से वित्तीय सहायता दी जाती है, जिसमें कारीगरों, उत्पादक संस्थाओं और बिक्री संस्थाओं के बीच 25:30:45 के अनुपात में हिस्सेदारी होती है। यह स्कीम उत्पादन (खादी और पॉली) पर मौजूदा बाजार विकास सहायता स्कीम एवं प्रचार, विपणन एवं बाजार संवर्धन के अतिरिक्त घटक (निर्यात संवर्धन सहित) और विपणन परिसरों/खादी प्लाजा की स्थापना

द्वारा अवसंरचना सृजन के नए घटक को मिलाकर एम.पी.डी.ए. के रूप में संशोधित की गई है। संशोधित एम.डी.ए. की मुख्य लागत के 30 प्रतिशत पर गणना की जाएगी। संशोधित एम.डी.ए. उत्पादक संस्थाओं (40 प्रतिशत) तथा बिक्री संस्थाओं (20 प्रतिशत) और कारीगरों (40 प्रतिशत) के बीच वितरित की जाएगी। संशोधित एम.डी.ए. (एम.एम.डी.ए.) के अंतर्गत मूल्य निर्धारण पूर्णतया लागत चार्ट से अलग होगा और उत्पादों को उत्पादन के सभी स्तरों पर बाजार संबद्ध मूल्य पर बेचा जा सकता है। प्रोत्साहन अन्य कारीगरों एवं कार्यकर्ताओं को प्रदान किया जाएगा। इसके अतिरिक्त, उत्पादों के लिए उत्पादन और विपणन सहायता, जो स्वयं संपोषणीय है, चरणबद्ध रूप से हट जाएगी। विपणन परिसरों/प्लाजाओं की स्थापना की नई स्कीम में बाजार संवर्धन और अवसंरचना (10 करोड़ रुपए/परियोजना तक) की परिकल्पना की गई है।

संपूर्ण स्कीम को ऑनलाइन किया गया है और 1931 खादी संस्थाओं का पंजीकरण किया गया है एवं 3.09 लाख कारगीरों को आधार संख्या के साथ सूचीबद्ध किया गया है। वर्ष 2016-17 से खादी संस्थाओं तथा कारीगरों को एम.एम.डी.ए. निधियों का अंतरण ऑनलाइन किया गया है। खादी और ग्रामोद्योग आयोग के लिए विपणन संवर्धन और विकास सहायता (एम. पी.डी.ए.) स्कीम के अंतर्गत 331 करोड़ रुपए जारी किए गए हैं। 19.50 लाख से अधिक व्यक्तियों के लिए रोजगार सृजन करके खादी उत्पादन 1300 करोड़ रुपए तक पहुँचने की आशा है। खादी की बिक्री 1600 करोड़ रुपए से अधिक पहुँचने की आशा है।

11. स्कीमों का इ-गवर्नेंस/डिजिटलीकरण

पारदर्शिता लाने और जीवन को आसान बनाने के लिए मंत्रालय की लगभग सभी स्कीमों को ऑनलाइन कर दिया गया है। पी.एम.ई.जी.पी. (प्रधानमंत्री रोजगार सृजन कार्यक्रम), जिसे 1 जुलाई, 2013 से ऑनलाइन कर दिया गया है, के फलस्वरूप लाभार्थियों के बैंक खाते में सब्सिडी का सीधे अंतरण हुआ है। इसके फलस्वरूप वर्ष 2016-17 के दौरान 1280 करोड़ रुपए की मार्जिन मनी का भी रिकॉर्ड उपयोग हुआ।

इसी तरह अन्य स्कीमों अर्थात् स्फूर्ति, एस्पायर और विकास आयुक्त (सूक्ष्म, लघु और मध्यम उद्यम) कार्यालय, खादी और ग्रामोद्योग आयोग और कयर बोर्ड की स्कीमों को भी ऑनलाइन कर दिया गया है।

12. सूक्ष्म और लघु उद्यम सुविधा परिषद् (एम.एस.ई.एफ.सी.)

सूक्ष्म, लघु और मध्यम उद्यम विकास अधिनियम, 2006 राज्य सरकारों को विलंबित भुगतान विवादों के समाधान के लिए एक या एक से अधिक सूक्ष्म और लघु उद्यम सुविधा परिषद् (एम.एस.ई.एफ.सी.) स्थापित करने का अधिकार प्रदान करता है। सभी राज्यों ने एम.एस.ई.एफ.सी. की स्थापना कर दी है। कुछ राज्यों ने एक से अधिक परिषदें स्थापित की हैं। अभी तक राज्यों/संघ राज्य क्षेत्रों में 49 परिषदें हैं। एम.एस.ई.एफ.सी. नियम, जिन्हें लंबे समय से संशोधित नहीं किया गया था, को विभिन्न स्टॉकहोल्डरों से परामर्श करके संशोधित किया गया था और सितंबर, 2016 में राज्यों को इसे एक परामर्शिका (एडवाइजरी) के रूप में विचार करने और अपनाने के लिए परिचालित किया गया। राष्ट्रीय स्तर पर एम.एस.ई.एफ.सी. के वेब पोर्टल को विकसित किया गया है, जो सूक्ष्म, लघु और मध्यम उद्यम विकास अधिनियम, 2006 के प्रावधानों के तहत फाइल किए गए विलंबित भुगतान के मामलों की मॉनिटरिंग करने के लिए राज्यों/संघ राज्य क्षेत्रों को समर्थ बनाता है। 31.3.2017 की स्थिति के अनुसार, 3690 विलंबित भुगतान के मामलों को राज्यों/संघ राज्य क्षेत्रों द्वारा इस पोर्टल पर अपलोड किया गया।

13. एम.एस.एम.ई. के लिए वित्त सुविधा केंद्र

एन.एस.आई.सी. ने 'वित्त सुविधा केंद्र' (एफ.एफ.सी.) और 'ऑनलाइन वेब पोर्टल' www.nsicffconline.in भी स्थापित किया, जिनमें एम.एस.एम.ई. के विभिन्न वित्तपोषण विकल्पों को एकत्र करने के लिए नोडल बिंदु के रूप में काम करने की सुविधा क्रेडिट प्रस्तावों के शीघ्र निपटान के लिए एक नोडल बिंदु के रूप में चलाने की सुविधा है, जिससे एम.एस.एम.ई. के समय और लागत की बचत होगी, उन बहुत सी एम.एस.एम.ई. को सुविधा मिलेगी, जो ऋण का

लाभ उठाने और एम.एस.एम.ई. को पथ प्रदर्शन सहायता प्रदान करने के इच्छुक हैं। एन.एस.आई.सी. ने वर्तमान में जालंधर, पिन्या, गुवाहाटी, लुधियाना, हैदराबाद, जयपुर और चेन्नई में सात वित्त सुविधा केंद्र स्थापित किए हैं। 31.03.2017 तक एफ.एफ.सी. के समेकित कार्यनिष्पादन का सारांश नीचे दिया गया है—

- एफ.एफ.सी. के तहत 179.37 करोड़ रुपए मूल्य के 43 प्रस्ताव तैयार किए गए हैं।
- एफ.एफ.सी. पोर्टल पर विभिन्न बैंकों के साथ 153.56 करोड़ रुपए के 36 प्रस्ताव प्रक्रियाधीन हैं।
- एफ.एफ.सी. पोर्टल पर विभिन्न बैंकों द्वारा 20.71 करोड़ रुपए के 5 प्रस्तावों को स्वीकृत किया गया है।

मौजूदा स्थानों के अतिरिक्त, 2017-18 के दौरान एन.एस.आई.सी. का मुंबई, दिल्ली, अहमदाबाद और लखनऊ में वित्त सुविधा केंद्र स्थापित करने का प्रस्ताव है।

14. भारतीय उद्यम विकास सेवा (आई.ई.डी.एस.)

भारत सरकार ने 21 दिसंबर, 2016 को सूक्ष्म, लघु और मध्यम उद्यम मंत्रालय में भारतीय उद्यम विकास सेवा (आई.ई.डी.एस.) के सृजन को अनुमोदित किया है। इस सेवा को उन 11 ट्रेडों का आमेलन करके बनाया गया है, जिन पर भिन्न-भिन्न भर्ती नियमों का पालन करके अलग-अलग तरह से भर्तियाँ की जा रही थीं। इसे शुरू करने से आई.ई.डी.एस. के पास 617 अधिकारियों की संवर्ग संख्या होगी।

राष्ट्रीय अनुसूचित जाति और अनुसूचित जनजाति हब

दिनांक 18 अक्तूबर, 2016 राष्ट्रीय अनुसूचित जाति/अनुसूचित जनजाति हब अनुसूचित जाति/अनुसूचित जनजाति के उद्यमियों के लिए सहायक इको सिस्टम विकसित करने हेतु भारत सरकार की एक पहल है। इस स्कीम के फलस्वरूप 31 मार्च, 2017 तक एम.एस.एम.ई. डाटाबैंक पर 8951 अजा और 1645 अजजा के उद्यमों का पंजीकरण पहले ही हो चुका है। केंद्रीय सार्वजनिक

क्षेत्र के विभिन्न उपक्रमों (सी.पी.एस.यू.) को आपूर्तिकर्ताओं के रूप में अजा/अजजा के उद्यमियों को सहायता देने के लिए 38 विक्रेता विकास कार्यक्रम आयोजित किए गए।

15. जेड (जीरो डिफेक्ट जीरो इफेक्ट)

जीरो डिफेक्ट जीरो इफेक्ट स्कीम लॉन्च के अवसर पर
प्रधानमंत्री नरेंद्र मोदी के साथ श्री मिश्र

जेड स्कीम अक्तूबर 2016 में माननीय प्रधानमंत्री द्वारा शुरू की गई थी। इस स्कीम में एम.एस.एम.ई. और जेड मूल्यांकन के बीच जीरो डिफेक्ट और जीरो इफेक्ट (जेड) के विनिर्माण को उनके प्रमाणन हेतु निम्नलिखित उद्देश्यों के साथ बढ़ावा देने की परिकल्पना की जाती है—

- एम.एस.एम.ई. में जीरो डिफेक्ट विनिर्माण के लिए एक पारिस्थितिकी-तंत्र विकसित करना।

- गुणवत्ता उपकरण/प्रणाली और ऊर्जा कुशल विनिर्माण के अनुकूलन को बढ़ावा देना।
- गुणवत्ता वाले उत्पादों के विनिर्माण के लिए एम.एस.एम.ई. को समर्थ करना।
- एम.एस.एम.ई. को उत्पादों और प्रक्रियाओं में सतत रूप से उनके गुणवत्ता मानकों को उन्नत करने के लिए प्रोत्साहित करना।
- जीरो डिफेक्ट उत्पादन प्रक्रियाओं को स्वीकारने और पर्यावरण को प्रभावित किए बिना विनिर्माण करना।
- 'मेक इन इंडिया' अभियान का समर्थन करना।
- जेड विनिर्माण और प्रमाणन के क्षेत्र में पेशेवरों को विकसित करना।

यह स्कीम जेड विनिर्माण के बारे में एम.एस.एम.ई. में उचित जागरूकता सृजित करने और जेड के लिए उनके उद्यम के मूल्यांकन के लिए उनको प्रेरित करने एवं उनकी सहायता करने का एक गहन अभियान है। 22,222 एम.एस.एम.ई. को जेड परिपक्वता मूल्यांकन मॉडल और प्रमाण-पत्र के तहत मान्यता प्रदान करने का प्रस्ताव है, 5000 एम.एस.एम.ई. को जेड सुरक्षा प्रमाणन के तहत मान्यता दी जाएगी और 7368 एम.एस.एम.ई. को एम.एस.एम.ई. की रेटिंग में सुधार के लिए अंतराल विश्लेषण, पथ-प्रदर्शन, परामर्श के लिए सहायता दी जाएगी।

छवि में श्री मिश्र, साथ में राज्य मंत्री श्री गिरिराज सिंह व श्री हरिभाई चौधरी

18. एम.एस.एम.ई. नीति

सूक्ष्म, लघु और मध्यम उद्यम मंत्रालय ने एम.एस.एम.ई. क्षेत्र के लिए एक व्यापक नीति रखने का निर्णय लिया है। एक सदस्यीय समिति का गठन श्री प्रभात कुमार, पूर्व राज्यपाल झारखंड (पूर्व कैबिनेट सचिव और पूर्व विकास आयुक्त, एस.एस.आई.) के साथ किया गया। समिति ने 27 जनवरी, 2017 को अपनी रिपोर्ट सौंप दी तथा मंत्रालय द्वारा रिपोर्ट पर आवश्यक काररवाई की गई।

19. लोक खरीद (प्रोक्योरमेंट) आदेश

लोक खरीद (प्रोक्योरमेंट) आदेश ने 1 अप्रैल, 2015 से केंद्रीय मंत्रालयों और केंद्रीय सार्वजनिक क्षेत्र के उद्यमों (सी.पी.एस.ई.) के लिए एम.एस.ई. से 20 प्रतिशत सामान और सेवाओं और अजा/अजजा की स्वामित्ववाली एम.एस.ई. से 4 प्रतिशत खरीद को अनिवार्य कर दिया है। विभिन्न विक्रेता विकास की पहल शुरू कर दी गई है। सूक्ष्म और लघु उद्यमों से विक्रेता विकास और लोक खरीद (प्रोक्योरमेंट) पर जोर देने के लिए माननीय केंद्रीय सूक्ष्म, लघु और मध्यम उद्यम मंत्री श्री कलराज मिश्र और माननीय राज्यमंत्री श्री गिरिराज सिंह ने मार्च, 2016 में पहली बार सी.पी.एस.ई. के साथ बैठक की अध्यक्षता की थी। स्टार्टअप को बढ़ावा देने के लिए सी.पी.एस.ई. द्वारा स्टार्टअप से खरीद (प्रोक्योरमेंट) में अनुभव की आवश्यकता और कारोबार में छूट दी गई।

रक्षा मंत्रालय ने रक्षा प्रोक्योरमेंट पॉलिसी 2016 प्रकाशित की है, जिसके तहत 10 करोड़ रुपए से अनधिक प्रोटोटाइप विकास चरण की अनुमानित लागत से सरकारी वित्तपोषित परियोजनाओं और 3 करोड़ रुपए से अनधिक प्रोटोटाइप विकास चरण की अनुमानित लागत से उद्योग वित्तपोषित परियोजनाओं को एम.एस.एम.ई. के लिए उद्दिष्ट किया गया।

20. सभी जिलों की कौशल मैपिंग

पहली बार एक समन्वित प्रयोग किया गया है, जिसमें देश के 600 जिलों

को एक जिले में उपलब्ध कौशल और एम.एस.एम.ई. की किस्म, जिसे उस जिले में विकसित किया जा सकता है, को मानचित्रित किया गया।

21. स्टॉकहोल्डरों के साथ व्यापक परामर्श

पिछले तीन वर्षों के दौरान सूक्ष्म, लघु और मध्यम उद्यम मंत्रालय ने विभिन्न स्टॉकहोल्डरों के साथ सतत संवाद और विचार-विमर्श किया है। राज्य स्तर पर स्कीमों को लोकप्रिय बनाने और राज्य सरकारों को शामिल करने के लिए तीन क्षेत्रीय सम्मेलन चंड़ीगढ़ (उत्तरी राज्यों के लिए), दीमापुर (उत्तर-पूर्व राज्यों के लिए) और अहमदाबाद (पश्चिमी राज्यों के लिए) प्रत्येक में एक-एक आयोजित किए गए। इन सम्मेलनों ने स्कीमों में व्यापक सुधार किया है। विभिन्न एम.एस.एम.ई. संघों के साथ जी.एस.टी. सहित विभिन्न मुद्दों पर भी चर्चा हुई है। सूक्ष्म और लघु उद्यम सुविधा परिषद् (एम.एस.ई.एफ.सी.) के लिए पोर्टल तैयार करने से पहले इन एसोसिएशनों और अन्य स्टॉकहोल्डरों के साथ व्यापक चर्चा की गई।

22. ऋण गारंटी कवर में वृद्धि

माननीय प्रधानमंत्री श्री नरेंद्र मोदी ने 31 दिसंबर, 2016 को देश के अपने संबोधन में सूक्ष्म और लघु उद्यमों (एम.एस.ई.) के लिए ऋण गारंटी कवर में वृद्धि की घोषणा की थी। ऋण गारंटी कवर को 1 करोड़ रुपए से बढ़ाकर 2 करोड़ रुपए कर दिया गया है। पहली बार, यह कवर विशिष्ट नॉन-बैंकिंग फाइनेंसिंग कंपनियों (एन.बी.एफ.सी.) द्वारा दिए गए ऋणों को भी प्रदान किया गया है। इस प्रयोजन के लिए, भारत सरकार ऋण गारंटी समय निधि को 2,500 करोड़ रुपए से बढ़ाकर 7,500 करोड़ रुपए करने के लिए सहमत हो गई है। वर्ष 2016-17 में इस प्रयोजन के लिए 715 करोड़ रुपए पहले ही दे दिए गए।

ऋण गारंटी कवर के तहत, 2014-17 के दौरान 13,69,527 उद्यमों को 61155.70 करोड़ रुपए की गारंटी कवर के साथ सहायता प्रदान की गई है। वर्ष 2014-17 के दौरान सहायता प्राप्त उद्यमों की संख्या वर्ष 2011-12 से वर्ष 2013-14 के दौरान सहायता प्राप्त उद्यमों की संख्या से अधिक है।

अन्य उपलब्धियाँ

1. प्रधानमंत्री रोजगार सृजन कार्यक्रम (पी.एम.ई.जी.पी.)

यह स्कीम राष्ट्रीय स्तर पर खादी और ग्रामोद्योग आयोग (के.वी.आई.सी.) द्वारा कार्यान्वित की जाती है और राज्य स्तर पर राज्य के.वी.आई.सी. निदेशालयों, राज्य खादी और ग्रामोद्योग बोर्ड (के.वी.आई.बी.), जिला उद्योग केंद्र (डी.आई.सी.) और बैंकों के माध्यम से कार्यान्वित की जाती है। विनिर्माण क्षेत्र के अंतर्गत स्वीकार्य परियोजना/इकाई की अधिकतम लागत 25 लाख रुपए है और व्यापार/सेवा क्षेत्र के अंतर्गत 10 लाख रुपए है। इस स्कीम के अंतर्गत सरकारी सब्सिडी को उनके संबंधित बैंक खातों में लाभार्थियों/उद्यमियों को वितरण के लिए चिह्नित बैंकों के माध्यम से के.वी.आई.सी.आई. द्वारा भेजा जाता है। वर्ष 2014-17 की अवधि के दौरान 1,45,420 इकाइयों की स्थापना की गई है, जिनमें लगभग 10,87,644 व्यक्तियों को रोजगार दिया गया है। दी गई कुल मार्जिन मनी सहायता 3,440.20 करोड़ रुपए थी। प्रत्येक राज्य में सार्वजनिक क्षेत्र के प्रत्येक बैंक की एक नोडल शाखा की अवधारणा के कार्यान्वयन के लिए संबंधित एजेंसियों को अनुदेश जारी किए गए हैं। पी.एम.ई.जी.पी. का क्षेत्र बढ़ाने के लिए नकारात्मक सूची दिशा-निर्देशों में संशोधन किया गया है। संशोधित दिशा-निर्देशों के तहत निम्नलिखित कार्यकलापों की अनुमति दी गई—

- पश्मिना ऊन और अन्य उत्पादों, जैसे हाथ से कताई और हाथ से बुनाई का प्रसंस्करण।
- सभी ग्रामीण और शहरी परिवहन कार्यकलाप।
- चाय, कॉफी, रबर आदि के लिए मूल्यवर्द्धित उत्पाद, रेशम उत्पादन, उद्यान, पुष्पोद्यान।

2. परंपरागत उद्योगों के उन्नयन और पुनर्सृजन के लिए निधि स्कीम (स्फूर्ति)

इस स्कीम का उद्देश्य प्रतिस्पर्धी और दीर्घावधि में संपोषणीय बनाने के लिए क्लस्टरों में परंपरागत उद्योगों और कारीगरों को संगठित करना है। यह

डिजाइन हस्तक्षेप, बेहतर पैकेजिंग और बुनियादी अवसंरचना के साथ-साथ सूक्ष्म और लघु उद्यमों के क्लस्टर के उत्पादों की बिक्री क्षमता को बढ़ाने में भी मदद करता है। प्रथम चरण में 44,500 कारीगरों की कवरेज के साथ 71 क्लस्टरों (कयर सहित) के विकास के लिए 149.44 करोड़ रुपए के परिव्यय से वर्ष 2014 के दौरान इस स्कीम का पुनरुद्धार किया गया। 2015-17 की अवधि के दौरान, क्लस्टरों की 78 नैदानिक अध्ययन रिपोर्ट और 69 विस्तृत परियोजना रिपोर्टों को 135.07 करोड़ रुपए के वित्तपोषण के साथ 58,904 कारीगरों को रोजगार प्रदान करने के लिए अनुमोदित किया गया।

3. कार्य निष्पादन और ऋण रेटिंग स्कीम

एन.एस.आई.सी. सूक्ष्म, लघु और मध्यम उद्यम मंत्रालय की ओर से इस स्कीम को कार्यान्वित कर रहा है। इस स्कीम का उद्देश्य सूक्ष्म और लघु उद्यमों के बीच अपने मौजूदा कार्यों की मजबूती और कमजोरी के बारे में जागरूकता सृजित करना और उनकी संगठनात्मक मजबूती और ऋण योग्यता को बढ़ाना है। इस स्कीम के तहत रेटिंग लघु उद्यमों की क्षमताओं और ऋण योग्यता पर विश्वसनीय तीसरे पक्ष की राय के रूप में कार्य करती है। एक मान्यताप्राप्त रेटिंग एजेंसी द्वारा एक स्वतंत्र रेटिंग में बैंकों/वितीय संस्थाओं, ग्राहक/क्रेता और विक्रेताओं से अच्छी स्वीकृति होती है। इस स्कीम के तहत, सूक्ष्म और लघु उद्यमों द्वारा देय 75 प्रतिशत रेटिंग शुल्क, एक इकाई के कारोबार के अनुसार अधिकतम 15,000 रुपए, 30,000 रुपए और 40,000 रुपए के अधीन सब्सिडी दी जाती है। इस स्कीम के तहत 2014-17 के दौरान 195.85 करोड़ रुपए की राशि को संवितरित किया गया है और इसी अवधि में 52,555 इकाइयों की रेटिंग की गई।

4. विपणन सहायता स्कीम

इस स्कीम का उद्देश्य एम.एस.एम.ई. की मार्केटिंग प्रतिस्पर्धा को बढ़ाना और उनकी समस्याओं का निवारण करने के लिए उन्हें एक मंच प्रदान करना है। एम.एस.एम.ई. को अपने उत्पादों के प्रदर्शन और विपणन के लिए सब्सिडाइज्ड

दरों पर विभिन्न घरेलू और अंतरराष्ट्रीय प्रदर्शनियों/व्यापार मेले में आयोजन/भाग लेने के माध्यम से नए बाजार अवसरों को हथियाने के लिए इस स्कीम के तहत सहायता दी जाती है। 2014-17 के दौरान 43 करोड़ रुपए की राशि संवितरित की गई थी और इसी अवधि के दौरान 624 प्रदर्शनियों (घरेलू और अंतरराष्ट्रीय दोनों) तथा क्रेता-विक्रेता बैठकों में भाग लेने के लिए लगभग 19,500 एम.एस. एम.ई. को सहायता प्रदान की गई।

5. अंतरराष्ट्रीय सहयोग स्कीम

अंतरराष्ट्रीय सहयोग स्कीम अन्य देशों के साथ भारतीय एम.एस.एम.ई. के बीच दीर्घकालिक टिकाऊ सहयोग के लिए कार्यान्वित की जा रही है। इस स्कीम के तहत एम.एस.एम.ई. के लिए व्यवसाय प्रतिनिधिमंडलों द्वारा विदेशी दौरों और अंतरराष्ट्रीय बैठकों का आयोजन कर सहायता दी गई है। वर्ष 2014-2015 के दौरान 394 करोड़ रुपए खर्च किए गए हैं तथा 2015-2016 के दौरान 43 कार्यक्रमों, जिसने 2014-2015 के दौरान 603 उद्यमियों एवं वित्त वर्ष 2015-16 के दौरान 875 उद्यमियों की सहायता की है, के आयोजन के लिए 3.6 करोड़ रुपए खर्च किए गए हैं। उसी प्रकार वित्त वर्ष 2016-2017 के दौरान 1102 उद्यमियों की सहायता के लिए, 85 कार्यक्रमों के आयोजन के लिए 4.98 रुपए खर्च किए गए।

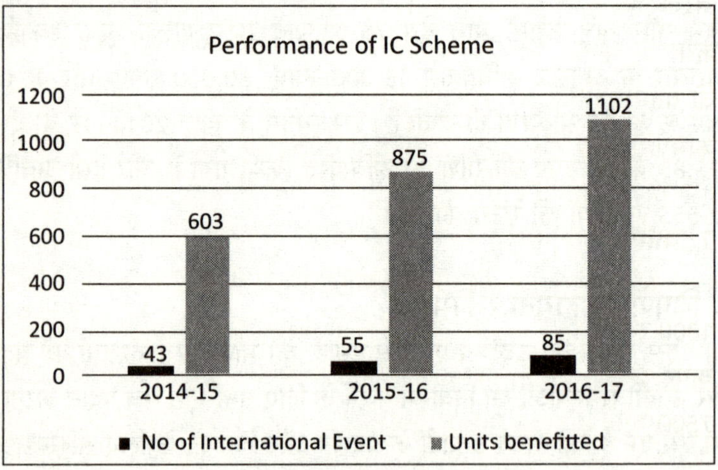

6. प्रशिक्षण संस्थानों को सहायता (ए.टी.आई.) स्कीम

ए.टी.आई. स्कीम को एम.एस.एम.ई. में कौशल विकास, उद्यमिता, अनुसंधान और अध्ययन के लिए क्षमता को सुदृढ करने तथा इन प्रशिक्षणों को पूरा करने के लिए सूक्ष्म, लघु और मध्यम उद्यम के अधीन राष्ट्रीय संस्थानों की समग्र क्षमता को सुदृढ करने के उद्देश्य से 01 सितंबर, 2016 को संशोधित किया गया है। वर्ष 2014-17 के दौरान 7,183 उद्यमिता विकास कार्यक्रम (ई.डी.पी.)/उद्यमिता कौशल विकास कार्यक्रम (ई.एस.डी.पी.) के आयोजन के लिए 170.55 करोड़ रुपए खर्च किए गए और इन कार्यक्रमों ने 2,01,897 प्रतियोगियों को लाभ पहुँचाया, जिनमें से 59,383 व्यक्तियों को रोजगार मिला और 25,610 व्यक्तियों को स्व-रोजगार मिला।

कयर क्षेत्र

मंत्रालय पिछले तीन वर्षों से कयर क्षेत्र के विकास पर ध्यान देता आ रहा है। इस समय कयर का उत्पादन 5,42,000 मीट्रिक टन से बढ़कर 5,66,000 मीट्रिक टन हो गया है। 2014-15 में कयर और कयर उत्पादों का निर्यात 1,630 करोड़ रुपए से बढ़कर 2016-17 में 2,000 करोड़ रुपए हो गया है। श्री सी.पी. राधाकृष्णन, पूर्व संसद् सदस्य कयर बोर्ड के अध्यक्ष हैं। कयर उद्योग का विस्तार केरल के अलावा अन्य राज्यों में किया गया है और पोलाची जैसे टाउन कयर टाउन बन गए हैं। कयर इंडस्ट्री एक कृषि-आधारित ग्रामीण उद्योग है, जो वर्तमान में देश के प्रमुख नारियल उत्पादक राज्यों में 7.21 लाख से अधिक कामगारों (80 प्रतिशत कार्य बल में महिलाएँ हैं) को रोजगार दे रहा है।

7. कौशल उन्नयन और महिला कयर योजना

कौशल उन्नयन और महिला कयर योजना के अंतर्गत महिला कारीगरों को 1000 रुपए प्रतिमाह वृत्तिका दी जाती है। प्रशिक्षित महिलाओं को रटों और अन्य कयर प्रसंस्करण उपकरणों हेतु 75 प्रतिशत की पूँजीगत सब्सिडी अधिकतम 7500 रुपए के अधीन दी जाती है।

'उत्पादन अवसंरचना विकास' स्कीम के अंतर्गत बोर्ड उपकरण और अन्य अवसंरचनात्मक सुविधाओं की लागत की 25 प्रतिशत सब्सिडी दे रहा है।

8. पुनरुद्धारित कयर उद्यमी योजना (सी.यू.वाई.)

पुनरुद्धारित कयर उद्यमी योजना (सी.यू.वाई.) 40 प्रतिशत सरकारी सब्सिडी प्रदान करती है, जबकि 10 लाख रुपए की परियोजना लागत के साथ कयर इकाइयों को स्थापित करने के लिए 55 प्रतिशत बैंक ऋण और 5 प्रतिशत लाभार्थी अंशदान है। कयर विकास योजना (सी.वाई.यू.) में सब्सिडी दरों पर कयर कामगारों के लिए प्रशिक्षण की परिकल्पना की जाती है। सी.वी.वाई. के अंतर्गत अंतरराष्ट्रीय और घरेलू प्रदर्शनियों/मेलों में भाग लेने के लिए भी सहायता उपलब्ध कराई जाती है।

खादी और ग्रामोद्योग

खादी और ग्रामोद्योग भारत के राष्ट्रीय हेरिटेज क्षेत्र हैं। इन क्षेत्रों ने देश में बहुत व्यक्तियों को रोजगार उपलब्ध कराने में सहायता की है। श्री वी.के. सक्सेना ने दिनांक 27 अक्तूबर, 2015 को खादी और ग्रामोद्योग के अध्यक्ष के रूप में पदभार ग्रहण किया था। इन दोनों क्षेत्रों में रोजगार पिछले तीन वर्षों में 13 लाख व्यक्तियों से अधिक हेतु बढ़ा है। 31.03.2017 की स्थिति के अनुसार इन क्षेत्रों में कुल रोजगार 144 लाख व्यक्तियों तक पहुँच गया है। इन क्षेत्रों में कुल उत्पादन पिछले तीन वर्षों के दौरान 10,000 करोड़ रुपए से बढ़कर कुल 36,000 करोड़ रुपए हो गया है।

9. ब्याज सब्सिडी पात्रता प्रमाण-पत्र (आई.एस.ई.सी.) स्कीम

ब्याज सब्सिडी पात्रता प्रमाण-पत्र (आई.एस.ई.सी.) स्कीम खादी संस्थाओं के खादी कार्यक्रम के वित्तपोषण का एक महत्त्वपूर्ण क्रिया तंत्र है। इसे मई,1977 में वास्तविक निधि आवश्यकताओं और बजटीय संसाधनों से निधियों की उपलब्धता के बीच के अंतराल को भरने हेतु बैंकिंग संस्थाओं से निधि जुटाने के लिए आरंभ किया गया है।

आईसेक स्कीम के अंतर्गत, संस्थाओं की आवश्यकताओं के अनुसार बैंकों के माध्यम से रियायती ब्याज दर पर ऋण उपलब्ध कराया जाता है। संस्था को केवल 4 प्रतिशत दर से भुगतान करना पड़ता है। बैंकों द्वारा 4 प्रतिशत से अधिक प्रभारित किसी भी ब्याज का भुगतान के.वी.आई.सी. के माध्यम से केंद्र सरकार द्वारा किया जाता है।

10. खादी कारीगरों के लिए वर्कशेड स्कीम

कत्तिनों (कताई करने वाले) और बुनकरों के सतत विकास एवं उनको सशक्त बनाने, उनकी आय में बढ़ोतरी करने तथा उन्हें कार्य करने का बेहतर वातावरण प्रदान करते हुए कताई और बुनाई का कार्य कुशलतापूर्वक निष्पादित करने हेतु 'खादी कारीगरों हेतु वर्कशेड स्कीम' को वर्ष 2008-09 से लागू किया गया था। इस स्कीम के अंतर्गत वित्तीय सहायता गरीबी रेखा से नीचे की श्रेणी के खादी कारीगरों को वर्कशेड के निर्माण के लिए उन खादी संस्थाओं के माध्यम से उपलब्ध कराई जाती है, जिनसे ये खादी कारीगर जुड़े हुए हैं। वैयक्तिक वर्कशेड के लिए सहायता की अधिकतम मात्रा 60,000 रुपए है तथा समूह वर्कशेड के लिए 40,000 रुपए है।

9056 कारीगरों को लाभान्वित करते हुए पिछले तीन वर्षों के दौरान इस स्कीम के अंतर्गत के.वी.आई.सी. को 43.15 करोड़ रुपए जारी किए गए।

11. मौजूदा कमजोर खादी संस्थाओं की अवसंरचना के सुदृढीकरण एवं विपणन अवसंरचना हेतु सहायता स्कीम

श्रेणी 'डी' से 'सी' में उन्नत रुग्ण/समस्याग्रस्त संस्थाओं की नर्सिंग के लिए खादी क्षेत्र हेतु आवश्यकता-आधारित सहायता को सुसाध्य बनाने के साथ-साथ उन संस्थाओं, जिनका उत्पादन, बिक्री और रोजगार कम हो रहा है, लेकिन उनमें सामान्य रूप से कार्य करने की क्षमता है और अन्य चिह्नित बिक्री भंडारों में विपणन अवस्थापन सृजन हेतु सहायता के लिए 'मौजूदा कमजोर खादी संस्थाओं की अवसंरचना के सुदृढीकरण एवं विपणन अवसंरचना हेतु सहायता स्कीम' तैयार की गई है। इस स्कीम के अंतर्गत मौजूदा कमजोर खादी संस्थाओं को उनकी अवसंरचना के सुदृढीकरण तथा

चुनिंदा खादी बिक्री केंद्रों के नवीकरण के लिए वित्तीय सहायता दी गई है।

108 खादी संस्थाओं को सहायता प्रदान करते हुए पिछले तीन वर्षों के दौरान के.वी.आई.सी. को इस स्कीम के अंतर्गत 1550 करोड़ रुपए जारी किए थे और 187 खादी बिक्री केंद्रों को नवीनीकृत किया।

12. खादी और ग्रामोद्योग योजना

खादी और ग्रामोद्योग आयोग भारतीय जीवन बीमा निगम (एल.आई.सी.) के सहयोग से आम आदमी बीमा योजना नामत: (पूर्व में खादी कारीगर 'जन श्री बीमा योजना', जिसका दिनांक 1.1.2013 से आम आदमी बीमा योजना के साथ विलय कर दिया गया) समूह बीमा स्कीम सामान्य तथा दुर्घटना मृत्यु एवं अशक्तता के लिए खादी कारीगरों का बीमा कवर करने के लिए कार्यान्वित करता है। यह स्कीम बीमित कारीगरों के कक्षा IX से XII तथा औद्योगिक प्रशिक्षण संस्थानों (आई.टी.आई.) द्वारा चलाए गए पाठ्यक्रमों में पढ़ रहे स्कूली दो बच्चों के लिए प्रतिमाह प्रत्येक को 100 रुपए छात्रवृत्ति के रूप में अतिरिक्त लाभ प्रदान करती है। इस स्कीम के अंतर्गत क्षतिपूर्ति 50 प्रतिशत बढ़ाई गई है, जिसमें अब प्राकृतिक मृत्यु में 30,000 रुपए, आकस्मिक मृत्यु और दुर्घटना के कारण पूर्ण स्थायी विकलांगता के लिए 75,000 रुपए, दुर्घटना के कारण आंशिक स्थायी विकलांगता के लिए 37,500 रुपए हैं।

13. क्रेडिट लिंक्ड कैपिटल सब्सिडी स्कीम (सी.एल.सी.एस.एस.)

विनिर्माण क्षेत्र में नए और मौजूदा एम.एस.एम.ई. प्रौद्योगिकी उन्नयन की सुविधा के लिए क्रेडिट लिंक्ड कैपिटल सब्सिडी स्कीम कार्यान्वित की गई थी। यह स्कीम सुव्यवस्थित और उन्नत प्रौद्योगिकी के प्रवेश के लिए 15 प्रतिशत अग्रिम पूँजीगत सब्सिडी के अधिकतम 15 लाख रुपए (अनुमोदित संयंत्र और मशीनरी में निवेश 1 करोड़ रुपए तक) की सुविधा प्रदान करती है। इस स्कीम के अंतर्गत 51 उपक्षेत्रों/अनुमोदित मशीनरी/प्रौद्योगिकियों के साथ उत्पादों को कवर किया जाता है। 2014-17 के दौरान 16,304 एम.एस.ई. को 1,027.82 करोड़ रुपए की सब्सिडी संवितरित की गई।

14. सूक्ष्म, लघु उद्यम क्लस्टर विकास कार्यक्रम (एम.एस.ई.-सी.डी.पी.)

एम.एस.ई.-सी.डी.पी. को प्रौद्योगिकी, कौशल गुणवत्ता और बाजार पहुँच के सुधार जैसे सामान्य मुद्दों के समाधान द्वारा एम.एस.ई. की संपोषणीयता और विकास के लिए और एम.एस.ई. के मौजूदा औद्योगिक क्षेत्रों/क्लस्टरों में अवसंरचनात्मक सुविधाओं के सृजन/उन्नयन हेतु समाविष्ट इम्पलांट किया गया है। इसका उद्देश्य भौगोलिक स्थिति और क्षेत्रीय संरचना, दोनों के संदर्भ में एम.एस.ई. की विविध प्रकृति के कारण सुनिश्चित क्लस्टरों के माध्यम से उद्योग की आवश्यकता को पूरा करना है। यह संसाधनों के विस्तार के संदर्भ में आर्थिक पैमाने की उपलब्धि को समर्थ करेगा और समान उद्योगों की विशिष्ट जरूरतों पर ध्यान केंद्रित करेगा।

वित्त वर्ष 2014-15 के दौरान, 5 नए प्रस्ताव अनुमोदित किए गए। पूर्व में अनुमोदित 11 परियोजनाओं को भारत सरकार के अनुदान के 63.18 करोड़ रुपए जारी कर पूरा किया गया। वित्त वर्ष 2015-16 के दौरान, 13 नए प्रस्तावों को अनुमोदित किया गया, पूर्व में अनुमोदित 4 परियोजनाओं को 81.36 करोड़ रुपए के जारी अनुदान से पूरा किया गया। वित्त वर्ष 2016-17 के दौरान, 8 नए प्रस्ताव अनुमोदित किए गए, पूर्व में अनुमोदित 10 परियोजनाओं को 121.69 करोड़ रुपए का अनुदान जारी कर पूरा किया गया।

Fund Released During Years 2014-2017

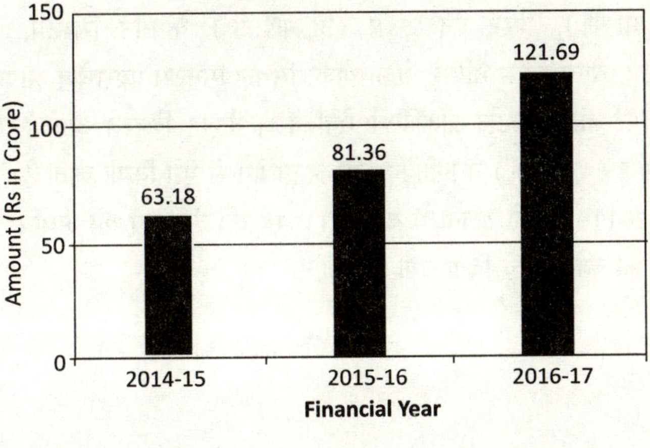

15. डिजाइन क्लीनिक स्कीम

डिजाइन क्लीनिक स्कीम संपोषणीय डिजाइन इको-सिस्टम सृजित करने और एम.एस.एम.ई. क्षेत्र को औद्योगिक डिजाइन फेटरनिटी के करीब लाने के उद्देश्य से एक छत राष्ट्रीय विनिर्माण प्रतिस्पर्धात्मकता कार्यक्रम (एन.एम.सी.पी.) के अंतर्गत कार्यान्वित की गई। वर्ष 2014-17 की अवधि के दौरान, इस स्कीम के अंतर्गत कुल 16.78 करोड़ रुपए की राशि से 9,806 एम.एस.एम.ई. लाभान्वित हुए। स्कीम के अंतर्गत वैयक्तिक/एम.एस.एम.ई. समूह और लाभान्वित विद्यार्थी डिजाइन परियोजनाओं की संख्या 258 थी, जो पूर्ववर्ती तदनुरूपी अवधि में 242 परियोजनाओं से अधिक है।

16. लीन विनिर्माण प्रतिस्पर्धात्मकता स्कीम (एल.एम.सी.एस.)

राष्ट्रीय विनिर्माण प्रतिस्पर्धात्मकता कार्यक्रम के अंतर्गत एल.एम.सी.एस. सबसे लोकप्रिय इंटरवेंशन है। यह एक व्यवसायिक पहल है, जो निरंतर सुधार और अच्छी प्रबंधन प्रणाली की संस्कृति सम्मिलित कर विनिर्माण क्षेत्र की प्रतिस्पर्धात्मकता बढ़ाती है, जिसके फलस्वरूप समता उत्पादकता में वृद्धि, उत्पाद की गुणवत्ता में सुधार, प्रक्रिया में सुधार, लागत में कमी, वैज्ञानिक खोज प्रबंधन, प्रक्रिया प्रवाह में सुधार और इंजीनियरिंग समय में कमी हुई। इन लक्ष्यों को 295 एस सिस्टम, विजुअल, कंट्रोल, स्टैंडर्ड ऑपरेटिंग प्रोसेड्यूर्स (एस.ओ.पी.), जस्ट इन टाइम (जे.आई.टी.) कैनबैन सिस्टम, सेलूलर लेआउट, वैल्यू स्ट्रीम मैपिंग, पोका योक, सिंगल मिनट्स एक्सचेंज ऑफ डाइज (ए.एम.ई.डी.), टोटल प्रोडक्टिव मेनटिनेंस। कैजन ब्लित्ज आदि जैसे लीन विनिर्माण (एल.एम.) तकनीकियों के अनुप्रयोग से पूरा किया जाता है।

2011-17 की तुलना में वर्ष 2011-14 की तीन वर्ष की अवधि के लिए प्रगति का ब्योरा नीचे दिया गया है—

क्र.सं.	घटक/कार्यकलाप	2011-14	2014-17
1.	जागरूकता कार्यक्रम	65	654
2.	राष्ट्रीय कार्यशाला	2	6
3.	चिह्नित नए समूह	221	595
4.	गठित एस.पी.वी./डी.पी.जी./एस.जी.	52	401
5.	लीन इंटरवेंशन के लिए एस.पी.वी. में चयनित लीन मैन्युफैक्चरिंग परामर्शदाता	45	249
6.	पूरे किए गए क्लस्टर	59	32
7.	व्यय	6.90 करोड़ रुपए	39.57 करोड़ रुपए

इस प्रकार इसे देखा जा सकता है कि एल.एम.सी.एस. के अंतर्गत वास्तविक और वित्तीय उपलब्धि में पिछले तीन वर्षों (मार्च 2017 को समाप्त) में कई गुनी वृद्धि हुई।

पहले

अब

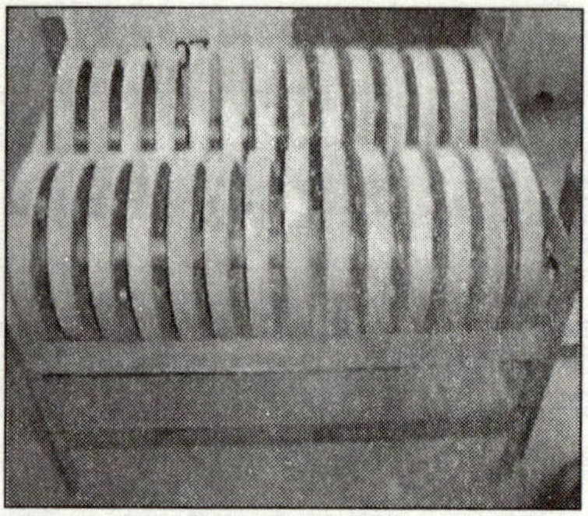

Time of material revival is reduced. The missing of material is reduce	
Title	**Sort and Set in Order Implementation**
Location/Department	**Fabric Stores**
Before Photo (Phase I-July 2014 to Oct. 2014	After Photo (Phase III-Feb. 2015 to May 2015

DSR Stage - Phase I	Implementation Stage - Phase I
Comments	
Old stock material stored without identification	Proper identification of the material with proper storage
Benefits	
Time of material revival is reduced. The missing of material is reduced. Visualization is improved	

17. बौद्धिक संपदा अधिकार (आई.पी.आर.)

एम.एस.एम.ई. के लिए आई.पी.आर. पर क्षमता जागरूकता सृजित करने के लिए एम.एस.एम.ई. क्षेत्र की प्रतिस्पर्धात्मकता बढ़ाने के लिए राष्ट्रीय विनिर्माण प्रतिस्पर्धात्मकता कार्यक्रम के अंतर्गत एक स्कीम कार्यान्वित की गई। इस स्कीम का उद्देश्य जागरूकता सृजित करना और आई.पी.आर. टूल के प्रभावी उपयोग के माध्यम से विचारों और व्यवसाय रणनीतियों की रक्षा करना है। तीन वर्षों की अवधि के दौरान वित्त वर्ष 2014-15 और वित्त वर्ष 2016-17 के बीच 10,484 इकाइयों ने जागरूकता कार्यक्रम में भाग लिया और स्कीम के अंतर्गत 2.48 करोड़ रुपए का व्यय किया है।

18. इनक्यूबेशन स्कीम

मंत्रालय द्वारा इनक्यूबेशन स्कीम प्रौद्योगिकीय ज्ञान-आधारित नए उद्यमों का समर्थन करने और व्यक्तिगत नवप्रवर्तकों की अप्रयुक्त (अनऐप्ड) संभावना के संवर्धन के लिए शुरू की गई है। वर्ष 2014-17 की अवधि के दौरान स्कीम के अंतर्गत कुल व्यापार में प्रभावी प्रगति हुई है। अनुमोदित होस्ट संस्थान/ व्यवसाय इनक्यूबेटर्स की संख्या 41 (2011-14) से बढ़कर 106 (2014-17) हो गई है। इसी प्रकार अनुमोदित विचारों की संख्या 127 से बढ़कर 358 हो गई है और इस स्कीम के अंतर्गत व्यय 6.87 करोड़ रुपए से बढ़कर 14.71 करोड़ रुपए हो गया। पिछले तीन वर्षों में अपेक्षाकृत वास्तविक और वित्तीय निष्पादन दुगने से अधिक हुआ।

19. कौशल विकास

जिलेवार कौशल विकास जरूरतों के संकलन के लिए 658 जिलों के जिला औद्योगिक प्रोफाइलों का प्रयोग किया गया है। संबंधित जिले में उद्योग क्लस्टरों को ध्यान में रखते हुए जिलावार कौशल विकास आवश्यकताओं का मूल्यांकन किया गया है। उद्योग क्लस्टरों के आधार पर, उत्पादों के उत्पादन के आवश्यक कौशलों के प्रकार और बाद में, बेरोजगार युवाओं के कौशल के लिए आयोजित किए जानेवाले प्रशिक्षण कार्यक्रमों की आवश्यकता की पहचान

की गई है। उद्योग क्लस्टरों के आधार पर प्रत्येक जिले में कौशल मेपिंग के लिए 29 कॉलम का फार्म विकसित किया गया है, ताकि तकनीकी संस्थानों (आई.टी.आई., पॉलिटेक्निक और इंजीनियरिंग कॉलेजों के साथ सुविधाएँ) के नाम सहित सभी संभव जानकारी को कवर किया जा सके।

मई, 2014-मार्च, 2017 की अवधि के दौरान, 24.50 करोड़ रुपए से अधिक स्वीकृत किए गए हैं और 88,000 से अधिक व्यक्तियों को प्रशिक्षित किया गया है। प्रौद्योगिकी केंद्रों द्वारा संचालित किए जा रहे मध्यम अवधि के 54 पाठ्यक्रमों को एनएसक्यूएफ के अनुरूप बनाया गया है।

20. प्रौद्योगिकी और गुणवत्ता उन्नयन (टी.ई.क्यू.यू.पी.)

पूर्ववर्ती तदनुरूपी अवधि में केवल 23 इकाइयों की तुलना में वर्ष 2014-17 के दौरान ऊर्जा दक्षता प्रौद्योगिकी अपनाने के लिए स्कीम के अंतर्गत 415 इकाइयों को वित्तीय सहायता प्रदान की गई। इसके प्रारंभ से पहली बार, पिछले वित्तीय वर्ष 2016-17 के दौरान दोनों वास्तविक और वित्तीय लक्ष्यों को प्राप्त किया गया।

21. अठारह प्रौद्योगिकी केंद्रों की उपलब्धियाँ

देश के विभिन्न भागों में स्थित प्रौद्योगिकी केंद्रों ने वर्ष 2011-14 के दौरान 2,91,777 और 80,781 के तदनुरूपी आँकड़ों की तुलना में वर्ष 2014-17 के दौरान 4,94,885 युवाओं तथा 1,03,459 मौजूदा एम.एस.एम.ई. को लाभान्वित करते हुए प्रौद्योगिकी उन्नयन में विभिन्न कार्यक्रम आयोजित किए।

राष्ट्रीय लघु उद्योग निगम (एन.एस.आई.सी.) लिमिटेड

राष्ट्रीय लघु उद्योग निगम लिमिटेड (एन.एस.आई.सी.), मंत्रालय का एक सी.पी.एस.ई., विपणन, प्रौद्योगिकी, वित्त और अन्य सहायता सेवाओं के अंतर्गत एम.एस.एम.ई. को एकीकृत सहायता सेवाएँ उपलब्ध कराने में लगा हुआ है। निगम का कुल व्यवसाय 2014-15, 2015-16 और 2016-17 के सभी तीन वर्षों में 20,000 करोड़ रुपए से अधिक का रहा है। निगम ने पूर्ववर्ती तीन वर्षों

की अवधि (2011-14) में 267 करोड़ रुपए की तुलना में पिछले तीन वर्षों (2014-17) में 434 करोड़ रुपए का कर पूर्व लाभ अर्जित किया है।

एन.एस.आई.सी. एम.एस.एम.ई. को उनकी आवश्यकता के अनुसार प्रतिस्पर्धी दर और मात्रा में कच्ची सामग्री की खरीद (प्रोक्योरमेंट) में सुविधा देता है। पिछले तीन वर्षों में, एन.एस.आई.सी. ने लगभग 18,000 इकाइयों को 30 लाख मीट्रिक टन से अधिक कच्ची सामग्री की सहायता उपलब्ध कराई। वर्ष 2014-17 के दौरान एम.एस.एम.ई. को 19,850 करोड़ रुपए की ऋण सहायता भी प्रदान की गई।

सरकारी निविदाओं में भागीदारी के लिए एम.एस.ई. की क्षमता निर्माण और सरकारी लोक खरीद (प्रोक्योरमेंट) प्रक्रियाओं में योगदान के लिए, एन.एस.आई.सी. सरकारी खरीद के लिए एकल बिंदु पंजीकरण के माध्यम से एम.एस.ई. को सहायता प्रदान करता है। पिछले तीन वर्षों के दौरान इस स्कीम के अंतर्गत 14,000 से अधिक नए एम.एस.ई. सदस्य बने। एन.एस. आई.सी. में पंजीकृत एम.एस.ई. निगम के कनसोर्टिया और निविदा विपणन स्कीम के माध्यम से सरकारी विभागों/संस्थाओं की निविदाओं में भाग लेने के लिए पात्र हैं। एन.एस.आई.सी. का विपणन पोर्टल एम.एस.एम.ई. ग्लोबल मार्ट वेब पोर्टल (www.msmemart.com) के माध्यम से अपना व्यवसाय बढ़ाने के लिए एम.एस.एम.ई. को इ-मार्केटिंग प्लेटफार्म उपलब्ध कराता है। पिछले तीन वर्षों के दौरान इस पोर्टल के माध्यम से 18,219 एम.एस.एम.ई. को सुसाध्य बनाया गया।

एन.एस.आई.सी. अपने तकनीकी सेवा केंद्रों के माध्यम से उद्योगों की आवश्यकताओं के अनुसार उनके साथ जुड़कर प्रशिक्षण प्रदान करके कौशल विकास की सुविधा प्रदान करता है, ताकि उद्योगों से अद्यतन ज्ञान के माध्यम से जारी प्रशिक्षण कार्यक्रमों को मजबूत किया जा सके। एन.एस.आई.सी. रैपिड इनक्यूबेशन केंद्रों के माध्यम से संभावित उद्यमियों और स्टार्टअप कंपनियों को अपने उद्यम स्थापित करने के लिए हैंड होल्डिंग सहायता के साथ कार्यशील परियोजनाओं पर हैंड ऑन ट्रेनिंग उपलब्ध कराता है। यह एक छत के नीचे

विभिन्न प्रौद्योगिकियों, सूक्ष्म उद्यमों के शुभारंभ के लिए इनपुट तथा विभिन्न बैंकों और वित्तीय संस्थानों द्वारा प्रदान वित्तपोषण के अवसर भी उपलब्ध कराता है। पिछले तीन वर्षों के दौरान निगम के 07 तकनीकी सेवा केंद्रों से 81,000 से अधिक प्रशिक्षु पास हुए हैं। पिछले तीन वर्षों के दौरान पी.पी.पी. मोड के अंतर्गत 45 इनक्यूबेशन सेंटर खोले गए हैं। इसके अतिरिक्त, एन.एस.आई.सी. द्वारा 6 स्वामित्ववाले इनक्यूबेशन केंद्र खोले गए।

एम.एस.एम.ई. मंत्रालय के अंतर्गत एक केंद्रीय सार्वजनिक क्षेत्र के उद्यम (सी.एस.एस.ई.) राष्ट्रीय लघु उद्योग निगम (एन.एस.आई.सी.) ने एक छत के नीचे प्रदर्शनी स्थान, कॉन्फ्रेंस हॉल, फूड कोर्ट जैसी सुविधाओं के साथ अपने कार्यालयों की स्थापना के लिए निर्मित स्थान में उद्यमी उपलब्ध कराने के उद्देश्य से हैदराबाद, तेलंगाना में एक बिजनेस पार्क स्थापित किया गया।

राष्ट्रीय सूक्ष्म, लघु और मध्यम उद्यम संस्थान (निम्समे)

पिछले तीन वर्षों से निम्समे को भारत का प्रमुख राष्ट्रीय संस्थान बनाने के लिए प्रयास किए गए हैं। इस उद्देश्य से निम्समे ने पूरे देश में विभिन्न राज्यों में 5290 प्रशिक्षण कार्यक्रम आयोजित किए हैं और इसके फलस्वरूप 1,72,213 युवा/कार्यकारी प्रशिक्षित हुए और 26,630 इकाइयाँ स्थापित हुईं। निम्समे ने विभिन्न राज्यों में कई 'रोजगार मेलों' का आयोजन भी किया, जिनमें 44,449 व्यक्तियों को रोजगार के लिए चुना गया एवं विभिन्न विषयों पर 40 प्रकाशन भी प्रकाशित किए गए।

विदेश मंत्रालय की आई.टी.ई.सी. स्कीम के अंतर्गत, निम्समे ने 49 अंतरराष्ट्रीय कार्यकारी विकास कार्यक्रमों का आयोजन किया है और 86 देशों के 1026 कार्यकारियों को प्रशिक्षित किया है। 2017 में निम्समे ने आई.टी.ई.सी. के अंतर्गत अंतरराष्ट्रीय कार्यकारियों की सेवा के अपने 50 वर्ष बहुत गर्व से पूरे किए। अंतरराष्ट्रीय व्यवसाय मंच पर, पहली बार निस्समे ने भूटान, श्रीलंका और बंगलादेश में प्रशिक्षकों के लिए प्रशिक्षण कार्यान्वित किया गया।

निम्समे की उपलब्धियाँ

Physical Performance (Programmes)

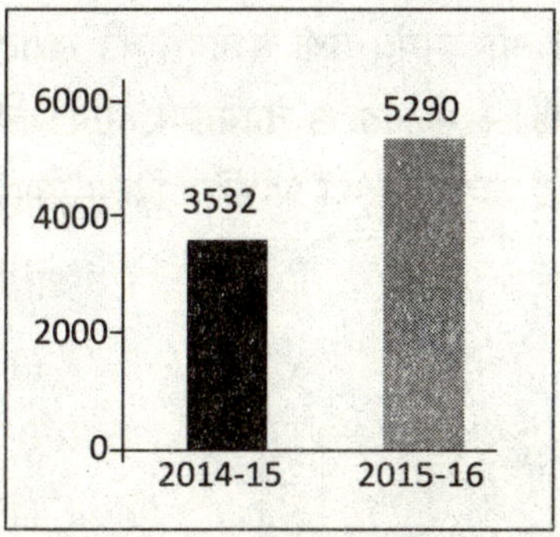

Physical Performance (Participants)

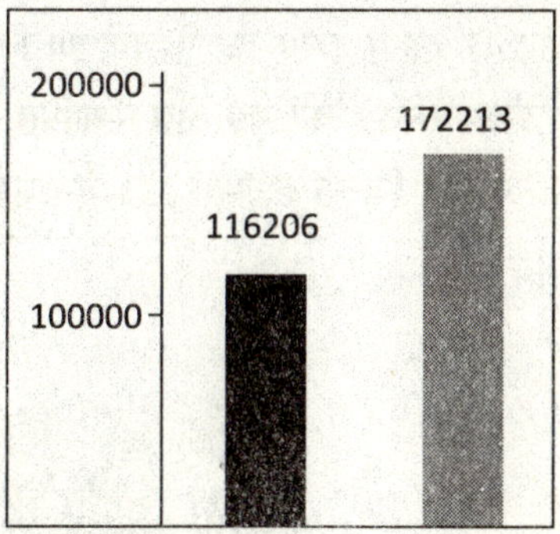

Financial Performance (Rs. in Lakhs)

कंसल्टेंसी प्रोजेक्ट्स

स्फूर्ति स्कीम के अंतर्गत, केरल (1), पंजाब (2), आंध्र प्रदेश (2) और तेलंगाना (3) में स्थित 08 क्लस्टरों के लिए निम्समे नोडल एजेंसी है और आंध्र प्रदेश (5) और कर्नाटक (1) में स्थित 06 क्लस्टरों के लिए तकनीकी सेवाएँ उपलब्ध करा रही है। उपर्युक्त के अतिरिक्त, निम्समे ने अन्य 11 क्लस्टरों के लिए संभावना तलाशने हेतु मूल्यांकन कराया।

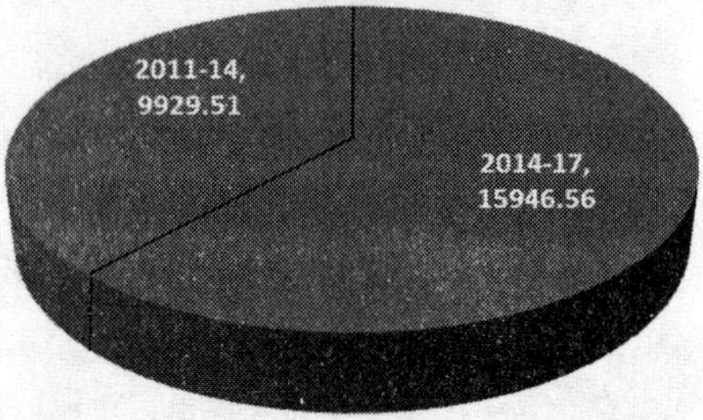

एल.बी.आई. की स्थापना

माननीय केंद्रीय सूक्ष्म, लघु और मध्यम उद्यम मंत्री ने दिनांक 27 दिसंबर, 2016 को परिसर में आजीविका व्यवसाय इनक्यूबेशन (एल.बी.आई.) का उद्‌घाटन किया था। एस्पायर स्कीम के अंतर्गत, मंत्रालय ने 9 ट्रेडों के संबंध में 87.47 लाख रुपए का वित्तपोषण किया है और संयंत्र तथा मशीनरी की खरीद (प्रोक्योरमेंट) की गई और स्थापित की गई। अभी तक 3 कार्यक्रम आयोजित किए गए, जिनमें लगभग 351 एम.एस.एम.ई. उद्यमियों को प्रशिक्षित किया गया।

इन्क्यूवेशन का उद्‌घाटन करते हुए श्री मिश्र

जी.एस.टी. (वस्तु और सेवा कर) सेल की स्थापना

निम्समे ने जी.एस.टी. (वस्तु और सेवा कर) पर प्रशिक्षण कार्यक्रम

प्रदान करने के लिए एक अलग प्रकोष्ठ स्थापित किया है और मान्यताप्राप्त प्रशिक्षण भागीदार के रूप में नेशनल अकादमी ऑफ एक्साइज एंड नारकोटिक्स (एन.ए.सी.ई.एन.) द्वारा सूचीबद्ध भी किया गया।

रिसर्च फैलोशिप

कार्यकारी समिति के निर्णय के अनुसार, विभिन्न विश्वविद्यालयों के 8 पी-एच.डी. छात्रों को 8 अनुसंधान छात्रवृत्ति दी गई। ये सभी 8 अनुसंधान छात्रवृत्ति धारक छात्र वर्तमान में भिन्न-भिन्न अनुमोदित अनुसंधान परियोजनाओं में कार्य कर रहे हैं। अध्ययन की अवधि छह महीने है।

डिजिटल पहलें

निम्समे ने 31 मार्च, 2017 के अंत तक 635 प्रतिभागियों के लाभ के लिए डिजिटल लेनदेन में 21 कार्यक्रम आयोजित किए हैं।

इ-लर्निंग प्लेटफार्म के अंतर्गत, निम्समे ने विभिन्न मॉड्यूल के लिए एक समर्पित पोर्टल विकसित किया है, जो मुख्यतया घर से अपने कॅरियर की उन्नति के लिए महिला उद्यमियों के लिए लक्षित है। इस पहल के अंतर्गत, 31/03/2017 तक लगभग 5901 उद्यमियों को 17 ट्रेडों में नामांकित किया है।

निम्समे ने 'एम.एस.एम.ई. स्कीम' और एम.एस.एम.ई. प्रोजेक्ट प्रोफाइल के लिए विशेष रूप से दो मोबाइल ऐपों का शुभारंभ किया है, जिसे गूगल प्ले

स्टोर से डाउनलोड किया जा सकता है। निम्समे ने एम.एस.एम.ई. से संबंधित सूचना के प्रसार के लिए www.msmeinfo.in भी विकसित किया है।

निम्समे ने निम्नलिखित पाँच वीडियो मॉड्यूल भी तैयार किए हैं और एम.एस.एम.ई. मंत्रालय के सचिव द्वारा 3 अप्रैल, 2017 को उद्योग भवन, नई दिल्ली में जारी किया गया।

- अभिव्यक्ति और लेखन कौशल
- प्रस्तुति कौशल
- सकारात्मक फीडबैक देना
- मुश्किल बातचीत का प्रबंध करना
- प्रभावी टीमों का निर्माण करना

महात्मा गांधी ग्रामीण औद्योगिकीकरण संस्थान (एमगिरी)

के.वी.आई.सी. और भारतीय प्रौद्योगिकी संस्थान (आई.आई.टी.), दिल्ली के सहयोगी प्रयासों द्वारा वर्ष 2001–2008 के दौरान वर्धा में महात्मा गांधी ग्रामीण औद्योगिकीरण संस्थान (एमगिरी) विकसित किया गया। मगनवाड़ी, वर्धा के ऐतिहासिक परिसर में सूक्ष्म, लघु और मध्यम उद्यम मंत्रालय के अंतर्गत एमगिरी की एक राष्ट्रीय संस्थान के रूप में स्थापना की गई।

2014-17 की अवधि के दौरान, इस संस्थान में ग्रामीण औद्योगिकीरण के लिए विज्ञान और प्रौद्योगिकी सहायता प्रदान करने में अपने कार्यकलापों को त्वरित किया। इसमें कई प्रौद्योगिकियाँ हैं, जिनमें से कुछ निम्नानुसार सूचीबद्ध हैं—

1. साबुन, डिटर्जेंट और कच्ची सामग्री परीक्षण किट,
2. खादी वस्त्रों की डाइंग, फिनिशिंग,
3. परिवर्तनीय गतिवाला कुम्हार का चाक,
4. बायोगैस इंजन रूपांतरण किट,
5. जैव खाद निदान किट,
6. केले के छिलके और आलू स्टार्च से जैव प्लास्टिक,
7. ऊर्जा दक्ष लकड़ी लैथ बैटरी/सौर शक्ति,
8. प्रो-जैव शहद।

□

नए आर्थिक परिप्रेक्ष्य में एक संतुलित और विकासोन्मुख बजट 2015-2016

सन् 1990 के बाद वैश्वीकरण के युग के पश्चात् देश के वार्षिक बजट में महत्त्वपूर्ण परिवर्तन हुए हैं। जहाँ 1990-91 में केंद्र सरकार का खर्च जी.डी.पी. का कुल 17 प्रतिशत हुआ करता था और सरकार पर विभिन्न वर्गों, समूहों को राहत देने के उद्देश्य से सब्सिडी का भारी बोझ रहा करता था, परंतु अब सरकारी खर्च और सब्सिडी पर लगातार कटौती की जा रही है। वर्ष 2013-2014 में सरकारी खर्च जी.डी.पी. का 13.7 प्रतिशत था, एन.डी.ए. सरकार ने वर्ष 2014-15 में इसे जी.डी.पी. का 13.3 प्रतिशत रखा और इस वर्ष के बजट में यह जी.डी.पी. का 12.6 प्रतिशत रखा गया है। फिस्कल डिफीसिट पिछले वित्तीय वर्ष 3.6 प्रतिशत के मुकाबले 3.1 प्रतिशत अनुमानित किया गया है।

देश के फेडरल स्ट्रक्चर को ध्यान में रखकर राज्यों की वित्तीय स्थिति को मजबूती प्रदान करने के लिए टैक्स रेवन्यू में राज्यों की हिस्सेदारी 32 प्रतिशत से बढ़ाकर 42 प्रतिशत की गई है। इससे सरकारी खजाने पर बढ़ते हुए बोझ से निपटने हेतु सर्विस टैक्स में वृद्धि की गई है। यह वृद्धि मूल रूप से टैक्स रेवन्यू में राज्यों की भागीदारी और इंफ्रास्ट्रक्चर सेक्टर को मजबूती प्रदान करने के उद्देश्य से की गई है। सरकार इन उपायों से भारत को सब देशों से चढ़नेवाली अर्थव्यवस्था बनाना चाहती है और अगले वर्ष देश की आर्थिक विकास दर का

हिंदी दैनिक में श्री कलराज मिश्र का प्रकाशित लेख

लक्ष्य 8.1 प्रतिशत के बीच रहने का है। व्यवसायी जगत् आज की अर्थव्यवस्था का अहम हिस्सा है। सरकार ने बजट 2015-16 में कॉरपोरेट टैक्स 30 फीसदी से 25 फीसदी कर दिया है। इसे चरणबद्ध तरीके से चार वर्षों में लागू किया जाएगा, साथ ही कॉरपोरेट जगत् को मिलनेवाली सभी छूटों को समाप्त कर दिया गया है। कॉरपोरेट टैक्स, जो पहले 30 प्रतिशत था, परंतु विभिन्न कानूनों के तहत दी जानेवाली छूटों के पश्चात् यह लगभग 23 प्रतिशत बैठता था। सरकार ने यह आश्वस्त किया है कि सेंट्रल एक्साइज और सर्विस टैक्स रजिस्ट्रेशन प्रक्रिया दो दिन में पूरी होगी। यद्यपि ये आरोप लगाए जा रहे हैं कि यह कॉरपोरेटपरस्त बजट है, जबकि ऐसा नहीं है। विगत कुछ वर्षों में यह देखा गया है कि 30 प्रतिशत कॉरपोरेट टैक्स के बावजूद वास्तविक कलेक्शन 23 प्रतिशत से ज्यादा नहीं होता था, ऐसे में 25 प्रतिशत कॉरपोरेट टैक्स को ग्राउंड रियल्टी पर ले जाना एक विवेकपूर्ण कदम है। पूरी संभावना है कि टैक्स में कमी से लाभान्वित कंपनियाँ ठंडे बस्ते में पड़ी विस्तार योजनाओं पर नए सिरे से काम करेंगी, जिससे नई नौकरियाँ पैदा होंगी। इंफ्रास्ट्रक्चर के लिए 70 हजार करोड़ रुपए का फंड उत्साहवर्धक है। टैक्स फ्री इंफ्रास्ट्रक्चर बॉण्ड रेल, सड़क और सिंचाई सेक्टर में ग्रोथ ले आएँगे।

'प्लग एंड प्ले' यानी ठेका देने से पहले सारी मंजूरियाँ देकर तत्काल शुरू किए जानेवाले पाँच नए मेगा पावर प्रोजेक्ट्स इन्हीं बुनियादी प्रोजेक्ट्स को आगे बढ़ाएँगे। सरकारी अड़चनों से दुविधा में रहनेवाली निजी कंपनियाँ अब इन प्रोजेक्ट्स में बढ़-चढ़कर हिस्सा लेंगी। सरकार ने रोड ट्रांसपोर्ट पर काफी जोर दिया है और इसके लिए 45.751 करोड़ रुपए का प्रावधान किया है। प्रधानमंत्री सड़क ग्रामीण योजना के लिए 4134 करोड़ रुपए का प्रावधान किया है। सरकार बजट में ब्लैकमनी को लेकर काफी गंभीर है। एक लाख से ज्यादा ट्रांसजेक्शन पर पैन जरूरी होगा। यदि किसी भारतीय का विदेशी बैंकों में खाता है या विदेशों में उसकी संपत्ति है तो उसे रिटर्न भरते समय उसकी जानकारी देनी होगी, अन्यथा ब्लैकमनी पाए जाने पर टैक्स चोरी के लिए 300 प्रतिशत जुरमाना लगेगा और साथ में 10 साल जेल की सजा होगी। बलैकमनी पर विशेष जाँच के लिए एस.आई.टी. को अपने बुनियादी ढाँचे में विस्तार हेतु वर्ष 2015-16 के लिए

45.39 करोड़ रुपए आबंटित किए गए हैं।

सरकार ने किसानों के कल्याण के लिए ऐसा रोडमैप तैयार किया है, जिससे आनेवाले समय में किसानों को लाभ मिलेगा। सोशल हैल्थ स्कीम, परंपरागत कृषि विकास योजना और प्रधानमंत्री ग्राम सिंचाई योजना के लिए फंड की व्यवस्था की है, साथ-ही-साथ नेशनल एग्रीकल्चर मार्केट बनाने का ऐलान किया है, जिसमें किसानों को अपनी पैदावार बेचने के लिए मजबूत प्लेटफॉर्म मिलेगा और उन्हें अपनी उपज का अच्छा रेट मिलेगा। बजट में छोटी अवधि के लिए को-ऑपरेटिव रूरल क्रेडिट रिफाइनेंस फंड के तहत 45 हजार करोड़ रुपए का प्रावधान किया है। किसानों को लोन देने हेतु साढ़े आठ लाख करोड़ रुपए और सूक्ष्म सिंचाई योजना के लिए 5300 करोड़ रुपए आबंटित किए गए हैं, जिससे कृषि का विकास सुनिश्चित हो।

सरकार ने दुनिया भर से आनेवाली वर्किंग फोर्स को ध्यान में रखते हुए शिक्षित और स्किल्ड वर्क फोर्स तैयार करने के लिए, स्किल्ड इंडिया अवधारणा के तहत शिक्षा और रोजगार को एक-दूसरे से जोड़ते हुए देश में मौजूद 54 प्रतिशत आबादी, जो 25 वर्ष से कम की है, को ध्यान में रखकर विशेष योजना तैयार की है। दीनदयाल ग्रामीण कौशल योजना के तहत 1500 करोड़ का प्रावधान किया गया है। आर्थिक तंगी के कारण हायर एजुकेशन से वंचित रह जानेवाले स्टूडेंट्स की वित्तीय सहायता के लिए आई.टी. बेस्ट फाइनेंशियल एंड अथॉरिटी स्थापित करने का ऐलान किया है। सरकार ने एजुकेशन, खासकर हायर एजुकेशन को लेकर देश में फैली असमानता को ध्यान में रखते हुए कई राज्यों में प्रीमियर एजुकेशनल इंस्टीट्यूट देने का फैसला किया है। इसमें जम्मू-कश्मीर से लेकर नागालैंड जैसे दूर-दराज के क्षेत्रों को ध्यान में रखा गया है। एम्स जैसे संस्थान पंजाब, तमिलनाडु, जम्मू-कश्मीर, हिमाचल और असम में दिए हैं। जम्मू-कश्मीर, कर्नाटक को आई.आई.टी. तथा आंध्र प्रदेश में आई.आर.ई.एम. खोलने की घोषणा की है। सरकार का लक्ष्य 2022 तक हर पाँच कि.मी. के दायरे में एक सीनियर सेकेंडरी स्कूल, साथ-ही-साथ 80 हजार मिडिल स्कूल और 75 हजार प्राथमिक स्कूलों को अपग्रेड करना है।

अल्पसंख्यक वर्ग के युवाओं को शिक्षा और रोजगार हेतु नई मंजिल

योजना प्रारंभ की जाएगी। अल्पसंख्यक मामलों के मंत्रालय को 3,738 करोड़ रुपए का बजट प्रस्ताव है। रक्षा बजट के इस वर्ष मेक इन इंडिया पर फोकस किया गया है। त्वरित और पारदर्शी निर्णय प्रक्रिया से रक्षा क्षेत्र में आत्मनिर्भरता को बढ़ावा देने पर सरकार ने जोर दिया है। इस वर्ष रक्षा बजट में की गई बढ़ोत्तरी अधिकांश राजस्व पद में है। इसमें से 152,139 करोड़ का खर्च वेतन और सामान्य खर्च पर होगा। सैनिक साजो-सामान की खरीद के लिए पूँजीगत प्रावधान के तहत 94588 करोड़ का प्रावधान किया गया है। रक्षा साजो-सामान की खरीद के स्थान पर आत्मनिर्भरता पर जोर दिया गया है, ताकि सेनाओं को वक्त से पहले हथियार मिल सकें। हथियारों का सबसे बड़ा आयातक होने का लाभ उठाते हुए सरकार ने रक्षा क्षेत्र में विदेशी निवेश की सीमा बढ़ाने का ऐलान किया है, जिससे भारत को सबसे बड़े उत्पादन केंद्र के तौर पर विकसित किया जा सके और इस सेक्टर को प्रधानमंत्री के मेक इन इंडिया का मुख्य क्षेत्र बनाया जा सके।

अदालतों में बड़ी संख्या में लंबित मुकदमों को कम करने और तुरंत न्याय मुहैया कराने के उद्देश्य से मिनिस्ट्री ऑफ लॉ एंड जस्टिस के लिए 4564 करोड़ रुपए के बजट का प्रावधान किया गया है, जो मौजूदा प्रावधान से 50 प्रतिशत अधिक है। फैमिली कोर्ट से लेकर नेशनल मिशन फॉर जस्टिस डिलीवरी और लीगल रिफॉर्म का विशेष ध्यान रखा गया है। एम.एस.एम.ई. सेक्टर देश के सामाजिक आर्थिक विकास में महत्त्वपूर्ण भूमिका निभा रहा है। 1991 के बाद के आर्थिक उदारवाद के पश्चात् इस सेक्टर का योगदान और भी महत्त्वपूर्ण हो गया है।

आज एम.एस.एम.ई. क्षेत्र का निर्यात में हिस्सा 40 प्रतिशत तथा विनिर्माण 45 प्रतिशत है और सकल घरेलू में योगदान 8 प्रतिशत है। एम.एस.एम.ई. क्षेत्र में उद्यमों/ट्रेंडों की कुल संख्या लगभग चार करोड़ है, जिसमें 15.64 लाख पंजीकृत उद्यम हैं। इस वर्ष रोजगार सृजन के क्षेत्र में सूक्ष्म, लघु एवं मध्यम मंत्रालय द्वारा अनेक कार्यक्रम चलाए गए और 3,94,669 युवा लाभान्वित हुए। प्रधानमंत्री रोजगार सृजन कार्यक्रम के अंतर्गत 17073 उद्यम स्थापित किए गए और 129380 युवाओं के लिए रोजगार के अवसर सृजित किए गए। चालू

वित्तीय वर्ष में देश के विभिन्न भागों में 29 रोजगार मेलों का आयोजन किया गया और इस सेक्टर के अंतर्गत 8588 से अधिक युवाओं को रोजगार प्राप्त हुए। प्रौद्योगिकी विकास केंद्रों ने 103867 से अधिक युवाओं को प्रशिक्षित कर उन्हें उद्यमिता के लिए तैयार किया। एम.एस.एम.ई. क्षेत्र में चल रहे उद्यमों का ग्रोथ ओरिएंटेशन बहुत ही महत्त्वपूर्ण है। यह एक ऐसा फोकस क्षेत्र है, जो उद्यमों को उत्पादक व प्रतिस्पर्धी बनाए रखता है।

एम.एस.एम.ई. क्षेत्र में लगभग 5.77 करोड़ से अधिक उद्यम एवं सेवा क्षेत्रों में हैं, जिनमें लगभग 62 प्रतिशत एस.सी./ओ.बी.सी. वर्ग है। इस बजट में इन्हें सहज तरीके से ऋण की सुविधा उपलब्ध कराने के उद्देश्य से 20 हजार रुपए के बजट से मुद्रा बैंक की स्थापना की गई है। इसके अतिरिक्त एस.सी./ओ. बी.सी. स्टाट् की सुविधा प्रदान करने हेतु 3000 करोड़ रुपए की क्रेडिट गारंटी स्कीम प्रारंभ की गई है। नवोन्मेष को प्रोत्साहित करने के लिए नीति आयोग के अंतर्गत 'अटल नवाचार मिशन' स्थापित करने तथा एक स्वरोजगार और प्रतिभा का सदुपयोग करने हेतु एक सेतु तंत्र स्थापित किया गया है। अटल नवाचार मिशन एक नवाचार संवर्धन मंच होगा। यह सेतु तंत्र एक औद्योगिक वित्तीय पहल होगी तथा स्वरोजगार के क्रियाकलापों, विशेषकर प्रौद्योगिकी प्रेरित क्षेत्रों में व्यवसाय चलाने के सभी पहलुओं में मदद के लिए एक सहायता कार्यक्रम होगा। इस प्रायोजन हेतु नीति आयोग ने आरंभिक रूप से 1000 करोड़ रुपए निर्धारित किए हैं।

इसके अतिरिक्त इनोवेशन और रिसर्च पर काफी फोकस किया गया है। अनुसंधान विकास के लिए वर्ष 2015-16 हेतु 150 करोड़ रुपए का प्रावधान किया गया है। किसानों, गरीबों, भूमिहीनों व वंचितों को सामाजिक सुरक्षा प्रदान करने हेतु प्रधानमंत्री बीमा सुरक्षा योजना के अंतर्गत 12 रुपए वार्षिक प्रीमियम पर दो लाख रुपए का दुर्घटना बीमा किया गया, यानी एक प्रतिमाह के प्रीमियम पर दो लाख रुपए का दुर्घटना बीमा दिया गया है। अटल पेंशन योजना के अंतर्गत जनधन योजना में 31 दिसंबर से पूर्व खुले खातों पर सरकार पाँच साल तक 50 फीसदी योगदान करेगी। मनरेगा में मिलनेवाले पैसे को लाभार्थियों के

जनधन खाते में सीधा जमा करा दिया जाएगा।

महिला सुरक्षा के लिए सरकार कृत संकल्प है। महिला सुरक्षा के लिए सरकार ने अनेक कदम उठाए हैं। इनकी सुरक्षा के लिए सरकार ने 1000 रुपए का निर्भया फंड स्थापित किया है।

वास्तव में बजट 2015-16 एक स्पष्ट दृष्टिवाला बजट है। यह प्रगतिवादी, सकारात्मक, व्यावहारिक व विवेकपूर्ण बजट है। इसमें किसानों के लिए अनेक सुविधाओं की घोषणा की गई है। गरीबों, दलितों व महिलाओं की सुरक्षा व कल्याण हेतु व्यापक प्रबंध किए गए हैं। युवाओं के लिए शिक्षा व रोजगार, वृद्धों के लिए पेंशन व बीमा का प्रावधान कर उनका जीवन सुरक्षित व समृद्ध बनाने का प्रयास किया गया है, साथ-ही-साथ उद्यमियों और इन्वेस्टर्स के लिए उपयुक्त वातावरण बनाने हेतु विभिन्न कदम उठाए गए हैं। बुनियादी दृष्टिकोण से यह बहुत कारगर बजट है, इसमें बुनियादी दृष्टिकोण को विकास में तब्दील करने का लक्ष्य रखा गया है। कुल मिलाकर इस बजट को दूरगामी, सकारात्मक, सभी के हिताय कहा जा सकता है। यह बजट अटलजी के सुशासन व राष्ट्र-निर्माण के स्वप्न को चरितार्थ करता है, वहीं यह प्रधानमंत्री श्री नरेंद्र मोदी के विजन का रोडमैप है, जो सबका साथ, सबका विकास सुनिश्चित करेगा और भारत में आर्थिक विकास की रफ्तार को नया आयाम देगा।

□

प्रधानमंत्री रोजगार सृजन कार्यक्रम की महत्ता

खादी शब्द का नाम लेते ही राष्ट्रपिता महात्मा गांधी का पूरा व्यक्तित्व हमारे सामने आ जाता है। गांधीजी ने स्वतंत्रता संग्राम में एक नए प्रकार एवं अद्‌भुत प्रकार के अहिंसात्मक हथियार के माध्यम से अंग्रेजों को बहुत बड़ी चुनौती दी और उसके बल पर हमें आजादी प्राप्त हुई। वास्तव में खादी महात्मा गांधी और उनके साथ संघर्ष करनेवाले लोगों के संघर्ष का प्रतीक है। आजादी के पूर्व स्वतंत्रता संग्राम से जब अंग्रेजों को लगा कि हिंदुस्तान में कुटीर धंधों के माध्यम से जो प्रगति हो रही है, उस सुख-समृद्धि को हम बाधित नहीं कर सकते। जब तक इस देश में कुटीर धंधे और इनसे संबद्ध कारीगर रहेंगे, तब तक हिंदुस्तान के विकास को कोई बाधित नहीं कर सकता, इसी कारण उन्होंने हमारे हथकरघा कारीगरों पर तरह-तरह के अत्याचार किए और उन्हें भिन्न-भिन्न प्रकार की यातनाएँ दीं। गांधीजी ने जब इस आंदोलन की शुरुआत की तो उस आंदोलन की शुरुआत का प्रतीक चरखा था एवं तकली थी। चरखे की शुरुआत लोगों के मन में यह विश्वास जगाने के लिए की गई कि तुम अपने हथकरघे की शुरुआत पुनः करो; अंग्रेज तथा कोई और भी तुम्हारा कुछ नहीं बिगाड़ पाएगा।

मुरादाबाद में आयोजित प्रधानमंत्री रोजगार सृजन कार्यशाला में मुख्य अतिथि के रूप में दिए गए भाषण

खादी स्वदेशी का प्रतीक है, राष्ट्रीयता और राष्ट्रवाद का प्रतीक है, इससे जुड़े हुए इतिहास को किसी को बताने की आवश्यकता नहीं है। खादी का देश में जितना ही विस्तार होगा, देशवासियों के मन में सहज रूप से राष्ट्रवाद, देश हित की भावना व स्वदेशी के प्रति विशेष लगाव पैदा होगा। हमारी सरकार ने खादी को इसी ढंग से बढ़ाने का प्रयास किया है। उन्नत तकनीक के माध्यम से, एक चरखे के माध्यम से हम खादी का निर्माण कर रहे हैं और लोग उसका उपयोग कर रहे हैं, साथ-ही-साथ खादी को आधुनिक फैशन के अनुरूप बनाने का प्रयास किया गया है, परिणामस्वरूप खादी ने बाजार की प्रतिस्पर्धा में बड़े-बड़े ब्रांडों को कड़ी टक्कर देनी शुरू कर दी है। खादी अपने देश में और विदेश में भी आकर्षण का केंद्र रही है और अभी भी है, लेकिन जिस स्तर पर खादी को होना चाहिए, वहाँ तक खादी को हम पहुँचा नहीं पाए हैं।

खादी में संस्थाएँ बहुत हैं। पूरे देश में खादी को विकसित करने के प्रयास किए जा रहे हैं, खादी को व्यवस्थित किया जा रहा है, खादी की संस्थाएँ लगातार काम कर रही हैं, आवश्यकता है, इनके साथ मिल-बैठकर एक-दूसरे के विचारों को सुनकर उनके अनुभवों को बाँटकर खादी को प्रगति के चरम पर पहुँचाने की। गांधीजी ने ग्राम स्वराज की कल्पना की थी, जिसके अनुसार गाँव ही हमारा केंद्र बिंदु होगा। हमारा देश तभी विकास कर सकता है, जब गाँव का विकास होगा और बिना गाँव के विकास के इस देश का विकास संभव नहीं है। इसलिए गाँव में खेती भी हो, परंतु साथ-साथ उद्योगों का विकास भी होना चाहिए। गाँव के छोटे उद्योगों से जो उत्पादन हो, उन उत्पादों से गाँव के लोग अपनी आवश्यकताओं की पूर्ति कर सकें। पूर्व में जहाँ गाँव में खेती भी होती थी, खाद्यान्न होता था और विभिन्न प्रकार का सामान तैयार होता था, वहाँ लकड़ी के काम के लिए बढ़ई होता था, लोहार भी था, कुम्हार भी होता था, तेल निकालने के लिए तेली भी होता था, अर्थात् गाँव के उपभोक्ताओं की आवश्यकताओं की पूर्ति गाँव में पैदा होनेवाले उत्पादों से हो जाती थी। इसी आदान-प्रदान के माध्यम से सबकी आजीविका चलती थी और लोग सुखी व संपन्न थे। इस प्रकार के छोटे-छोटे उद्योगों का अब विस्तार करने की आवश्यकता है। आज बेरोजगारी की संख्या में लगातार वृद्धि हो रही है। हमारे देश में लगभग 9 प्रतिशत बेरोजगार

हैं, उसकी तुलना में अमेरिका में 6 प्रतिशत , जापान में 3 प्रतिशत और यूरोपीय देशों में और भी कम। इन बेरोजगारों की समस्या का निदान आवश्यक है। भारत एक युवा प्रधान देश है, इसमें 35 वर्ष से कम आयुवालों की संख्या 55 प्रतिशत से अधिक है, इन युवाओं का समायोजन हमारे सामने सबसे बड़ी चुनौती है। बेरोजगार नौजवानों का समायोजन केवल नौकरी से नहीं होगा, इसके लिए हमें गाँवों की तरफ रुख करना होगा और गाँवों में छोटे-छोटे परंपरागत उद्योग-धंधों का विस्तार करना पड़ेगा। छोटे-छोटे उद्योगों-धंधों के विकास हेतु खादी ग्रामोद्योग जबरदस्त प्रयास है। प्रधानमंत्री रोजगार सृजन योजना इसी क्रम में एक प्रयास है, जिसमें 2 लाख, 5 लाख, 10 लाख, पूँजीवाला भी अपना उद्योग स्थापित कर सकता है।

जहाँ उद्यमिता की चर्चा हो, वहाँ पर बैंकिंग सुविधा की चर्चा करना अत्यंत आवश्यक है, क्योंकि हमारे नव-उद्यमियों को बैंकों के कारण भी बहुत परेशानी है। जो सब्सिडी है, कई लोगों को नहीं मिल पाती। बैंकों के पास जो आवेदन आते हैं, विशेषकर गाँवों में उद्योग लगाने के लिए, यदि ये उद्योग प्रभावी तौर पर लग जाएँ, तो मैं यह कह सकता हूँ कि गाँव में उद्योगों के माध्यम से बेरोजगार नवयुवकों का उद्यमी के रूप में विकसित होना एक स्वाभाविक प्रक्रिया हो जाएगी। इससे अधिक-से-अधिक नौजवान समाहित हो सकेंगे, परंतु ऐसा अभी हो नहीं पा रहा है। उद्यम स्थापित करने में जो प्रक्रियाएँ हैं, उन प्रक्रियायों के कारण हमारा नवयुवक चाहकर भी स्थायी बनने हेतु प्रेरित नहीं हो पाता है। हमारा प्रयास उसको प्रेरित करना और उसका स्किल डेवलपमेंट करना है, अर्थात् उनके कौशल विकास की जरूरत है। जो हमारे आर्टिसंस हैं, वे कौशल विकास के विषय में थोड़ा-बहुत जानते हैं, उनको और अधिक जानकारी प्रदान करने हेतु जगह-जगह उनके ट्रेनिंग कैंप्स होने चाहिए। पी.एम.ई.जी.पी. और अधिक प्रभावी तरीके से लागू हो, मैंने इसको अपनी वरीयता में रखा है। इस बार मैंने 172 करोड़ रुपए का बजट प्रावधान सी.एल. सी.एस. के अंतर्गत दिया है। आगे भी हम इसे प्रभावी तौर पर करना चाहते हैं, ताकि गाँवों में जो बेरोजगारी की समस्या है, उसका समाधान हो सके। गाँव में

बेरोजगारी की जो समस्या है, उसका समाधान प्रधानमंत्री रोजगार सृजन योजना के माध्यम से ही किया जा सकता है।

मधुमक्खी पालन के लिए हमने विशेष कैंपस का आयोजन प्रारंभ किया है, क्योंकि आज के युग में मधुमक्खी पालन एक ऐसा उद्यम है, जिसका विस्तार होने की पूरी संभावनाएँ हैं। इसी प्रकार से सरसों या अन्य तिलहनों का उत्पादन करने हेतु उद्योग खोले जा रहे हैं। आवश्यकता इस बात की है कि पूरे मनोयोग व दृढ संकल्प के साथ इस क्षेत्र में काम किए जाएँ। इन कार्यक्रमों के माध्यम से प्रधानमंत्री रोजगार सृजन योजना और मेक इन इंडिया को चरितार्थ किया जा सकता है। रोजगार सृजन के क्षेत्र में प्रधानमंत्रीजी विशेष रूप से चिंतित रहते हैं और उनके इस मिशन में एम.एस.एम.ई. मंत्रालय विशेष रूप से प्रयास कर रहा है। जहाँ तक खादी एवं चरखे का प्रश्न है, इसमें हम उसे आधुनिक बनाने का प्रयास कर रहे हैं। एशियन डेवलपमेंट बैंक की ओर से खादी को प्रमोट करने हेतु हमें 900 करोड़ रुपए की सहायता प्राप्त हुई है, जिसमें से 100 करोड़ रुपए उत्तर प्रदेश में लगा रहे हैं। खादी रिफॉर्म डेवलपमेंट प्रोग्राम के माध्यम से खादी के विकास के कार्यक्रम चलाए जा रहे हैं। इसमें चरखे से लेकर बाकी शोरूम तक सभी चीजें हैं। खादी के अपग्रेडेन का भी प्रयास किया जा रहा है, जिससे लोग खादी की ओर आकृष्ट हों। खादी के उत्पादन में प्राचीन तौर-तरीके से निकलकर थोड़ा आधुनिक बनाने की आवश्यकता है, जैसे सौर ऊर्जा व इ-चरखों का उपयोग। चर्चा में इसकी शुरुआत हो गई है। खादी उद्योग से संबंधित जो लाभ हैं, खादी से संबंधित जितनी संस्थाएँ हैं, सबको बुलाकर उनसे परामर्श किया जाना चाहिए, जिससे जो खादी संस्थाएँ बंद पड़ी हैं, उन्हें रिवाइव करें। हम यह चाहते हैं कि खादी का पूरे भारत में ही नहीं, पूरे विश्व में विस्तार हो। हमने हर समय सीखने की प्रक्रिया अपनाई है। इसी कारण हर धर्म, हर जाति की माता-बहनें खादी से जुड़ी हुई हैं, जहाँ खादी हमारी आर्थिक स्थिति को मजबूत करनेवाली होगी, वहीं यह देश में सांप्रदायिक सद्भाव पैदा करेगी। यह पूरे देश की एकता को व्यक्तिगत करनेवाली होगी और इसलिए यह कहा जाता है कि खादी एकता का प्रतीक है। अपने एक और उपक्रम राष्ट्रीय लघु उद्योग निगम के माध्यम से इनक्यूबेशन सेंटर्स खोले जा रहे हैं, जहाँ पर

बेकरी आइटम्स, सोयाबीन से दूध उत्पादन, कारपेंटरी, एश ब्रिक, कील, होजरी आदि बनाने की छोटी-छोटी मशीनें हैं, जहाँ हम बेरोजगार युवकों को 3 माह प्रशिक्षण देकर व वित्तीय सहायता देकर स्वरोजगार लायक बनाते हैं। हमारा यह उद्देश्य है कि हमारे नौजवान नौकरी की बजाय उद्यमिता की ओर बढ़ें। पी.एम.ई.जी.पी. में अनुदान का भी प्रावधान है, जहाँ सामान्य वर्ग 25, प्रतिशत, एस.सी.एस.टी. व महिलाओं को 35 प्रतिशत अनुदान दिया जाता है। मुरादाबाद में आकर मैं अभिभूत हूँ, यह एक औद्योगिक नगरी है, यहाँ का पीतल उद्योग मशहूर है। मुझे बताया गया कि यहाँ से प्रतिवर्ष 7000 करोड़ का निर्यात होता है। हम चाहते हैं, हम लोगों के यह प्रयास प्रधानमंत्रीजी की मेक इन इंडिया की पहल को साकार करें।

□

समूह विकास कार्यक्रम
(Cluster Development Program)

अखंड भारत में, जहाँ ढाके का मलमल बनता था, बनारस की बनारसी साड़ी थी, मुरादाबाद का पीतल उद्योग था, दुनिया में उसकी श्रेष्ठता के प्रति सामाजिक रूप से आकर्षण था। एम.एस.एम.ई. सेक्टर की उपलब्धियाँ आज के युग में भी महत्त्वपूर्ण हैं। एम.एस.एम.ई. सेक्टर ने सकल घरेलू उत्पाद में 8 प्रतिशत का योगदान, निर्माण में 40 प्रतिशत और निर्यात में 40 प्रतिशत का योगदान है। एम.एस.एम.ई. सेक्टर की जो इकाइयाँ हैं, उनके माध्यम से लगभग 8 करोड़ बेरोजगार युवकों को रोजगार प्राप्त है। देश के प्रधानमंत्री श्री नरेंद्र मोदी ने अपने वक्तव्य के माध्यम से, अपने आचरण के माध्यम से, क्रियाकलाप के माध्यम से सूक्ष्म, लघु एवं मध्यम उद्यम के विषय में जो संदेश दिया है, उससे लोगों के मन-मस्तिष्क में यह धारणा बन रही है कि यह सरकार लघु उद्योगों को व्यापकता प्रदान करेगी। पूरे देश में लघु उद्योग अपनी लायक स्थिति का निर्माण करेंगे। प्रधानमंत्रीजी की यह इच्छा है कि हम अधिक-से-अधिक संख्या में सरल इंटरपेन्योर्स तैयार करें, महिला उद्यमियों और अनुसूचित जाति-जनजाति उद्यमी अधिक-से-अधिक तैयार करें। लेकिन आज तक जिस प्रकार से प्रशासनिक आधार पर एम.एस.एम.ई. को किनारे करने के फैसले लिये गए, वह चिंता का विषय है। प्रक्रियाओं के नाम पर छोटे-छोटे उद्यमियों का लगातार शोषण होता

क्लस्टर डेवलपमेंट पर उद्यमियों को संबोधित करते हुए श्री कलराज मिश्र

रहा है। मैं तो इतना कह सकता हूँ कि छोटे उद्यमी को प्रक्रिया से संबंधित समस्त सुविधाएँ प्रदान की जानी चाहिए, जो दुर्भाग्य से उनको नहीं मिल पा रही हैं। लोनर बैंकों से कर्ज के मामले में भारत सरकार के द्वारा जारी दिशा-निर्देशों के बावजूद उसे बैंकों से ऋण नहीं मिल पाता, फॉर्मेलिटीज करने के नाम पर बैंक उससे इतने चक्कर लगवा देते हैं कि वह बीच में ही कर्ज प्राप्त करने की उम्मीद छोड़ देता है। कहीं उसको कैपिटल की परेशानी है तो कहीं रॉ मटेरियल, तो कहीं क्रेडिट गारंटी की कठिनाई है।

इन सब परेशानियों के बावजूद आप सफलतापूर्वक उद्यम चला रहे हैं, इसलिए आपको बधाई देता हूँ। एक अजीब सी स्थिति है। छोटे उद्यमों का मौलिक अपना उत्पाद तैयार करने के बाद वह उसको कहाँ बेचे, उसकी मार्केटिंग कहाँ हो, उसे पता नहीं होता है। इसके लिए अब कानून बन गया है। कॉरपोरेट सेक्टर के छोटे उद्यमियों के 20 प्रतिशत मानकों को प्रोन्योर करना पड़ेगा। यही नहीं, छोटे उद्यमियों को समय से उसका पेमेंट भी दिया जाएगा। ये सारी सुविधाएँ छोटे उद्यमियों को इसलिए दी जा रही हैं, क्योंकि प्रधानमंत्री मोदी यह भलीभाँति जानते हैं कि जर्मनी सहित अनेक विकसित देशों की अर्थव्यवस्था को मजबूत करने में छोटे उद्यमियों का विशेष हाथ रहा है। छोटे उद्यमी को यदि कर्ज नहीं मिल पा रहा है तो उसके लिए हमने क्रेडिट गारंटी ट्रस्ट फंड की स्थापना की है और उसके माध्यम से हम लोग दिलवाएँगे। यदि हमारे बेरोजगार नौजवानों को समुचित तौर पर समायोजित करना है तो उनका स्किल डेवलपमेंट करना होगा। हमारे प्रधानमंत्रीजी ने इसके लिए अलग से मंत्रालय बनाया है। हमारे प्रधानमंत्री श्री नरेंद्र मोदीजी धरती से जुड़े व्यक्ति हैं, उनके नेतृत्व में नव उद्यमियों की कठिनाइयों का सरलीकरण शुरू कर दिया गया है। हमारी कई चीजें ऑनलाइन कर दी गई हैं। हमने b_2b, b_2c वेबसाइट पोर्टल लॉन्च किया है। इंटरप्रेन्योर्स को तकनीकी रूप से दक्ष होना चाहिए और जो ट्रेड है, उन्हें नौकरी चाहिए। इसके लिए हमने एक और पोर्टल लॉन्च किया है। naukri.com—इसमें आप ऑन कीजिए। आपको नौकरी संबंधी सूचनाएँ प्राप्त हो जाएँगी।

□

जी.एस.टी. देश के आर्थिक सुधार में क्रांतिकारी कदम

30 जून, 2017 को संसद के सेंट्रल हॉल में जी.एस.टी. लागू किया गया, तत्कालीन महामहिम राष्ट्रपति श्री प्रणब मुखर्जी एवं प्रधानमंत्री श्री नरेंद्र मोदी ने इसे लागू किया। आजादी के पश्चात् जी.एस.टी. भारतीय कर-व्यवस्था में सबसे बढ़ा कदम है। इससे करदाताओं को दोहरा लाभ होगा, उन्हें टैक्स अदा करने में आसानी होगी और इससे अधिक-से-अधिक टैक्स दे पाएँगे। अब करदाताओं को विभिन्न प्रकार के टैक्सों, जैसे बिक्री कर, एक्साइज टैक्स, कस्टम टैक्स और राज्य कर हेतु अलग-अलग दफ्तरों के चक्कर नहीं लगाने पड़ेंगे। जी.एस.टी. एक प्रकार का अप्रत्यक्ष कर है, जो व्यापक पैमाने पर पूरे देश के निर्माताओं, व्यापारियों एवं उपभोक्ताओं पर लगेगा। यह कर पूरे देश में एक ही दर पर लगेगा। यह भारत के अप्रत्यक्ष कर क्षेत्र में एक साहसिक व क्रांतिकारी कदम है। यह करों के क्षेत्र में दोहरी कर प्रणाली, अर्थात् केंद्रीय और राज्य करों को समाप्त कर देगा।

1. देश में जी.एस.टी. लागू होने से टैक्स चोरी के बढ़ते हुए मामलों पर अंकुश लगेगा, क्योंकि कर चोरी के मामलों ने देश की वित्तीय स्थिति को चिंताजनक बना दिया है, जबकि हम सभी जानते हैं कि देश के विकास व

हिंदी दैनिक में श्री कलराज मिश्र का प्रकाशित लेख

इंफ्रास्ट्रक्चर हेतु पूँजी करों से ही आती है। देश में गरीबों एवं वंचितों के कल्याण हेतु पूँजी इन्हीं करों से आती है। पूँजी के अभाव में स्वास्थ्य, शिक्षा व सड़क निर्माण का कार्य ठप्प पड़ जाएगा। डायरेक्टर जनरल ऑफ सेंट्रल एक्साइज की वर्ष 2012 में प्रकाशित एक रिपोर्ट के अनुसार देश में वित्त वर्ष 2011-12 के दौरान सेवा कर चोरी के मामलों में 216 प्रतिशत की वृद्धि हुई और केंद्रीय उत्पाद कर की चोरी के मामलों में 98 प्रतिशत की वृद्धि हुई।

2. जी.एस.टी. लागू होने से कम विकसित या आर्थिक रूप से पिछले राज्यों को अन्य विकसित राज्यों की भाँति अधिक आय प्राप्त होगी। जैसा कि प्रायः देखा गया है कि पैसे के अभाव में आर्थिक रूप से पिछड़े राज्य प्रचुर मात्रा में प्राकृतिक संपदा होने के बावजूद अपने विकास के कार्यक्रमों को समय से पूरा नहीं कर पाते और उनकी कल्याणकारी योजनाएँ अधूरी रह जाती हैं, वे अपने यहाँ विकासशील परियोजनाओं के लिए केंद्र सरकार के विशेष पैकेज की आस लगाए रहते हैं, परंतु जी.एस.टी. लागू हो जाने से उन्हें इस समस्या से निजात मिल जाएगी। हाँ, इसके लिए वर्ष, दो वर्ष प्रतीक्षा करनी पड़ सकती है।

3. प्रायः छोटे शहरों के छोटे-छोटे व्यापारियों को यह शिकायत रहा करती थी कि उन्हें महानगरों के बड़े व्यापारियों की भाँति सरकार या बैंकों से उचित समर्थन नहीं मिल पाता, परिणामस्वरूप वे अपने व्यापार का विकास नहीं कर पाते, परंतु अब जी.एस.टी. लागू होने से छोटे व्यापारियों को भी सपोर्ट मिलेगा और क्षेत्रीय पक्षपात समाप्त होगा।

4. जी.एस.टी. ही देश में रिटेल (खुदरा) को उद्योग का दर्जा देगा, यह रिटेल सेक्टर अर्थव्यवस्था और वित्तीय व्यवस्था और विशेष रूप से छोटे किसानों के लिए फायदेमंद साबित होगा, क्योंकि इससे इनके लिए ऋण सुविधा उपलब्ध हो जाएगी। इनके इकोनॉमी फार्मलाइजेशन हेतु जी.एस.टी. लागू किया गया है, क्योंकि हमारे वित्तमंत्री श्री अरुण जेटली यह भलीभाँति जानते हैं कि रिटेल सेक्टर अर्थव्यवस्था के विकास के महत्त्वपूर्ण चक्र को बढ़ावा देता है। जी.एस.टी. की प्रशंसा करते हुए कांग्रेस शासनकाल के सफलतम वित्तमंत्री व पूर्व राष्ट्रपति श्री प्रणब मुखर्जी ने जी.एस.टी. को स्वतंत्र भारत के आर्थिक सुधारों में एक क्रांतिकारी कदम बताया। जैसा कि हम सभी जानते हैं कि जी.एस.टी. ही लागू

करने से पूर्व वर्ष 2000 में श्री अटल बिहारी वाजपेयी की सरकार के कार्यकाल में एक एम्पावर्ड कमेटी का गठन किया गया। इस एम्पावर्ड कमेटी का उद्देश्य विभिन्न प्रकार के लगाए जानेवाले टैक्सों को हटाकर उसके स्थान पर नए वस्तु एवं सेवा कर का माहौल तैयार करना था। इस एम्पावर्ड कमेटी में सभी राज्यों के वित्तमंत्री थे तथा पश्चिम बंगाल के वित्तमंत्री श्री आशीष चौधरी इसके अध्यक्ष थे। इस कमेटी ने मैराथन चर्चा के पश्चात् रिपोर्ट सरकार को भेजी, जिस पर 12 दिसंबर, 2008 को भारत सरकार ने अपने कमेंट्स दिए, जिसे 16 दिसंबर, 2008 को एम्पावर्ड कमेटी ने स्वीकार कर लिया। इसमें संभावित परेशानियों को भापते हुए एनडीए सरकार के गठन के पश्चात् जी.एस.टी. काउंसिल का गठन किया गया। जी.एस.टी. काउंसिल का मुख्य उद्देश्य विभिन्न कमोडिटीज के रेट तय करना था और समय-समय पर लोगों को हो रही परेशानियों पर विचार करना और यदि आवश्यक हो तो रेट्स में बदलाव करना था। यदि जी.एस.टी. काउंसिल की संरचना पर ध्यान दिया जाए तो इसमें एक-तिहाई मत केंद्र सरकार का और दो-तिहाई बहुमत राज्य सरकारों का तय किया गया था, लेकिन किसी निर्णय पर फैसला लेने के लिए तीन-चौथाई बहुमत आवश्यक होता है। 1 जुलाई, 2017 को जी.एस.टी. लागू करने से पहले जी.एस.टी. काउंसिल की 18 मीटिंगें हो चुकी थीं। इस काउंसिल को 1211 कमोडिटीज के रेट्स तय करने थे और बिना किसी कारण के एक-एक कमोडिटीज के रेट तय किए गए। जी.एस.टी. काउंसिल के सभी निर्णयों के पीछे एक ही सिद्धांत था कि जी.एस.टी. से आम और गरीब आदमी पर ज्यादा बोझ न पड़े। जी.एस.टी. में अब तक सर्वसम्मति से 24 रेगुलेशंस बन चुके हैं। फिर भी आम जनता को होने वाली परेशानियों को दूर करने के लिए जी.एस.टी. काउंसिल की नियमित अंतराल बैठक होती रहती है। जुलाई माह में जी.एस.टी. काउंसिल ने 1200 वस्तुओं पर 5 प्रतिशत, 12 प्रतिशत, 18 प्रतिशत और 28 प्रतिशत की दर से टैक्स के चार स्लैब तय किए थे। इन दरों का मुख्य उद्देश्य आवश्यक वस्तुओं और लक्जरी आइटम के आधार पर रेट तय करना था, परंतु कुछ लोग इन स्लैबस में बदलाव की माँग कर रहे हैं।

पिछले तीन माह के दौरान आम जनता को हो रही परेशानियों को दूर करने

के उद्देश्य से 6 अक्तूबर, 2017 को जी.एस.टी. काउंसिल की मीटिंग बुलाई गई और निम्नलिखित फैसले लिये गए—(i) जी.एस.टी. रिटर्न फाइल करने की अनिवार्यता प्रतिमाह से बढ़ाकर तीन महीने कर दी गई। (ii) निर्यातकों को रिफंड की सुविधा प्रदान की गई, निर्माताओं को 01 अप्रैल, 2018 से इ-वालेट दिया जाएगा, अर्थात् इनके रिफंड की एक तय राशि उन्हें एडवांस में दी जाएगी। (iii) विद्यार्थियों की असुविधा को ध्यान में रखते हुए स्टेशनरी आइटम्स पर टैक्स 28 से 18 प्रतिशत कर दिया गया है। (iv) गुजराती खाखरा और चपाती पर अब टैक्स 28 प्रतिशत से 5 प्रतिशत कर दिया गया है। (v) बच्चों के फूड पैकेट्स पर टैक्स 18 प्रतिशत से घटाकर 5 प्रतिशत कर दिया गया है। (vi) किसानों का ध्यान रखते हुए डीजल इंजन पार्ट्स पर टैक्स 28 प्रतिशत से घटाकर 18 प्रतिशत कर दिया गया है। (vii) जी.एस.टी. काउंसिल को करीब 133 चीजों को स्लैब रेट में बदलाव के अनुरोध प्राप्त हुए हैं, काउंसिल शीघ्र ही इस पर निर्णय लेगी। करदाताओं की समस्याओं के निदान हेतु जी.ओ.एम. का गठन किया गया, जो समय-समय पर अपने-अपने सुझाव जी.एस.टी. काउंसिल को दे सकें। अभी हाल ही में जी.ओ.एम. ने जी.एस. टी. काउंसिल को सुझाव दिया है कि जी.एस.टी. को वस्तु के एम.आर.पी. (अधिकतम खुदरा मूल्य) में सम्मिलित किया जाए, जिससे विक्रेता उपभोक्ता से मनमाने तरीके से टैक्स नहीं वसूल सकेंगे। जीओएम ने जी.एस.टी. रिटर्न फाइल करने में देरी होने पर लगनेवाले फाइन को 100 रु. प्रतिदिन से 50 रु. प्रतिदिन करने का सुझाव दिया है। सरकार उद्योग विभाग में सूक्ष्म, लघु एवं मध्यम उद्यम के क्षेत्र में आनेवाले उत्पादकों को राहत देने के लिए 28 प्रतिशत स्लैब पर पुनः विचार करने जा रही है। 9-10 नवंबर को होने वाली जी.एस.टी. काउंसिल की बैठक में इस मामले पर फैसला हो सकता है। 28 अक्तूबर को श्री अरुण जेटली ने कहा कि 28 प्रतिशत स्लैब अधिक तो है, कुछ समय बाद चीजों को 28 प्रतिशतवाले स्लैब से हटाकर 18 प्रतिशतवाले स्लैब में रख दिया जाएगा। ऊँचे क्रैडिटवाले स्लैब में केवल लक्जरी आइटम्स रह जाएँगे। इन्होंने आगे कहा कि स्लैब स्टे में अचानक परिवर्तन होने से इन्फ्लेशन पर सीधा असर पड़ सकता है। इसका अभिप्राय यह है कि जी.एस.टी. के रेट्स के स्टेब्लाइज

होने के पश्चात् रोजमर्रा की इस्तेमाल होने वाली चीजों में जी.एस.टी. घटाया जाएगा। जहाँ सरकार जी.एस.टी. के विभिन्न रेट स्लैब्स को मिल रहे फीडबैक के आधार पर करदाताओं की सुविधा के अनुरूप व व्यावहारिक बना रही है, वहीं तकनीकी इंफ्रास्ट्रक्चर पूरी तरह से विकसित न होने के कारण करदाताओं को होनेवाली परेशानियों को दूर करने की आवश्यकता है। करदाता प्रायः यह शिकायत करते हैं कि उन्हें जी.एस.टी. रिटर्न भरने में कई तरह की परेशानियाँ आ रही हैं और संबद्ध पोर्टल से भी उन्हें प्रॉपर रिस्पॉन्स नहीं मिलता। सरकार को इस विषय में मिल रहे फीडबैक के आधार पर तकनीकी इंफ्रास्ट्रक्चर को और आधुनिक व सुरक्षित बनाने की आवश्यकता है।

□

मोक्ष की नई परिभाषा

ऋषिकेश में गंगा पहाड़ों से उतरकर मैदानों में आती है, उसी के साथ प्रदूषण की शुरुआत हो जाती है। हरिद्वार के पहले ही गंगा का पानी निचली गंगा नहर में भेजकर उत्तर प्रदेश की सिंचाई की व्यवस्था की जाती है। नरौरा के परमाणु संयंत्र के लिए गंगा के पानी का उपयोग होता है, जिससे रेडियोधर्मिता पैदा होने की आशंका रहती है। प्रदूषण की चरम स्थिति कानपुर में है। चमड़ा शोधन और उससे निकला प्रदूषण यहाँ सबसे गंभीर है। उस समूचे क्षेत्र में गंगा के पानी के साथ भूमिगत जल भी प्रदूषित है। इलाहाबाद में यमुना, गंगा से मिल जाती है। यहाँ का पवित्र संगम और कुंभ मेला आस्था का बहुत बड़ा केंद्र है पर करोड़ों लोगों द्वारा स्नान, शवदाह, पिंडदान, अस्थि विसर्जन के कारण गंगा का प्रदूषण सभी मान्य सीमाएँ पार कर जाता है।

बनारस में गंगा तटों पर लाखों शवों का अंतिम संस्कार होता है। इससे होनेवाले प्रदूषण से मुक्ति के लिए विद्युत् शवदाह अच्छा तथा इकोफ्रेंडली विकल्प है। हमारी धार्मिक मान्यताएँ, विश्वास और मृतक से भावनात्मक संबंध विद्युत् शवदाह को लेकर असमंजस पैदा करते हैं पर अब मोक्ष, मुक्ति और परम शांति के अर्थों को फिर से परिभाषित करना होगा। गंगा को प्रदूषणमुक्त करने के प्रयास पहले भी हुए हैं। 1979 में केंद्रीय प्रदूषण नियंत्रण मंडल ने गंगा में प्रदूषण की विकरालता को समझते हुए एक समीक्षा की थी। 1985 में गंगा एक्शन

हिंदी दैनिक में श्री कलराज मिश्र का प्रकाशित लेख

प्लान का प्रारंभ हुआ, पर गंगा की हालत नहीं बदली। गंगा बेसिन अथॉरिटी की स्थापना 2009 में हुई, पर सकारात्मक नतीजे नहीं मिले।

एनडीए सरकार ने इसे गंभीरता से लिया है। इसने इसके लिए एक अलग मंत्रालय बनाकर अपनी प्रतिबद्धता दरशा दी है। सरकार का लक्ष्य है—2020 तक गंगा को प्रदूषण मुक्त बनाना। यह बहुत बड़ी चुनौती है। इसके लिए पर्याप्त बजट, पारिस्थितिकी का संरक्षण तथा समुदाय की प्रभावी भागीदारी जैसे पक्षों पर भी ध्यान जरूरी है, लेकिन सरकार ने संकल्प ले लिया है। उसने 2014 में 'नमामि गंगे' परियोजना की घोषणा की। इसके अंतर्गत 2037 करोड़ रुपए खर्च होंगे। किनारों के बड़े नगरों में घाटों के विकास पर 100 करोड़ खर्च किए जाएँगे। इस अभियान में अनिवासी भारतीयों से भी सहयोग माँगा गया है। शहरी विकास मंत्रालय ने 'निर्मल धारा' योजना के अंतर्गत गंगा तट पर बसे 118 नगरों में जल-मल शुद्धिकरण के लिए इंफ्रास्ट्रक्चर विकास की योजना बनाई है, जिस पर 51000 करोड़ रुपए खर्च होंगे। गंगा के प्रवाह का जल परिवहन के लिए भी उपयोग करने की योजना है।

एक नया पक्ष गंगा सफाई अभियान से जुड़ने जा रहा है। शवों की अंत्येष्टि, पूजा-सामग्री और मूर्तियों के विसर्जन को लेकर धर्माचार्यों को विश्वास में लिया जा रहा है। कोशिश की जा रही है कि उनकी स्वीकृति से नई व्यवस्था बनाई जाए। इसमें इकोफ्रेंडली शवदाह गृह का निर्माण, पूजा और मूर्ति विसर्जन के लिए उचित स्थान तय करने और अधजले शवों को गंगा में फेंकने की बजाय उनके उचित प्रबंधन की व्यवस्था भी शामिल है। 2022 तक गंगा के किनारे बसे सभी गाँवों को 'खुले में शौच' से पूरी तरह मुक्त करने का संकल्प है। राष्ट्रीय गंगा निगरानी केंद्र का गठन एक अन्य पहल है। नदी के किनारों पर नदी नियामक नियमों को सख्ती से लागू करवाया जाएगा। गंगा ज्ञान केंद्र की स्थापना की जाएगी, जो नदी विज्ञान पर गंगा विश्वविद्यालय जैसी संस्था बनाएगा। जलीय जीवन की सुरक्षा की जा रही है, जिसमें डॉल्फिन, घड़ियाल और कछुए शामिल हैं। बालू खनन पर नए नियम बनाने की भी योजना है।

सबका सहयोग मिले

गंगा शुद्ध और प्रदूषणमुक्त हो और बाधाओं से मुक्त होकर अविरल बहे, इसी में भारत का हित है। इसके लिए भारत सरकार प्रयासरत है, लेकिन इस अभियान में जल विज्ञानी, भूगर्भशास्त्री, सलाहकार, नीति-निर्माता, पर्यावरणविद्, गैर-सरकारी संगठन, साधु-संत, गंगा के किनारे आजीविका चलानेवाले मछुआरे, मल्लाह, कृषक, मजदूर से लेकर देश के हर नागरिक को अपना योगदान देना होगा।

अपने स्किल के हिसाब से अपनाई कविताएँ। इंटरप्रन्योर एंड अनइंपलाइमेंट पर व्यक्तिगत रूप से मेरी निगाह है, साथ-ही-साथ जो उत्पादन हो, वह गुणवत्तायुक्त हो, जिससे हम ग्लोबल मार्केट में कंपटीशन कर सकें। इसके लिए मशीनी अपग्रेडेशन व टेक्निकल अपग्रेडेशन करना पड़ेगा। इसके लिए सरकार प्रयास कर रही है और हमारी अपग्रेडेशन स्कीम Credit Link Subsidy Scheme है। इसके अंतर्गत 15 प्रतिशत सब्सिडी प्राप्त कीजिए और अपग्रेडेशन कीजिए। जीरो इफेक्ट, जीरो डिफेक्ट ही हमारा मोटो होना चाहिए।

जीरो डिफेक्ट वह माल होता है, जिसमें कोई दोष न हो। प्रदूषणमुक्त व्यवस्था एवं मानसिकता बनाते हुए हम निर्माण कार्य पर जोर देते हुए आगे बढ़ रहे हैं। इसी को प्रोत्साहित करने के उद्‌देश्य से प्रधानमंत्रीजी ने भारत को एक मैन्युफैक्चरिंग हब बनाने का संकल्प लिया है, जिसमें पूरे देश को सूक्ष्म व लघु उद्योगों के नेटवर्क में बाँधकर एक विकसित देश के रूप में स्थापित कर सकें। दुनिया के बड़े-बड़े देश चाहे वह जापान हो या चाहे जर्मनी हो, सभी एम.एस. एम.ई. सेक्टर के सहयोग के कारण विकसित हुए हैं। प्राय: यह देखा गया है कि जब कोई लघु उद्योग इकाई अधिक टर्न ओवर प्राप्त कर लेती है तो वह एम.एस.एम.ई. सेक्टर से अलग हो जाती है। हमारा प्रयास यह है कि टर्न ओवर बढ़ने के पश्चात् भी इकाई को एम.एस.एम.ई. से बाहर न निकाला जाए। हम एम.एस.एम.ई. की डेफिनेशन के विषय में भी चर्चा करेंगे और एक्जिट पॉलिसी के विषय में भी चर्चा करेंगे। वर्ष 2006 और 2012 के कानूनों में संशोधन करेंगे। उद्योगों के लिए जो इंफ्रास्ट्रक्चर से संबंधित प्रश्न है, वह राज्यों के अधिकार में

आता है, चाहे लैंड हो, पावर हो, पानी हो, या एनवायरनमेंट हो, हम इसके लिए राज्यों से कोऑर्डिनेट करने का प्रयास कर रहे हैं। आपके प्रोडक्ट्स के विषय में अवेयरनेस पैदा करने के लिए हमारे मंत्रालय द्वारा सुदूर क्षेत्रों में मेलों और प्रदर्शनी का आयोजन किया जा रहा है। आपकी जो समस्याएँ हैं, चाहे वह रॉ मैटेरियल की हो, मार्केटिंग की हो, गुणवत्ता की हो, मशीनी अपग्रेडेशन की हो या विभिन्न प्रकार के टैक्सेस की हो, मैं आपको विश्वास दिलाता हूँ कि मैं यह समस्या प्रधानमंत्रीजी एवं वित्तमंत्रीजी के सम्मुख रखूँगा। भारतीय अर्थव्यवस्था में कृषि के पश्चात् उद्यम का योगदान है, इसलिए उद्यमों को अधिक सुविधा प्रदान करने की आवश्यकता है।

देश के हित के लिए आवश्यक है कि लघु उद्यमियों, बेरोजगार युवकों की अनंत शक्ति का उपयोग करके देश को उन्नति के शिखर पर ले जाया जाए। मेक इन इंडिया के माध्यम से उद्यमिता का विकास हमारा लक्ष्य है। उत्पादन के साथ-साथ हर चीज को व्यवस्थित रखने की जब व्यवस्था होगी, सफाई होगी, सिस्टम होगा। मेरे विचार में प्रधानमंत्रीजी की जो घोषणाएँ हैं, उनको व्यावहारिक स्वरूप प्रदान करने में महत्त्वपूर्ण भूमिका का निर्वहन करते हुए अपने व्यवसाय, अपने उद्योग को और बढ़ाने में आप सफल होंगे।

□

मैन्युफैक्चरिंग क्षेत्र में संवर्धन

क्वालिटी कौंसिल ऑफ इंडिया की ओर से मेक इन इंडिया के अवसर पर आयोजित कार्यक्रम में जीरो डिफेक्ट और जीरो इफेक्ट के विषय में चर्चा देश में ही नहीं, अपितु पूरे विश्व में मेक इन इंडिया पहल को एक दिशा प्रदान करने में सक्षम होगी। अगर वैदिक अर्थशास्त्र पर नजर डालें, तो जीरो के महत्त्व का पता लगता है। किसी अंक के दाहिनी तरफ जीरो लगाने पर उसका मूल्य दस गुना बढ़ जाता है। जीरो के बिना गणित पूरा नहीं होता। भारतीय विचारकों ने, ऋषि-महर्षियों ने अपने चिंतन व तपस्या के आधार पर जीरो को एक ब्रह्मांड का स्वरूप प्रदान किया है। शून्य ब्रह्मांड है और ब्रह्मांड में सारी चीजें व्याप्त हैं। अगर शून्य में सारी चीजें व्याप्त हैं तो शून्य को ध्यान में रखते हुए उसके समुचित तौर पर प्रभाव हर क्षेत्र में पड़े, वहीं स्वयं की गुणवत्ता को प्रेरित करने में सक्षम और सफल होगा और भारत के यशस्वी प्रधानमंत्री श्री नरेंद्र मोदी के विचारों में यह बात रही होगी कि इस शून्य के विषय में व्याप्त विचार को भारतीय परिप्रेक्ष्य में नए तरीके से करें तो देश को बहुत लाभ होगा, इस कारण मेक इन इंडिया की बात की गई। आम जनमानस के अंदर, आज औद्योगिक क्षेत्र में काम करनेवालों में यह बात स्थापित हो कि हम अपने देश में ही निर्माण कार्य करें और अपने देश की निर्माण प्रक्रिया में आम आदमी को शामिल करें। इसके पीछे उनके मन में यही भाव है और इसलिए उन्होंने मेक इन इंडिया की बात कही। मुझे इस बात की अपार प्रसन्नता है कि सी.आई.आई. भारतीय उत्पादों की गुणवत्ता बनाने हेतु पूरी तरह कृत संकल्प है। लगभग 20-25 वर्ष पहले बैंगलोर

सी.आई.आई. द्वारा आयोजित गुणवत्ता कौंसिल में मुख्य अतिथि के रूप में श्री मिश्र का भाषण

में सी.आई.आई. का प्रथम सेंटर ऑफ एक्सलेंस इन पाटरीज स्थापित किया गया।

इसका उद्देश्य गुणवत्ता सुधार की मुहिम को मात्र उद्योग जगत् में ही नहीं, बल्कि स्वास्थ्य, शिक्षा, खाद्य, कृषि क्षेत्र और प्रशासन सहित उन सभी क्षेत्रों में बढ़ाना था, जो भारतीय उत्पादों की गुणवत्ता पर असर डालते हैं। सी.आई.आई. इंस्टीट्यूट ऑफ पाटरीज पिछले तीन दशकों में न सिर्फ उद्योग में आई.आई.एफ. की संस्कृति को प्रोत्साहित करने में सफल रहा है, बल्कि प्राकृतिक संसाधनों के जरिये मैन्युफैक्चरिंग में सुधार की विभिन्न प्रक्रियाओं को बढ़ावा दे रहा है। मोदीजी के प्रगतिशील व्यक्तित्व द्वारा भारतीय मैन्युफैक्चरिंग को मेक इन इंडिया कारोबार को आसान करना है, जिसके तहत पब्लिक प्राइवेट पार्टनरशिप पर खासा ध्यान दिया जा रहा है। प्रधानमंत्रीजी का मानना है कि देश का विकास हम सबका सामूहिक उत्तरदायित्व है। इसमें मैन्युफैक्चरिंग क्षेत्र की भूमिका सबसे अहम है, मैन्युफैक्चरिंग क्षेत्र के विकास से एम.एस.एम.ई. सेगमेंट में रोजगार के अवसर बढ़ेंगे। मैन्युफैक्चरिंग को बढ़ावा देने से देश में माँग बढ़ेगी और देशवासी खुशहाल होंगे। हालाँकि मैन्युफैक्चरिंग का पुनर्जागरण करने और देश में अच्छे दिन लाने में चुनौतियाँ कम नहीं हैं। भारत में मैन्युफैक्चरिंग देश की जी.डी.पी. में मात्र 6 प्रतिशत का योगदान करता है, जबकि चीन में मैन्युफैक्चरिंग का योगदान 34 प्रतिशत है। इसका मूल कारण इंफ्रास्ट्रक्चर व रियल डेवलपमेंट की कमी है। सरकार ने इंफ्रास्ट्रक्चर में निवेश को 7 प्रतिशत से बढ़ाकर 9 प्रतिशत किया है। इससे भारत के मैन्युफैक्चरिंग सेक्टर को 500 अरब डालर का निवेश मिलेगा। भारत में मैन्युफैक्चरिंग क्षेत्र में नए अन्वेषणों की आवश्यकता है, क्योंकि यहाँ श्रम आधारित मैन्युफैक्चरिंग और टेक्नोलॉजी-आधारित मैन्युफैक्चरिंग, दोनों की अपार संभावनाएँ हैं। भारतीय मैन्युफैक्चरिंग में तीव्र विकास होने पर एक अन्य चुनौती सामने आ सकी है और वह है मानव संसाधन की कमी की, जिससे अस्थिरता का माहौल बन जाएगा, यद्यपि मानव संसाधन की क्षमता बढ़ाकर इस चुनौती के निपटा जा सकता है। इसके साथ ही मैन्युफैक्चरिंग जोन्स को उत्पादकों हेतु आकर्षक बनाया जाए। इन चुनौतियों से निपटने हेतु सरकार ने अपनी नई मैन्युफैक्चरिंग पॉलिसी से तहत एक दशक में जी.डी.पी. में मैन्युफैक्चरिंग की हिस्सेदारी 25 प्रतिशत करने और 10 करोड़ रोजगार पैदा करने की घोषणा की है। इसके माध्यम से युवाओं को प्रशिक्षण देकर रोजगार योग्य बनाने की योजना है। एस्टेनेवुल

डेवलपमेंट इस नीति का महत्त्वपूर्ण हिस्सा है। यह नीति राज्यों के साथ साझेदारी में औद्योगिक विकास के सिद्धांत पर आधारित है।

संविधान की धारा 243 क्यू.सी. के तहत इंड्रस्ट्रियल टाउनशिप को स्वायत्त निकाय बनाने का प्रस्ताव है। इंफ्रास्ट्रक्चर के लिए फाइनेंस का उचित प्रबंध विभिन्न माध्यमों से केंद्र सरकार करेगी। नेशनल इन्वेस्टमेंट एंड मैन्युफैक्चरिंग जोन का पहला चरण दिल्ली इंडस्ट्रियल कोरिडोर डीआईसी के साथ स्थापित किया जाएगा। भारत सरकार उच्च क्षमतावाले 1483 किलोमीटर लंबे वेस्टर्न डेडीकोटेड रेलवे कोरिडोर को वैश्विक मैन्युफैक्चरिंग स्थान के तौर पर विकसित कर रही है। मुख्य बात यह है कि बीएमआईसी प्रोजेक्ट का लक्ष्य औद्योगिक शहरों को विकसित करना है। इसके माध्यम से अगले 30 सालों में 9200 अरब डालर का निवेश आकर्षित होगा। अनुमान के मुताबिक इस प्रोजेक्ट के तहत होनेवाले विकास से 30 लाख से ज्यादा लोगों को रोजगार के अवसर मिलेंगे। भारत सरकार की मदद से 7 इनवेस्टमेंट रीजन का विकास किया जा रहा है। भारत के मैन्युफैक्चरिंग हब का सपना साकार करने की रूपरेखा प्रधानमंत्रीजी ने तैयार की है, इसीलिए उन्होंने कहा कि पर्यावरण पर जीरो इफेक्ट हो और मैन्युफैक्चरिंग में जीरो इफेक्ट हो, इसी बात को ध्यान रखते हुए सी.आई.आई. और देश की गुणवत्ता नियंत्रण की सर्वोच्च संस्था क्वालिटी कौंसिल ऑफ इंडिया ने संयुक्त रूप से राष्ट्रीय स्तर पर जेड अभियान शुरू करने का निर्णय लिया है। मैं इस अभियान जेड उत्पादन मानक स्थापित करने का भी स्वागत करता हूँ। जो देशी मैन्युफैक्चरिंग कंपनियाँ जेड मानक फॉलो करेंगी, वे एम.एस.एम.ई. सेक्टर हेतु वरदान साबित होंगी। दो दिन के इस सम्मेलन में मेक इन इंडिया से संबंधित तकनीक पर आप लोग विचार करेंगे, जिससे गुणवत्तायुक्त उत्पादन पर जोर दिया जा सके और उसमें अधिक-से-अधिक बढ़ोतरी हो सके, जिससे प्रधानमंत्रीजी का मेक इन इंडिया का सपना साकार हो सके। जब हमारे यहाँ पैदा की गई चीजें दुनिया भर में जाएँगी तो बाहर के लोग स्वाभाविक रूप से कह सकेंगे कि मेक इन इंडिया। इसको देखकर विदेशियों का हिंदुस्तानी औद्योगिक क्षेत्र के प्रति आकर्षण बढ़ेगा और देश के विकास में सहायता मिलेगी।

□

लघु उद्योगों का विस्तारण—नौजवानों को समाहित करने में आवश्यक

आज जो विचार का विषय है, बड़ा बौद्धिक है, इंटेलैक्चुअल है और तकनीक से संबंधित है। कौशल विकास (स्किल डेवलमेंट) और स्किल डेवलपमेंट उद्योग के परिप्रेक्ष्य है। स्किल डेवलपमेंट, अर्थात् अकादमियाँ और इंडस्ट्री। इसके जरिये से ही हम अपने देश को एक विकसित देश के रूप में स्थापित कर सकते हैं। छोटे-छोटे उद्योगों का विकास, जो एम.एस.एम.; जिसको आप बोलते हैं, सूक्ष्म, लघु और मध्यम उद्योग का संपूर्ण विकास, क्योंकि भारत की आबादी ज्यादा है, खेती योग्य जमीन कम है। खेतों पर सभी आधारित रहेंगे तो आत्मनिर्भरतापूर्ण जीवन व्यतीत नहीं कर सकते और इसलिए अलग से व्यवस्था करनी पड़ेगी, जिसके कारण वे जीविकोपार्जन कर सकें। पहले भी अपने यहाँ व्यवस्था थी कि गाँव में लोग रहते थे, लेकिन उसी गाँव में, जहाँ खाद्यान्न का उत्पादन होता था, जहाँ कृषि के और उत्पादन होते थे, वहीं गाँव के लोगों को बाकी की आवश्यकताओं की पूर्ति के लिए अलग-अलग भी कार्य होते थे। चाहे बढ़ई हो, चाहे कुम्हार हो, कुम्हार बरतन बनाता था, बढ़ई अपना लकड़ी का काम करता था। उससे आपकी चौकी बनती थी, चौका बेलन, ओखली और हल इत्यादि बनते थे। लुहार अपना लोहे से संबंधित

ऑल इंडिया टेक्निकल मैनेजमेंट काउंसिल द्वारा आयोजित वार्षिक इकाई मीटिंग में दिया गया भाषण

काम करता था। तेली था, तेल निकालता था। चटाई बनानेवाले से लेकर जांत चकड़ी, गन्ना पेरने का कोल्हू सभी बनते हैं। हमारे यहाँ चाहे चिकित्सा का क्षेत्र रहा हो, चाहे इंजीनियरिंग का क्षेत्र रहा हो, सब वंशानुगत होते थे। आपको इलाज के लिए डॉक्टर या वैद्य गाँव में मिल जाते थे, यहाँ तक कि बच्चों की डिलीवरी घर में आसीन दाई माँ के हाथों सुरक्षित होती थी, वहीं हम आज वही डिलीवरी अस्पतालों में कराते हैं। वहाँ भी 70 प्रतिशत सीजेरियन होती हैं। यदि कोई तकनीकी वस्तु खराब हो जाती थी तो लोहार ठीक-ठाक कर देता था, यहाँ तक कि ग्यारवीं-बारहवीं शताब्दी में गुलामी के हालात में भी हमारे देश से कुटीर उद्योगों द्वारा निर्मित माल दक्षिण पूर्व एशिया में निर्यात होता था, परंतु धीरे-धीरे कुटीर उद्योगों का क्षरण होता गया, फलस्वरूप बेरोजगारों की संख्या विकराल हो गई। आज हाई स्कूल, इंटरमीडिएट, स्नातक तक शिक्षा प्राप्त करके लोग बेकार पड़े हैं। यही नहीं, तकनीकी शिक्षा प्राप्त कर चुके आई.टी.आई., पॉलिटेक्निक, बी.टेक. तक पढ़ाई करके भी लोग बेरोजगार हैं या अंडर इंप्लाइड हैं और ऐसे युवकों की तादाद अठारह लाख से अधिक है। इनके समायोजन हेतु इन्हें स्वरोजगार से जोड़ने के लिए अपने शासनकाल में तत्कालीन प्रधानमंत्री श्री अटल बिहारी बाजपेयी ने Micro (अर्थात् सूक्ष्म) उद्यमों को गाँव स्तर तक पहुँचाया था।

हम इन छोटी-छोटी इंडस्ट्रीज को एम.एस.एम.ई. के माध्यम से पूरे देश में विस्तारित करते हुए नौजवानों को समायोजित कर सकते हैं और इंटरप्रेन्योर्स को इसमें बढ़ा सकते हैं। हमारे सामने बोलते हुए एक वक्ता ने इंडस्ट्री और अकादमी का संबंध समझाया पर मेरे हिसाब से इंडस्ट्री एवं अकादमी अलग नहीं हैं। इनका संबंध इतना अटूट एवं निकट है कि एक-दूसरे को अलग नहीं किया जा सकता। यदि आपको उद्यम लगाने की जानकारी नहीं है तो आप उद्यम कैसे लगाएँगे, जानकारी उपलब्ध कराने का काम अकादमियाँ करती हैं, अर्थात् तकनीकी शिक्षण प्रदान करने का काम अकादमियाँ करती हैं और इस अर्जित ज्ञान के प्रयोग से हम उद्यमिता प्रारंभ करते हैं। तकनीकी शिक्षा के पश्चात् नव उद्यमी को जो आवश्यकता होती है, वह है वित्त की व्यवस्था। आजकल बैंकों से उद्यमियों को परेशानी होती है। बैंकों में जो कठिनाई है, प्रोबिजल है, जब

नव उद्यमी बैंक में कर्ज के लिए जाता है तो उसे विभिन्न तरह की फॉर्मेल्टी पूरी करनी पड़ती हैं। इसके अतिरिक्त लेबर व रॉ मटेरियल की समस्या आती है और इन सबको मिलाकर नया उद्यम चलाने के लिए स्किल डेवलपमेंट की आवश्यकता होती है। इस प्रकार लघु उद्योगों के विकास से देश को हम विकसित कर विकसित देशों की श्रेणी में भारत को खड़ा कर सकते हैं। इस विषय में मानव संसाधन विकास मंत्रालय का रोल बहुत महत्त्वपूर्ण है। स्किल डेवलपमेंट के लिए कैसा प्रशिक्षण चाहिए, कैसा पाठ्यक्रम यह मानव संसाधन मंत्रालय तय करेगा। विद्यार्थी में साइंटिफिक डेवलपमेंट, इनोवेटिव प्रवृत्ति का विकास करने के लिए वोकेशनल ट्रेनिंग दी जा सकती है। इसलिए हमने अपने मंत्रालय में एक स्लोगन दिया—बेरोजगार से स्व-रोजगार तक। इसके अंतर्गत हमने गाँव तक स्किल डेवलपमेंट को ले जाने का प्रयास किया है। हमने यह तय किया है कि छोटे-छोटे गाँवों के नौजवान लड़कों को इनक्यूबेशन का प्रशिक्षण देकर, इनको वित्तीय सहायता देकर अपने रोजगार प्रारंभ करने लायक बनाएँ और युवकों को देश निर्माण में सहयोग करने में मदद करें।

□

लघु उद्योगों के समक्ष चुनौतियाँ

स्मॉल बिजनेस का देश की अर्थव्यवस्था में बड़ा योगदान है, लेकिन बड़े कंट्रीब्यूशन के बावजूद इसके समक्ष चुनौतियाँ भी काफी बड़ी हैं। इस विषय में एम.एस.एम.ई. मंत्री श्री कलराज मिश्र से बातचीत के अंश।

प्रश्न : कलराजजी यह बहुत बड़ा क्षेत्र है, आप जिस तरह से इस क्षेत्र के मंत्री हैं, हम आपसे जानना चाहेंगे, इस क्षेत्र का जो कंट्रीब्यूशन है, एक तरफ है, लेकिन दूसरी तरफ जो इस क्षेत्र को डिजर्व करता है, उसके ड्यूज है, आपको लगता है, अभी तक इसको पूर्ण रूप से ये नहीं मिल पाए हैं ?

उत्तर : यह बात सही है कि सूक्ष्म, लघु और मध्यम उद्योग को जितनी प्राथमिकता के आधार पर बढ़ाने का प्रयास होना चाहिए, उसमें कहीं-न-कहीं कमी रही है। मेरी यह मान्यता है कि सूक्ष्म, लघु और मध्यम उद्योग का विस्तार अगर गंभीरतापूर्वक जितना भी उसके लिए आवश्यक वित्तीय व्यवस्था और छोटे उद्यमियों को आगे बढ़ाने का प्रयत्न होना चाहिए था, उसमें कहीं-न-कहीं काफी कमी रही है। सबसे बड़ी परेशानी रही है कि छोटे उद्यमों को, जो बैंक से कोलेटल फ्री लोन लेने की एक व्यवस्थात्मक प्रक्रिया थी, उसमें इतनी कठिनाई आती है कि कोलेटल फ्री होने के पश्चात् भी बैंक जल्दी लोन नहीं दे पाता

जी बिजनेस को दिए गए इंटरव्यू के अंश

और साथ-ही-साथ इतनी जगह से उसकी एन.ओ.सी. लेने की आवश्यकता पड़ती है, चाहे कंपनी लॉ का मामला हो, चाहे पावर का हो, हर जगह जिस तरह से एन.ओ.सी. की सारी व्यवस्था होनी चाहिए, सब जगह भागता रहता है, चीजें ढंग से मिल नहीं पातीं और एक सीमित समय है, उस सीमित समय के अंतर्गत अगर उसकी व्यवस्था नहीं हो पाती तो एन.पी.ए. के रूप में उसको ऐसा त्रस्त कर दिया जाता है कि बेचारा निकल नहीं पाता, तो इसके कारण, मैं इसका जिक्र इसलिए कर रहा हूँ कि यह स्थिति नहीं होनी चाहिए। इंटरप्रेन्योर को तो इतनी सुविधा प्रदान करनी चाहिए, ताकि वह प्रोत्साहित होकर अपना उद्योग भी लगाए, निर्माण कार्य भी अच्छा हो, उसकी मार्केटिंग भी अच्छी हो और अधिक-से-अधिक उद्योग बढ़ाने की दिशा में लोगों को प्रोत्साहित कैसे करें, इसमें सक्षम और समर्थ हो।

प्रश्न : सर, इस क्षेत्र के समक्ष, जैसे आपने बताया, जो चुनौतियाँ हैं और बजट में तत्कालीन वित्तमंत्री अरुण जेटली ने बताया था कि एक कमेटी का गठन होगा, वह अभी हाल ही में कमेटी का गठन किया गया है। यह जो कमेटी है, वह इस क्षेत्र को जो केवल फाइनेंस की चुनौतियाँ हैं, उन पर नजर रखेगी या कुल मिलाकर इस क्षेत्र के समक्ष जो चैलेंजेज हैं, उस तरफ भी ध्यान केंद्रित करेगी?

उत्तर : देखिए, इसमें जो बजट के अंदर वेंचर कैपिटल के रूप में दस हजार करोड़ रुपया घोषित किया गया है, उस घोषणा के अंतर्गत ही श्रीमान वित्तमंत्री महोदय ने यह भी कहा कि सूक्ष्म, लघु और मध्यम उद्योग के लिए और बजटीय व्यवस्था को ध्यान में रखते हुए एक कमेटी बनाई जाएगी। कमेटी में रिजर्व बैंक ऑफ इंडिया होगा, कमेटी में फाइनेंस के लोग होंगे और कमेटी में एम.एस.एम.ई. रहेगी। कमेटी तो बन गई है। कामथजी, जो आई.सी.आई.सी.आई. के सदस्य रहे हैं, उनको

अध्यक्ष के रूप में लिया गया है, लेकिन कमेटी बन जाने के पश्चात् जो आगे की काररवाई होनी चाहिए, अभी तक नहीं हो पा रही है और इसके न हो सकने के कारण जो वित्तमंत्रीजी की मंशा है, उस मंशा के अनुरूप कैपिटल का किस तरीके से डस्बर्समेंट होगा, कुछ कहा नहीं जा सकता।

प्रश्न : यह भी बताया जा रहा है कि जो अंतरराष्ट्रीय, जो अच्छी प्रैक्टिसिस है, उसको भारत में एडोप्ट करने के लिए प्रयास हों, कमेटी उन पहलुओं पर भी ध्यान देगी। तो आखिर ऐसा कौन सा मॉडल है, क्योंकि भारत में जो अपने लोकल फॉर्मूले हैं, वे ज्यादा काम के होंगे, क्योंकि यहाँ के अपने गणित हैं, अपनी दिक्कतें हैं, तो उनको किस रूप से देखना चाहिए?

उत्तर : अब कमेटी कौन-कौन से बिंदु को सामने रखकर विचार करती है, यह उसके ऊपर निर्भर करता है, लेकिन जहाँ तक छोटे उद्यमियों के आगे बढ़ने का प्रश्न है और उसके माध्यम से आम जनता को उधर की तरफ आकर्षित करने का सवाल है, उसके लिए तो हमें भारतीय परिप्रेक्ष्य में ही और भारतीय पर्यावरण के अंतर्गत ही विचार करते हुए भारतीय प्रकृति के आधार पर, जहाँ रीजनल इनवेलेसिंस है, जहाँ-जहाँ जिस प्रकार के रॉ मटेरियल्स हैं, उनको संज्ञान में लेते हुए किस ढंग से हम छोटे उद्यमियों को आगे बढ़ा सकते हैं, यह हमें सोचना पड़ेगा, साथ-ही-साथ हम छोटे उद्यमियों को और अधिक प्रोत्साहित करने के लिए अच्छे-अच्छे निर्माण की दृष्टि से कैसे तैयार कर सकते हैं, उसके लिए उनको स्किल डेवलपमेंट भी करना पड़ेगा। उद्यमों में लोगों को लगाने के लिए, जो अच्छा निर्माण कर सकते हैं, ऐसे लेबरर्स जो होंगे, उनको भी स्किल डेवलपमेंट का प्रयत्न करना पड़ेगा और साथ-ही-साथ उस उद्यम को बढ़ाने के लिए कैपिटल किस तरीके से मैनेज हो सकेगी, उसकी भी चिंता करनी पड़ेगी। रॉ मटेरियल किस ढंग

से आएगा, उसकी भी चिंता करनी पड़ेगी और सब होने के पश्चात् भी मार्केटिंग, जो आज के लिए बहुत स्पर्धा की है, कंपटीशन की है, मार्केटिंग उसकी कैसे हो पाएगी, इन सारी चीजों को इंटोप्रेटिड वे से विचार करने की आवश्यकता है।

प्रश्न : सर, हम यह भी जानना चाहेंगे, हम अगले प्रश्न की ओर मूव करें। जिस प्रकार से लोगों ने मोदी सरकार को मेंडेंट दिया। चाहे लोकसभा के चुनाव हों, चाहे राज्यों में जिस तरह से एक लहर चल रही है, ये चाहते हैं इस जिस प्रकार से मेंडेंट दे रहे हैं, उसी प्रकार से हमारी जिंदगियों में भी परिवर्तन हो, एक समयबद्ध तरीके से आप उनको क्या आश्वासन देना चाहेंगे? वे कहते हैं, कमेटी गठित की गई है, कमेटी कमेटी न रह जाए। मतलब आगे उस पर इंप्लीमेंटेशन भी हो। मतलब आप कैसे देख रहे हैं, क्योंकि उनकी उम्मीदें काफी हैं सरकार से, आप क्या कहना चाहते हैं, उनको क्या आश्वासन देना चाहते हैं?

उत्तर : छोटे उद्यमियों को और कैसे लाभान्वित किया जा सके, इसके लिए विभिन्न प्रकार की योजनाओं का सृजन करने के लिए जो कमेटी बनाई गई है, यह कमेटी अपनी रिपोर्ट प्रस्तुत करके बताएगी, उसको बाद में देखा जाएगा, उसका कैसे उपयोग किया जा सकता है, इसको लाया जाएगा। समाज के अंदर जो विषमता है, उस विषमता को दूर करने के लिए हर वर्ग के अंदर छोटे-छोटे उद्यमी का निर्माण हो, इस प्रकार का विजन रखते हुए हमारे मंत्रालय की तरफ से कार्य चल रहा है और उस दिशा में हम बढ़ रहे हैं, हमने उस दिशा में काम करना शुरू कर दिया है।

प्रश्न : सर, जिस तरह से अभी पिछले दिनों जनधन योजना, जो लॉञ्च की गई है, देश की बड़ी आबादी, 41 प्रतिशत लोगों के पास बैंक में खाता नहीं है। आनबैंक्ड एरिया में रहते हैं। उन तक ये पहुँच रहे हैं, जो लक्ष्य रखे गए थे, बैंक तेजी से उस तरफ बढ़

रहे हैं। छोटे का करोबारी कहते हैं कि स्टडीज दिखा रही है, वे 96 प्रतिशत लोग ऐसे हैं, जिनको फॉर्मल चैनल से फाइनेंस नहीं मिल पाता है। वे कहते हैं, कुछ ऐसी ही बड़ी योजना हम लोगों के लिए भी हो सके, ताकि हम भी जुड़ सकें। आप उनको क्या कहना चाहेंगे?

उत्तर : देखिए, जनधन खाता, प्रधानमंत्री जनधन योजना यह सबके लिए है। इसमें जितने लोगों का खाता नहीं है, सबका खाता खुले, यह प्रयत्न हुआ है। मैं कह सकता हूँ कि आर्थिक क्षेत्र में, बैंक के क्षेत्र में यह जबरदस्त क्रांतिकारी एक क्रियाकलाप रहा है। मैं यह कह सकता हूँ कि इसके पहले इतना जबरदस्त फाइनेंशियल रिवोल्यूशन कभी नहीं हुआ था, जितना इस बार खाता खोलने के माध्यम से हुआ है।

प्रश्न : सर, लोग कह रहे हैं कि जिन लोगों का खाता ऑलरेडी है, उनको भी बैंक से लोन लेने में मुश्किल होती है। आपकी बैंकर्स के साथ बातचीत भी हुई। आपने उनको कहा कि आप छोटे उद्यमियों को बेसरेट पर दें। उनका क्या फीडबैक है, क्या कहते हैं वे लोग?

उत्तर : रिजर्व बैंक ऑफ इंडिया की तरफ से इस गाइडलाइन के बावजूद भी कि 20 प्रतिशत सिक्यूरिटी जमा करने के बाद उसको लोन मिल जाना चाहिए। बैंक तो इतना परेशान कर रहे हैं कि 20 प्रतिशत जमा करने के पश्चात् भी कहते हैं कि नहीं–नहीं और जमा करो, 30 प्रतिशत जमा करो और यहाँ पर कहते हैं 40 प्रतिशत जमा करो। इतना जमा करने के बावजूद, जो लाभार्थी हैं, वह लोन नहीं प्राप्त कर पा रहा है। तो बैंकों के कारण इतनी दिक्कतें आ रही हैं कि जिसके कारण उद्यमी, जो आगे बढ़कर काम करना चाहिए, काम करने में उसे बहुत कठिनाइयाँ आ रही हैं। यह भी हमारे सामने एक चुनौती है। इसका सरलीकरण कैसे हो, इसके बारे में विचार कर रहे हैं।

प्रश्न : सर, एक और पहलू हम आपसे चेक करना चाहेंगे। जो छोटे कारोबारी हैं, वे कहते हैं कि सरकार की इतनी योजनाएँ हैं, इतना कुछ सरकार कर रही है, लेकिन हमें उस बारे में मालूम नहीं है। जागरूकता की बहुत कमी है। अवेयरनेस नहीं है, जिन लोगों को मालूम है, उनको आइअल??? करने में मुश्किल होती है। इन लोगों तक पूरा संदेश पहुँचे, इसके लिए किस प्रकार और प्रयास करेंगे?

उत्तर : आज आपने बहुत सही बात बताई है। जो हमारी योजनाएँ हैं, उन योजनाओं को उनके सामने प्रस्तुत करेंगे। छोटे-छोटे इनक्यूबेशन सेंटर्स खोल करके लोन सामान्य स्तर के लोगों के लिए भी हो सकता है। जो बहुत सामान्य स्तर का व्यक्ति है, जो छोटा उद्यम लगाना चाहता है, उसके लिए भी और उसी में सीखनेवाला, जो ट्रेनिंग प्राप्त करनेवाला है, जो मशीनी, मशीनों का काम कर सकनेवाला है, उद्योग में जाकर काम कर सकता है, ऐसे लोगों को भी, उनको भी इस प्रकार के सेंटर्स खोलकर उनको भी हम बताने का प्रयत्न कर रहे हैं। अधिक-से-अधिक अवेयरनेस हो सके, इसके लिए हमारी तरफ से प्रयत्न है, ताकि छोटा उद्यमी यह महसूस कर सके कि अगर क्रेडिट कैपिटल सब्सिडी स्कीम है, जिसमें 15 फीसदी सब्सिडी है, मशीनों के अपग्रेडेशन के लिए वह जानकारी है। वह ले रहा है कि नहीं ले रहा है। उसी तरीके से मार्केट में अपने माल को और अधिक अच्छा बनाने के लिए जो हमारे एम.एस.एम.ई. की स्कीम है, उसका वह कितना लाभ उठा पा रहा है। इसी तरीके से टेक्निकल एंड क्वालिटी अपग्रेडेशन की स्कीम है, जो सही मायने में मार्केटिंग के क्षेत्र में स्पर्धा के पश्चात् अपनी स्थिति को ठीक करनेवाली है।

प्रश्न : सर, हम एक और पहलू आपसे सुनना चाहेंगे। जहाँ तक आपने बताया कि सरलीकरण की बात हो रही है, लोगों के लिए

सिंपलीफिकेशन अब डुइंग बिजनेस पर भी ध्यान दें। मतलब भारत में कारोबार करना इतना आसान नहीं है। जो इज ऑफ डुइंग बिजनेस है, उसमें भारत की रैंकिंग और गिरी है। आपकी सरकार ने कई कदम उठाए हैं, आनेवाले दिनों में आप देख रहे हैं कि उनमें और सुधार होगा ?

उत्तर : देखिए, वह कमेटी ही फैसला करेगी, करेगी उसके ऊपर नहीं। हमने यह करना शुरू कर दिया है। ईवन और ईवन टू, जो रजिस्ट्रेशन का प्रश्न होता है, सर्टिफिकेशन का सवाल होता है, उसको हमने ऑनलाइन कर दिया है। इस सेल्फ सर्टिफिकेशन के आधार पर हम रजिस्ट्रेशन कर लेंगे। हमने यह भी कोशिश की है कि हमें जो इधर-उधर भागना पड़ता है, हमारे इंटरप्रेन्योर्स को इधर-उधर न जाकर सिंगल विंडो सिस्टम की तरफ हम बढ़ते जा रहे हैं और उसमें लेबर के अंदर 16 ऐसे स्थान रहे हैं, जहाँ हमने कदम उठाकर यह कर दिया है और उतना ही नहीं, हम एक फॉरमेट बना रहे हैं, जिसमें जितनी कॉमन चीजें रही हैं, उस फॉरमेट के अंतर्गत आ जाएँगी। उसको ऑनलाइन करने के पश्चात् देखकर अप्लाई करेंगे और उसमें सभी विभागों का फॉर्म रहेगा। फॉर्म भरकर दे देंगे।

विदिन टाइम लिमिट एन.ओ.सी. मिल जाए और इंटरप्रेन्योर को सुविधा हो जाए, तो हमारी तरफ से यह कोशिश की जा रही है और हमने वेब पोर्टल भी कई क्षेत्रों में स्थापित किए हैं, ताकि क्लिक करने के पश्चात् जैसा भी हमारा इंटरप्रेन्योर चाहेगा, यह चीज दिखाई पड़ेगी। चाहे लेबर के बारे में हो, चाहे मैन्युफैक्चरिंग के बारे में हो, चाहे माल के बारे में हो, चाहे मार्केटिंग के बारे में हो, बी टू सी पोर्टल हमने लॉञ्च किया है। ये सारी चीजें ऐसी हैं, जिनके माध्यम से इंटरप्रेन्योर को अधिकाधिक हम लाभान्वित कर सकें, मायने ट्रेडिंग की

दृष्टि भी लोगों को अधिकाधिक हम उधर की तरफ आकर्षित कर सकें, यह सारी व्यवस्था हमने ऑनलाइन करने का प्रयत्न किया है।

प्रश्न : एक तरफ कॉरपोरेट घराने हैं, दूसरी तरफ ये छोटे कारेबारी, इनमें कैसे बैलेंस बनाया जाए?

उत्तर : देखिए, हमने 2012 में खरीद नीति घोषित की, एक्ट हमने बनाया और उस खरीद नीति के अंतर्गत जो पीएसयूज है, ये कम-से-कम 20 प्रतिशत प्रिक्योर करेंगे। विदिन 90 डेज उसका पेमेंट हो जाएगा, लेकिन ये लोग अभी नहीं कर रहे हैं। पीएसयूज इसमें उदासीनता बरत रहे हैं। मेरी जानकारी के आधार पर 32 पीएसयूज ऐसे हैं, जिन्होंने 20 प्रतिशत प्रिक्योर किया है और लगभग 266 पीएसयूज हैं, जिसमें बाकी के अधिकांश 85 पीएसयूज ऐसे हैं, जिन्होंने पूर्ण उदासीनता दिखाई है। शेष हैं, थोड़ा-बहुत लिया है, थोड़ा-बहुत नहीं लिया है, लेकिन करना बाध्य होगा और नहीं करेंगे तो उस दिशा में भी हम कुछ करेंगे।

प्रश्न : सर, जैसे मेक इन इंडिया के लिए आगे बढ़ रहे हैं, लेकिन घरेलू कारोबारी कहते हैं कि जो चाइना से काफी सस्ता इम्पोर्ट आ रहा है, उससे हमें काफी मुश्किल हो रही है। आपने भी उस पर अपने कंसर्न जाहिर किए थे। कुछ पॉलिसी इंटरवेंशन का, आप क्या सोच रहे हैं?

उत्तर : हम बड़ी लाइन खींचना चाहते हैं और हमारी कोशिश यह है कि हमारा माल गुणवत्तायुक्त हो, हमारा माल सस्ता भी हो और हमारा माल इस प्रकार हो, जिसकी तरफ स्वाभाविक रूप से आकर्षित हो सकें और उस दिशा में हमारा प्रयत्न है कि हमारी निर्मिति इतनी अच्छी होनी चाहिए, जिस निर्मिति के आधार पर लोग उसको लेना पसंद करें, बाकी जगह के माल को किनारे

करने की कोशिश करें।

प्रश्न : कलराजजी हम देख रहे हैं एक और क्षेत्र, जो इ-कॉमर्स है, जो ऑनलाइन है, उसमें जबरदस्त ग्रोथ हो रही है। लोग उस तरफ खिंचे जा रहे हैं। जो ऑफलाइन दूसरे ट्रेडर्स हैं, उसको लेकर काफी चिंतित हैं। इसको आप किस तरह से इनेलाइज कर रहे हैं, जो उस तरफ ग्रोथ हो रही है। इसको किस तरह आप देख रहे हैं, आगे की राह कैसी होने वाली है ?

उत्तर : देखिए, हमारी तरफ से जो प्रयत्न है, हम लोग इसी दिशा में प्रयत्नशील हैं कि हम अपनी चीज का सही ढंग से निर्माण कर सकें और साथ-ही-साथ अधिक-से-अधिक एप्रोचेबल उसको बना सकें और एप्रोचेबल बनाने के लिए उससे बैटर ई-गवर्नेंस करते हुए आम जनता को यह महसूस कराने का प्रयत्न कर रहे हैं कि अधिकाधिक आपके पास हमारी चीज रिचेबल होगी और आप उसको ले सकेंगे।

प्रश्न : और कुछ प्रश्न आ रहे हैं दर्शकों की तरफ से। आइए, उनको शामिल करते हैं। ये लोग हैं, जो गाँव कॉरपोरेट सेक्टर के साथ जुड़े हुए हैं और स्मॉल बिजनेस रन करते हैं। आइए, शामिल करते हैं। **प्रश्न**—ऐसा लगता है कि नॉन परफॉर्मिंग एसेट बड़े-बड़े व्यापारियों के लिए हैं, हम छोटे व्यापारियों के लिए नहीं है। बैंक हमें लोन क्यों नहीं देता ? इनका यह कहना है कि हमारी तरफ से एन.पी.ए. नहीं होते हैं, एन.पी.ए. जो हैं, बड़े कॉरपोरेट की वजह से होते हैं तो हमें लोन क्यों नहीं दिया जाता है ?

उत्तर : उस दिशा में हम काम करने जा रहे हैं और हम कुछ एम.एस. एम.ई. की नई नीति भी बना रहे हैं और कानून के अंदर भी कुछ संशोधन करके इस प्रकार के उद्योगों को अधिक-से-अधिक प्रोत्साहित कर सकें, इसके लिए भी हम प्रयास कर रहे हैं।

प्रश्न : हमारे पास न ही कोई एसेट है और न ही मोर्टगेज करने का

कोई ऑप्शन है और न ही हम कोई इनकम टैक्स की रिटर्न फाइल करते हैं। ऐसे में आपको लगता है कि बैंक हमारे लिए लैंडिग रूल्स में कोई रिलेक्सेशन करेंगे?

उत्तर : देखिए, यह तो प्रक्रिया अपनानी पड़ेगी। यह प्रक्रिया चाहे इनकम टैक्स के लिए हो, चाहे सेल टैक्स के लिए। यह सारी प्रक्रिया तो समुचित तौर पर अपनानी पड़ेगी। जहाँ तक सरलीकरण का सवाल है तो सरलीकरण की दिशा में तो हम प्रयत्नशील हैं, लेकिन जो उद्यमी हैं, उनसे संबंधित ही वित्तीय प्रक्रियाएँ हैं, टैक्स संबंधी प्रक्रियाएँ हैं, उन प्रक्रियाओं को पारदर्शी बनाकर चलना पड़ेगा, तभी उनकी रेटिंग भी ठीक हो जाएगी। तभी उनके क्रेडिट के आधार पर सारी चीजें आगे चल पाएँगी और अगर उन प्रक्रियाओं को नहीं अपनाएँगे तो बड़ी खराब स्थिति बन सकती है।

प्रश्न : क्या आपको लगता है कि नई कमेटी गठित हुई है, वह हमें समय पर सस्ते रेट ऑफ इंटरेस्ट पर फाइनेंस लेने में मदद करेगी?

उत्तर : मैं इतना ही कह सकता हूँ कि छोटे कारोबारियों को अनेक प्रकार की दिक्कतें आती हैं, रजिस्ट्रेशन के लिए भी, उद्यम को लगाने के लिए भी और रॉ मटेरियल और मार्केटिंग संबंधी भी जो कठिनाइयाँ आ रही हैं, उन कठिनाइयों को दूर करने के लिए हर स्तर पर हमारी तरफ से कोशिश है। हम प्रोसिजरल कठिनाइयाँ जितनी दूर हो सकती हैं, उनको दूर करने का प्रयास करेंगे।

प्रश्न : How should be move ahead in adopting the new financial architecture and what are the important parameters, which we need to take care of in adopting the same?

उत्तर : हम उस तरह का ढाँचा तैयार करना चाहते हैं, जिस ढाँचे के

आधार पर आम आदमी यह कह सके, गरीब व्यक्ति भी कह सके, मध्यम वर्गीय भी कह सके और जो बिजनेस करनेवाला है, वह भी कह सके कि यह हमारी तरह का ढाँचा तैयार करने का हमारी तरफ से प्रयास है।

प्रश्न : इससे पहले भी काफी सारी कमेटी गठित हो चुकी हैं, लेकिन काम नहीं हुआ। क्या मोदी सरकार इन्श्योर करेगी कि बेहतर काम हो?

उत्तर : देखिए, बजट भाषण के अंतर्गत आदरणीय वित्तमंत्रीजी ने घोषणा की थी। कमेटी बन गई है और कमेटी विशेष रूप से बजटीय डिस्बर्समेंट के बारे में जो वेंचर कैपिटल किया है, उसके बारे में और भविष्य की नीति के बारे में भी, भविष्य के कार्यकलाप के बारे में भी कुछ चीजें सुनिश्चित करेंगी और यह हो सकता है कि बाहर के देशों के अंतर्गत इस प्रकार की सारी चीजें चल रही हैं। अपने यहाँ भी विभिन्न प्रदेशों में सारी चीजें चल रही हैं। उनका तुलनात्मक स्वरूप सामने रखते हुए आज हम किस ढंग से कर सकते हैं, ताकि सामान्य जन, सामान्य उद्यमी इससे लाभ प्राप्त कर सकें, इस प्रकार का शायद कमेटी विचार करेगी, ऐसा मैं समझता हूँ।

□

व्यवसाय को सरल व सुलभ बनाती स्टार्टअप योजना

प्रधानमंत्रीजी की स्टार्टअप योजना उन शिक्षित बेरोजगार युवकों के लिए वरदानस्वरूप है, जो पढ़-लिखकर अपना व्यवसाय प्रारंभ करना चाहते हैं, परंतु आर्थिक तंगी और आवश्यक जानकारी न होने के कारण छोटी-मोटी नौकरी की खोज में महानगरों की ओर पलायन कर जाते हैं, जिसका परिणाम यह है कि गाँवों में और छोटे शहरों में युवा आबादी कम होती जा रही है और महानगरों में जनसंख्या का बोझ बढ़ रहा है और दिल्ली तथा मुंबई जैसे महानगरों में बढ़ते स्लम इसी पलायन का परिणाम हैं। वास्तव में प्रधानमंत्रीजी की मेक इन इंडिया पहल का उद्देश्य स्टार्टअप इंडिया, स्टैंडअप इंडिया की पहल के साथ समन्वय स्थापित करते हुए बेरोजगार युवकों और युवतियों को व्यवसाय के लिए आकर्षित करना और व्यवसाय प्रारंभ करने की प्रक्रिया को सफल बनाना है। इस योजना का इतना आकर्षण है कि उत्तर प्रदेश समेत कई गैर भाजपा शासित राज्य अब सरकार की स्टार्टअप योजना को बढ़ावा देने का हिस्सा बनने जा रहे हैं। अब तक करीब सात गैर भाजपा शासित राज्यों ने पीएमओ तथा वित्त मंत्रालय से अपने प्रदेश में इस योजना को बढ़ावा देने की बात कही है। ये राज्य अपने यहाँ स्टार्टअप को प्रमोट करने के लिए नई नीतियाँ बनाने में जुट गए हैं और इसके लिए अलग से बजट प्रावधान का फैसला किया है। समाजवादी पार्टी शासित उत्तर प्रदेश के आई.टी. विभाग ने उद्योगों से स्टार्टअप को बढ़ावा देने हेतु सुझाव

हिंदी दैनिक में श्री कलराज मिश्र का प्रकाशित लेख

माँगे हैं। जहाँ भाजपा शासित गुजरात अपने बजट में स्टार्टअप हेतु विशेष फंड का ऐलान करने की तैयारी में है, वहीं आर.जे.डी.-जे.डी.यू. शासित बिहार प्रदेश ने 500 करोड़ रुपए के स्टार्टअप फंड की घोषणा कर दी है और शीघ्र ही उनकी स्टार्टअप पॉलिसी का ऐलान हो सकता है। भाजपा शासित उड़ीसा में सिलिकॉन वेलो ने इन्वेस्टमेंट एसोसिएशन TIE से करार किया है। हरियाणा सरकार नैस्कॉम के साथ मिलकर स्टर्टअप पॉलिसी बना रही है, वहीं कर्नाटक सरकार स्टार्टअप हेतु आईटी पॉलिसी में अलग हटकर पॉलिसी बनाने जा रही है। पार्टी लाइन से हटकर सभी राज्यों द्वारा प्रधानमंत्रीजी की स्टार्टअप पहल को राज्यों का इतना व्यापक समर्थन मिलना हमारे औद्योगिक विकास हेतु सकरात्मक पहल है।

विभिन्न राज्यों ने स्टार्टअप के लिए श्रम कानून और टैक्स से जुड़कर अनुरोध किया था और श्रम मंत्रालय ने तुरंत काररवाई करते हुए कर्मचारी भविष्य निधि संगठन (EPFO) तथा स्वास्थ्य बीमा प्रदाता (ESIC) को निर्देश दिया है कि स्टार्टअप कंपनियों को तीन वर्ष के लिए निरीक्षण व रिटर्न दाखिल करने में छूट दी जाए। यद्यपि कुछ मजदूर संगठनों ने इससे कर्मचारियों के हितों के अनदेखा होने की आशंका व्यक्त की है, जबकि उनकी यह आशंका निराधार है, क्योंकि स्टार्टअप योजना से उद्योगों का विस्तार होगा और बेरोजगारी समाप्त होगी और स्टार्टअप को निरीक्षण और रिटर्न से छूट का प्रावधान मात्र तीन वर्षों हेतु है और इससे मजदूरों व कर्मचारियों का हित प्रभावी नहीं होगा।

मैंने अपने चार दशक से अधिक अवधि के राजनीतिक जीवन में यह अनुभव किया है कि बेरोजगार युवक अपना व्यवसाय प्रारंभ करने की बजाय छोटी-मोटी नौकरी को ही वरीयता देते हैं। यद्यपि उनका प्रतिनिधि होने के नाते मैंने उन्हें अपना व्यवसाय प्रारंभ करने की सलाह दी और अपना व्यवसाय प्रारंभ करने हेतु हर संभव मदद की भी बात की, परंतु अधिकतर युवा अपना बायोडाटा लेकर नौकरी दिलवाने की जिद पर अड़े रहे, परंतु स्टार्टअप योजना प्रारंभ होने के पश्चात् बेरोजगार युवकों में अपना व्यवसाय प्रारंभ करने का क्रेज बढ़ा है। इसका ताजा प्रमाण राष्ट्रीय लघु निगम द्वारा ओखला इंडस्ट्रियल एरिया में चलाए जा रहे इनक्यूबेशन केंद्र स्किल और टैक्नोलॉजी की नुमाइश देखनेवाले लोगों की भीड़ है। स्टार्टअप के आकर्षण के कारण यहाँ के स्टूडेंटस खिंचे चले आ रहे हैं।

जो हाई सैलरी का सपना सँजोए, एमबीए, इंजीनियरिंग या कॉमर्स की पढ़ाई कर रहे हैं, वे भी बड़ी संख्या में आ रहे हैं। स्टार्टअप योजना लागू होने के पश्चात् इस इक्यूवेसन केंद्र पर अकादमिक विजिट कई गुना बढ़ गई है। कई कॉलेज और इंस्टीट्यूट्स अब अपने यहाँ कैंपस इंस्टीट्यूट खोलने पर विचार कर रहे हैं। इस योजना इनक्यूबेशन में जॉब ओरिएंटेड कोर्स करनेवाले का रुझान अब अपना बिजनेस प्रारंभ करने की ओर प्रारंभ हो गया है। इनक्यूबेटर ने करीब 35 बैंकों और कई बेंचर्स से टाइअप किया है, जो कोर्स के बाद प्रशिक्षुओं को अपना व्ययवसाय प्रारंभ करने के लिए वित्तीय सहायता प्रदान करते हैं और अब हाई टेक्नोलॉजी और मार्केट एक्सेस दिलाने पर भी काम हो रहा है। एम.एस.एम.ई. मंत्रालय की ओर से पूरे देश में इस समय 90 इनक्यूबेशन सेंटर चलाए जा रहे हैं, जिसमें से 88 पी.पी.पी. मॉडल से और शेष पाँच पूरी तरह से सरकारी फंडिग से चल रहे हैं, परंतु प्रशिक्षुओं के क्रेज को देखते हुए सरकार अधिक-से-अधिक इनक्यूबेशन सेंटर खोलने की योजना बना रही है।

भारत सरकार ने स्टार्टअप के लिए 10 हजार करोड़ रुपए के फंड की घोषणा की है। सरकार का टारगेट है कि हर वर्ष एक लाख स्टार्टअप कंपनियाँ भारत आएँ। सरकार की योजना के अनुसार कंपनियों को मुनाफे पर तीन वर्ष तक टैक्स नहीं देना होगा। इसके अतिरिक्त स्टार्टअप कंपनी को कैपिटल गेंस टैक्स में तीन साल तक छूट मिलेगी। इसके अतिरिक्त स्टार्टअप बिजनेस बंद करने के नियम बहुत आसान होंगे, अर्थात् यदि कोई स्टार्टअप कंपनी किसी कारणवश सफल नहीं हो पाती, तो उसे मोटा घाटा हो जाता है और वह स्टार्टअप कंपनी को बंद करना चाहता है, तो इस विषय में नियम बहुत ही सरल और आसान है और कंपनी आसानी से बंद की जा सकती है। भारत सरकार के जारी दिशा-निर्देशों के अनुसार स्टार्टअप कंपनी वह कंपनी मानी जाएगी, जो पाँच वर्ष से अधिक पुरानी न हो और जिसका एक वित्त वर्ष में टर्नओवर 25 करोड़ रुपए से अधिक न हो। जिस कंपनी में व्यवसाय का कॉन्सेप्ट नया हो, जैसा कि हम सभी परिचित हैं कि एम.एस.एम.ई. सेक्टर ने देश को अधिक व्यवस्था के विकास में महत्त्वपूर्ण योगदान किया है। इस सेक्टर ने प्रतिस्पर्धात्मकता और उत्पादकता में आवश्यक वृद्धि के द्वारा एक नया ईको सिस्टम निर्माण करने का प्रयास किया है। उद्योग

आधार मेमोरेम को लोकप्रिय बनाने, स्टार्टअप कर रहे उद्यमियों के हित के लिए एक रूपरेखा तैयार करने, आसान शर्तों पर ऋण उपलब्धता का एक सिस्टम विकसित करने, विपणन लिंकेज के संवर्द्धन और एम्पायर और स्फूर्ति जैसे प्रचार और प्रसार पर लघु, सूक्ष्म व मध्यम उद्यम मंत्रालय द्वारा विभिन्न कदम उठाए जा रहे हैं। आगे आनेवाले समय में प्रधानमंत्री के स्टार्टअप आह्वान से स्टार्टअप कंपनियों में वृद्धि होगी। इस समय भारत में प्रतिवर्ष स्टार्टअप कंपनियों की संख्या 4200 से 4400 बढ़ रही है, जो पूरे विश्व में मात्र अमेरिका और इंग्लैंड की प्रतिवर्ष स्टार्टअप क्षमता से कम है और अधिक कंपनियाँ खुलने से हाई डिफिसिट एरियाज जैसे ग्रामीण स्वास्थ्य उपचार सुविधाएँ, जाँच सुविधाएँ, विपणन व किसानों के लिए इ-पेमेंट जैसी सुविधाओं का विकास हो सकेगा, जिससे नए युवकों को अधिक-से-अधिक रोजगार मिल सके।

स्टार्टअप योजना का महत्त्वपूर्ण योगदान कृषि उत्पाद पर आधारित उद्योगों के विकास में होगा। जैसा सभी जानते हैं कि 1991 के आर्थिक उदारीकरण व वैश्वीकरण के युग के आगमन के पश्चात् कृषि उत्पाद पर आधारित उद्यम अनदेखी के कारण अपना महत्त्व खोता जा रहा है। आवश्यक मशीनों के उपयोग के कारण परंपरागत खेती समाप्त होती जा रही है। यद्यपि आज भी देश की 70 प्रतिशत कृषि उत्पादों पर निर्भर रहती है, परंतु ग्रामीण क्षेत्रों में स्टार्टअप के बढ़ते क्रेज से कृषि उत्पाद पर आधारित व्यवसाय के विकास की उम्मीद जागी है। भारत सरकार भी के.वी.आई.सी. व अन्य संबंधित विभागों द्वारा चलाई जा रही विभिन्न योजनाओं के माध्यम से कृषि उत्पादों पर आधारित व्यवसायों को मजबूती प्रदान करने हेतु प्रयास कर रही है और आशा है कि स्टार्टअप की बढ़ती लोकप्रियता से कृषि उत्पादों पर आधारित व्यवसाय की ओर अधिक गति प्राप्त होगी। इससे परंपरागत कृषि उत्पादों—दलहन, तिलहन व सब्जियों की बढ़ती हुई कीमतों को काबू करने में सहायता मिलेगी और शिक्षित युवाओं में बेरोजगारी समाप्त होगी। देश के युवाओं में प्रधानमंत्रीजी की स्टार्टअप योजना को बढ़ावा देना आकर्षण और केंद्र सरकार की कार्य योजना के प्रति कमिटमेंट निश्चित रूप से प्रधानमंत्रीजी की इस पहल को कामयाब करते हुए स्टैंडअप इंडिया से फलीभूत करेगा। □

वैकल्पिक ऊर्जा का विकास—समय की आवश्यकता

प्रत्येक वर्ष नवंबर माह आते-आते दिल्ली और आस-पास के एनसीआर क्षेत्र में साँस लेना मुश्किल हो जाता है, क्योंकि यहाँ के वातावरण में प्रदूषण स्तर खतरनाक स्तर तक पहुँच जाता है। पिछले वर्ष तो दिल्ली सरकार को बढ़ते हुए प्रदूषण से निपटने के लिए सम और विषम नंबर की गाड़ियों को एक-एक दिन चलाने का आदेश देना पड़ा था। इस प्रदूषण का कारण दीपावली पर जलाए जानेवाले पटाखों एवं पंजाब, हरियाणा एवं पश्चिमी उ.प्र. के किसानों द्वारा अक्तूबर में जलाए जानेवाली पराली है। पराली धान व अन्य फसलों की कटाई के पश्चात् बचे अवशेष को कहते हैं। पराली जलाने से न केवल वातावरण प्रदूषित होता है, अपितु जिस जमीन पर पराली जलाई जाती है, वहाँ की उत्पादन क्षमता कम होने लगती है। पराली जलाई जानेवाली जमीन पर फसलों का उत्पादन 40 से 50 प्रतिशत तक कम हो जाता है। उस जमीन में 80 प्रतिशत तक नाइट्रोजन और 20 प्रतिशत तक दूसरे पोषक तत्त्व कम हो जाते हैं। इसके अतिरिक्त पराली जलाने से जमीन के अंदर पलनेवाले बैक्टीरिया भी नष्ट हो जाते हैं, जिससे फसलों की बीमारी से लड़ने की प्रतिरोधक क्षमता समाप्त हो जाती है और फसलों में अनेक रोग लगने लगते हैं। इसी कारण नेशनल ग्रीन ट्रिब्यूनल ने पराली जलाने पर रोक लगा दी है। परिणामस्वरूप पंजाब और हरियाणा के

हिंदी दैनिक में प्रकाशित श्री कलराज मिश्र का आलेख

सैकड़ों किसान एनजीटी के दिल्ली स्थित कार्यालय के समक्ष धरना दे रहे हैं। पराली जलाने की समस्या 1991 के आर्थिक उदारवाद के पश्चात् प्रारंभ हुई, क्योंकि वैश्वीकरण के पश्चात् देश के किसानों ने खेती में विकसित देशों के तौर-तरीके अपनाने शुरू किए और पाश्चात्य के प्रभाव में उन्होंने खेती में उपयोग में आनेवाले बैलों एवं दूध उत्पादन में उपयोग में आनेवाली गाय एवं भैंस पालना बंद कर दिया, फलस्वरूप जानवरों के लिए चारे की आवश्यकता कम हो गई, फसलों की कटाई फसलों की जड़ की बजाय ऊपर के फलीवाले हिस्से से होने लगी और फसल के शेष भाग को पराली के रूप में जलाया जाने लगा।

मध्य प्रदेश में अब सरकार की ओर से फसल कटाई के पश्चात् बची पुआल व कृषि अवशेषों से बिजली और एथेनाल बनाकर किसानों की आर्थिक मुनाफे की पहल की जा रही है। करीब 90 लाख टन कृषि अवशेषों का यदि उपयोग किया जाए तो इनसे 40,000 मेगावाट बिजली बनाई जा सकती है एवं 10 टन कृषि अवशेषों से 3000 लीटर एथेनाल बनाया जा सकता है। यही नहीं, इससे निकलने वाली राख से ईंटें व सीमेंट बनाया जा सकता है। कृषि अवशेषों से एथेनाल उत्पादन करके पेट्रोल पंपों के लिए आवश्यक एथेनाल की आपूर्ति की जा सकती है और पराली से निकलनेवाली मीथेन गैस सीएनजी बनाने की प्रक्रिया में उपयोग की जाती है।

कृषि अवशेषों के अतिरिक्त अन्य स्रोतों से विद्युत् पैदा की जा सकती है। वैकल्पिक ऊर्जा के इन स्रोतों में गोबर, सूरज, हवा है। इनके उपयोग से लाखों मेगावाट बिजली पैदा कर परंपरागत बिजली के मुख्य स्रोतों—पेट्रोल एवं कोयले पर अपनी निर्भरता काफी कम की जा सकती है। ग्रामीण भारत में गोबर के उपयोग से लगभग 25000 मेगावाट बिजली का उत्पादन किया जा सकता है, जो कि देश के एक लाख गाँवों को रोशन करने के लिए पर्याप्त है। इसके अतिरिक्त बायोगैस से रसोई गैस मिलती है। इसके अलावा जो अवशेष बच जाता है, वह खेतों में कंपोस्ट खाद के रूप में प्रयोग होता है, जिससे जमीन की उर्वरा शक्ति बढ़ती है। गोबर गैस एक ऐसी गैस है, जिसके इस्तेमाल से शक्ति बढ़ती है। गोबर गैस एक ऐसी गैस है, जिसका इस्तेमाल एलपीजी की तरह से भी और सीएनजी की तरह से भी किया जा सकता है। इसकी कीमत भी 15 रुपए प्रति

किलो है, जो काफी सस्ती है। इसके उपयोग से उर्वरक आयात में भी काफी कमी आएगी। सौर और बायोगैस के अतिरिक्त गैर परंपरागत ऊर्जा का अन्य स्रोत हवा है। इस दिशा में भारत में भी काफी जरूरत आती है और महाराष्ट्र एवं तमिलनाडु समेत अनेक राज्यों में विंड फॉर्म लगाए जा रहे हैं।

विगत कुछ वर्षों में देश में हवा से बिजली पैदा करने की क्षमता लगातार 32000 मेगावाट से अधिक हो गई। पिछले वित्तीय वर्ष में देश में पवन ऊर्जा की क्षमता में 5400 मेगावाट का विस्तार हुआ है और मौजूदा वित्तीय वर्ष में पवन ऊर्जा का लक्ष्य 6000 मेगावाट का रखा गया है। पवन से बिजली उत्पादन में भी अब काफी कमी आ गई है। दो वर्ष पूर्व जहाँ यह खर्च लगभग पाँच रुपए प्रति यूनिट आता था, वह अब बढ़कर लगभग 5.47 रुपए हो गया है। जिन क्षेत्रों में जैसे तमिलनाडु, ओडिशा और राजस्थान में जहाँ तेज हवाएँ ज्यादा चलती हैं, वहाँ पवन ऊर्जा उत्पादन को काफी विस्तार दिया जा सकता है। इस समय वैकल्पिक ऊर्जा का वह स्रोत, जिसमें सीमाएँ नहीं हैं और जो आसानी से सुलभ है, वह है—सौर ऊर्जा। आज सोलर पैनल के सहारे घरों में रोशनी के साथ-साथ कारें, गाड़ियाँ चल रही हैं। गाँवों के किसान सोलर पंप से खेतों की सिंचाई कर डीजल पंपों पर होनेवाले खर्च को बचा रहे हैं। सरकार भी सोलर पंप लगाने के लिए आर्थिक मदद दे रही है। सोलर पंप लगाने हेतु कुल लागत का 90 प्रतिशत अनुदान सरकार देती है और किसान को 10 प्रतिशत राशि अपनी जेब से देनी पड़ती है। वैकल्पिक ऊर्जा के रूप में सौर ऊर्जा का उपयोग करने से बिजली की बचत होगी और जिन क्षेत्रों में बिजली अभी तक नहीं पहुँच पा रही है, वहाँ भी रोशनी पहुँच जाएगी। हमारे देश में एकाध दिन को छोड़कर प्राय: हर समय सूरज निकलता है, इस कारण देश में सौर ऊर्जा संभावनाएँ बहुत हैं। केंद्र के साथ-साथ राज्य सरकारें भी सोलर पैनल लगाने हेतु विभिन्न रियायतें दे रही हैं। इसी कारण दूर-दराज क्षेत्रों के जो गाँव अँधेरे से डूबे रहते थे, वे आजकल रात को रोशन रहते हैं। सौर ऊर्जा का सबसे बड़ा लाभ यह है, इससे प्राकृतिक तरीके से बिजली होती है, यह मुफ्त होती है और इससे प्रदूषण नहीं फैलता। देश में सौर ऊर्जा से बिजली तैयार उत्पादन में बहुत प्रगति हुई है। पिछले तीन वर्षों में सौर ऊर्जा का उत्पादन 9,000 मेगावाट तक पहुँच गया है, जबकि वर्ष 2014

तक यह 2000 मेगावाट के आस-पास था। भारत सरकार ने वर्ष 2022 तक सौर ऊर्जा से बिजली उत्पादन का लक्ष्य 40,000 मेगावाट का रखा है। सौर ऊर्जा से बिजली का उत्पादन हम जितना बढ़ाएँगे, उतना ही बिजली की दरों में गिरावट होगी। अभी भी सौर ऊर्जा के क्षेत्र में काम करनेवाली कंपनियों में सोलर प्लांट के लिए तीन रुपए प्रति यूनिट से भी कम की बोली लगाई गई है। राजस्थान स्थित भादला में 200 मेगावाट के सोलर प्लांट के लिए एसीएमई नामक कंपनी ने प्रति यूनिट 2.44 रुपए की बोली लगाई है। यह बहुत ही शुभ संकेत है और संभव है कि आनेवाले दिनों में बिजली की दरें और कम हों।

सरकार इस क्षेत्र में आवश्यक तकनीकी ज्ञान भी लोगों को उपलब्ध कराने का प्रयास कर रही है। खादी ग्राम उद्योग आयोग द्वारा सोलर पैनल निर्माण हेतु प्रशिक्षण पिछले तीन वर्षों से चलाए जा रहे हैं। विश्व बैंक ने भी भारत में सोलर प्लांट के लिए 4000 करोड़ रुपए का कर्ज मंजूर कर लिया है, आशा है कि देश में आनेवाले कुछ वर्षों में सौर ऊर्जा के अतिरिक्त वैकल्पिक ऊर्जा के अन्य स्रोतों में भी क्रांतिकारी उपलब्धियाँ देखने को मिलेंगी। अब तो भारतीय रेल में दिल्ली के शकूरबस्ती से गुरुग्राम तक चलनेवाली 10 डिब्बोंवाली गाड़ी सौर ऊर्जा से चल रही है। उत्तर रेलवे के अनुसार सौर ऊर्जा से चलनेवाले एक डिब्बे को बनाने में लगभग 9 लाख रुपए का खर्च आता है, जबकि इस गाड़ी के परिचालन में लगभग 2000 लीटर डीजल की खपत होगी, जिसकी कीमत लगभग 12 लाख रुपए बैठती है। भविष्य में रेल में जैव ईंधन और पवन ऊर्जा का भी उपयोग हो सकेगा। जैसा कि हम सभी जानते हैं, पेट्रोलियम और कोयले के भंडारों में तेजी से कमी आ रही है और आनेवाले 50-100 वर्षों में ये भंडार समाप्त हो जाएँगे, ऐसे में गैर परंपरागत स्रोतों से ऊर्जा का उत्पादन हो जाएगा, ऐसे में गैर परंपरागत स्रोतों से ऊर्जा का उत्पादन समय की आवश्यकता है और भारत में विगत तीन वर्षों में इस क्षेत्र में जो प्रयास किए गए हैं, प्रशंसनीय हैं और आशा है कि विगत कुछ वर्षों में परंपरागत ऊर्जा के स्रोतों पर हमारी निर्भरता न्यूनतम स्तर तक पहुँच जाएगी, साथ-ही-साथ पर्यावरण में बढ़ रहे प्रदूषण को रोकने में मदद मिलेगी।

□

भारत की युवा शक्ति

किसी भी राष्ट्र के विकास में उसकी युवा शक्ति का महत्त्वपूर्ण योगदान रहता है, क्योंकि देश के युवा वर्तमान के साथ-साथ देश के भूत और भविष्य के सेतु का काम करते हैं और ये तीनों काल भूत, वर्तमान व भविष्य ही किसी देश या राष्ट्र की संस्कृति को निरंतर आगे ले जाने का कार्य करते हैं। किसी देश में होनेवाले बदलाव का पूरा श्रेय वहाँ की युवा पीढ़ी को जाता है, युवा जहाँ एक ओर महत्त्वाकांक्षी होते हैं, वहीं वे ऊर्जा से भरपूर होते हैं और उनकी आँखों में देश और समाज के उज्ज्वल भविष्य के सपने होते हैं। अंतरराष्ट्रीय इतिहास के पन्नों पर नजर डालें तो पता चलता है कि चाहे इंग्लैंड की औद्योगिक क्रांति रही हो या फ्रांस की फ्रेंच रिवोल्यूशन, सभी को सफल बनाने में युवा पीढ़ी का महत्त्वपूर्ण योगदान रहा है।

जहाँ तक भारत का प्रश्न है, तो चाहे 1942 का भारत छोड़ो आंदोलन रहा हो या आजादी के लिए अन्य लड़ाइयाँ लड़ी गई हों, भगत सिंह, चंद्रशेखर आजाद सभी युवा थे, यहाँ तक कि 1857 के स्वतंत्रता संग्राम की नायिका लक्ष्मीबाई व उनकी सहयोगी झलकारी बाई सभी युवा थीं। स्वतंत्रता प्राप्ति के बाद देश में 1975 में आपातकाल की घोषणा के पश्चात् देश में लोकतंत्र और प्रेस की आजादी पर खतरा हो गया था, इसको बहाल करने के लिए लोकनायक जयप्रकाश नारायण के नेतृत्व में देश के युवाओं ने समग्र क्रांति में बढ़-चढ़ कर

दैनिक समाचार-पत्र में प्रकाशित श्री कलराज मिश्र का लेख

हिस्सा लिया और लोकतंत्र की बहाली हुई। जनता पार्टी की सरकार की स्थापना हुई। विश्व में मेरा भारत महान् को तभी सार्थक किया जा सका।

जब देश की समग्र युवा शक्ति इसके विकास के लिए एकजुट हो, भारत की युवा शक्ति को लेकर देश के पूर्व राष्ट्रपति स्वर्गीय ए.पी.जे. अब्दुल कलाम साहब कितने आश्वस्त थे। उनके शब्दों में, "मैं आश्वस्त हूँ कि नागरिकों और सरकार, दोनों के प्रयास से विजन 2020 को साकार किया जा सकेगा। मुझे देश के 54 करोड़ युवाओं पर पूरा भरोसा है, क्योंकि यही हमारी राष्ट्रीय शक्ति है। हमारे पास प्रचुर प्राकृतिक संसाधनों के साथ-साथ एक सुनियोजित खाका भी है। 54 करोड़ युवाओं के विचारों की एकता निश्चित रूप से भारत को एक विकसित राष्ट्र बनाने में सफल होगी। मैं अपने मार्ग पर लगातार आगे बढ़ते हुए देश के युवाओं को यह विश्वास दिलाना चाहता हूँ कि जिस परेशानी से जीवन में गुजरना पड़ता है, वह विकास में उनकी मदद करती है।"

युवा वर्ग को देश के विकास का मेरुदंड कहा जाता है। देश के निर्माण में देश का युवा वर्ग विशेष भूमिका निभाता है। दूसरे शब्दों में, किसी भी देश का भविष्य देश के युवाओं द्वारा सुंदर बनता है और हमारा भारत युवाओं का देश है। हमारे देश की जनसंख्या का बड़ा हिस्सा युवा वर्ग का है। युवा वर्ग उसको कहा जाता है, जिनकी उम्र 15 से 40 साल के बीच हो। देश के युवाओं ने अपनी ऊर्जा और कर्मठता से देश को कहाँ-से-कहाँ तक पहुँचा दिया है, परंतु विकास की स्पर्धा की इस दौड़ में युवाओं को अपनी जिम्मेदारी समझने की आवश्यकता है, क्योंकि भारत को विकाससील देश से विकसित देश बनने के लिए सामाजिक, आर्थिक, कृषि, औद्योगिक सभी क्षेत्रों में विकास करना होगा और इस सर्वांगीण विकास के लिए देश के युवाओं को दृढ इच्छाशक्ति, पराक्रम, धैर्य, संयम का प्रदर्शन करना होगा, उन्हें देश की राजनीति में रुचि लेनी होगी। यद्यपि आज के युवा घर बैठे सोशल मीडिया में अपनी अपनी आवाज पहुँचाने में लगे हैं। किसी भी घटना पर अपनी क्रिया-प्रतिक्रिया भेज रहे हैं। यदि इसी प्रकार से ये युवा राजनीति में मुखर होकर अपने विचार व्यक्त करें तो देश आगे बढ़ेगा। युवा वर्ग के जीवन की आधारशिला सकारात्मकता पर आधारित होती है। युवाओं की यह सकारात्मक सोच उन्हें भविष्य में एक सफल इनसान बनाती है।

1984 में संयुक्त राष्ट्रसंघ ने अंतरराष्ट्रीय युवा दिवस मनाने का फैसला लिया। स्वामी विवेकानंद का जीवन और दर्शन और आदर्श देश के युवा वर्ग के लिए प्रेरणा का स्रोत रहे हैं। उनके जन्म दिवस, 12 जनवरी को प्रत्येक वर्ष राष्ट्रीय युवा दिवस के रूप में मनाया जाता है। स्वामी विवेकानंद को देश के युवाओं से बड़ी आशाएँ थीं। शक्ति संपन्न समाज की स्थापना के लिए वे युवाओं को आधार स्तंभ मानते थे। गुरु रवींद्रनाथ टैगोर ने स्वामी विवेकानंद के विषय में विचार व्यक्त करते हुए कहा था, "यदि आप भारत को जानना चाहते हो तो विवेकानंद को पढ़िए, आप उनमें सबकुछ सकारात्मक ही पाएँगे, आपको उनमें कहीं भी नकारात्मकता नहीं मिलेगी। स्वामी विवेकानंद की सकारात्मकता ही युवा वर्ग के लिए प्रेरणा स्रोत्र है और देश का हर युवक अपने आदर्श के रूप में विवेकानंद को ही देखता है। उनकी मानवता की दिव्यता का स्वाभाविक परिणाम था—निर्भयता। वे मानव को सदैव निर्भय बनाना चाहते थे और वे युवाओं से सदैव अपेक्षा करते थे कि उनका आदर्श-आचरण ऐसा हो कि वे जीवन में सदैव निर्भय होकर जी सकें। उन्होंने युवाओं के चरित्र के निर्माण हेतु निम्नलिखित सूत्र दिए—

1. उठो, रुको नहीं, जब तक मंजिल प्राप्त न हो जाए।
2. तूफान मचा दो।
3. जब तक जीवित रहना, तब तक सीखना, क्योंकि अनुभव ही जगत् में सर्वश्रेष्ठ शिक्षक है।
4. पवित्रता, दृढता एवं उद्यम, ये तीनों गुण एक साथ हों।
5. ज्ञान स्वयं में विद्यमान है, मनुष्य केवल उसका आविष्कार करता है।
6. जब कोई विचार अनन्य रूप में मस्तिष्क पर अधिकार कर लेता है तो वह वास्तविक, भौतिक व मानसिक अवस्था में परिवर्तित हो जाता है।
7. हमारी नैतिक प्रवृत्ति जितनी ही उज्ज्वल होती है, उतनी ही इच्छाशक्ति बलवती होती है।
8. लोग तुम्हारी स्तुति करें या निंदा, लक्ष्मी तुम्हारे ऊपर कृपालु हो या न हो, तुम्हारा देहांत आज हो या एक युग में, तुम न्याय पक्ष से कभी भ्रष्ट न होना।

9. तुम अपनी अंतरआत्मा को छोड़कर किसी और के आगे सिर न झुकाओ।

इन्हीं सूत्रों को आत्मसात् करके युवा राष्ट्र-निर्माण करके पूरे विश्व में भारत राष्ट्र को आज के युग में गौरवान्वित करने का प्रयास करें।

भारत वर्ष 2020 तक दुनिया में सबसे अधिक युवा वयस्कों का देश होगा, ऐसा माना जाता है। भारत जैसे विकासशील राष्ट्र के लिए युवा एक खजाना है, जो अमूल्य और अनमोल है, क्योंकि राष्ट्र-निर्माण सिर्फ सरकार या प्रशासन का काम नहीं है, अपितु यह एक सामाजिक जागृति है, जो युवा शक्ति के सामर्थ्य से ही संभव है। पूरे देश की अर्थव्यवस्था की नींव और उसका भविष्य इस बात पर निर्भर करता है कि देश की युवा पीढ़ी कितनी शिक्षित है। देश का संविधान 14 वर्ष तक के बच्चों को मुफ्त शिक्षा की गारंटी देता है। भारत जैसे देश में जहाँ परंपरा व रूढ़िवादिता कभी-कभी मानवता से भी बड़ी हो जाती है, वहाँ शिक्षा एक विकल्प मात्र नहीं, अपितु एक आवश्यकता है।

जिस देश में औद्योगिक ढाँचा जितना दुरुस्त होगा, उस देश के शिखर पर बने रहने की आशाएँ उतना ही प्रेरित करती रहेंगी और उद्योग-धंधों के विकास में युवाओं की भूमिका सर्वविदित है। हमारे देश के लिए यह अत्यंत गौरव की बात है कि शिक्षा और उद्योग के क्षेत्र में संपूर्ण विश्व में भारतीय युवाओं का प्रतिनिधित्व सर्वाधिक होने के कारण अमेरिका जैसे देश के राष्ट्रपति को भी अपने देश के छात्रों को भारतीय युवा मेधा से सतर्क रहने की चेतावनी देने पर विवश कर दिया। आज नासा में काम करनेवाले गैर अमेरिकियों में सर्वाधिक संख्या भारतीयों की है, माइक्रोसॉफ्ट में कार्य करनेवालों में 60 प्रतिशत भारतीय हैं। समकालीन भारत में युवाओं के नौकरी के प्रति रवैये में बदलाव के साथ-साथ सामाजिक व्यवस्था व जीवन जीने के मानदंड बदल रहे हैं। वर्तमान भारत अपने गौरवशाली युवाओं के कंधों पर आगे बढ़ता हुआ राष्ट्र है। इसके निर्माण में हमारे युवाओं का परिश्रम अतुलनीय है। उनके सामने अनेक चुनौतियाँ मुँह बाए खड़ी हैं, परंतु उनमें भारत को विकास की दौड़ में नंबर एक स्थान पर ले जाने का जुनून है। आज सौभाग्य से हमारे युवा विभिन्न प्रकार के नेटवर्किंग उपकरणों से लैस हैं, जो राष्ट्रीय एकता व अखंडता के लिए जागरूकता फैलाने हेतु उपयोगी हो सकते हैं। नई प्रौद्योगिकी के आगमन से देश में राष्ट्रीय भावना

का प्रचार-प्रसार अब और सुविधाजनक हो गया है, जिससे युवा जाति धर्म-संप्रदाय की संकीर्ण बाधाओं को पार कर राष्ट्र-निर्माण में लगे।

आज सौभाग्य है कि देश 2014 से श्री मोदीजी के नेतृत्व में शासन, सुशासन के रूप में लोगों की आशाओं की पूर्ति के लिए महत्त्वपूर्ण भूमिका निर्वाह कर रहा है। प्रधानमंत्री श्री नरेंद्र मोदी स्वयं स्वामी विवेकानंद के विचारों और आदर्शों से प्रेरित हैं। देश की युवा शक्ति का उपयोग कर विकसित राष्ट्र बनाने का कार्य कर रहे हैं। युवाओं की प्रतिभा और शक्ति का उपयोग सर्वाधिक है। इस प्रकार योजनाओं को भी जमीन पर उतारने का कार्य किया है। प्रतिभा संपन्न युवाओं का पलायन अन्य देशों में रुके, इस देश के लिए स्टार्टअप, मुद्रा योजना, स्टार्टअप इंडिया, मेक इन इंडिया, स्किल डेवलपमेंट आदि योजनाओं से युवाओं को समायोजित करने का प्रयास किया है। युवा केवल सरकारी नौकरी की अपेक्षा न कर स्वावलंबी बनें, इसके लिए ये सारी योजनाएँ हैं। भारत सरकार ने तत्कालीन कौशल विकास की दृष्टि से व्यापक रूप से कौशल विकास केंद्र संपूर्ण देश में चलाने की व्यवस्था नए मंत्रालय कौशल विकास मंत्रालय के माध्यम से की है। युवा अपनी अभिनव प्रतिभा का समुचित रूप से उपयोग कर सकें, उसके लिए अटल इनोवेशन मिशन से अवसर प्रदान किया गया है। एम.एस.एम.ई. के द्वारा, जिसमें एन.एस.आई.सी. (नेशनल स्मॉल स्केल इंडस्ट्रीज कॉरपोरेशन) और ASPIRE, अर्थात् नवाचार ग्रामीण उद्यमों के संवर्धन के लिए एक योजना, जो खादी के अंतर्गत है, इसमें ऊष्मायन व्यापार केंद्र और प्रौद्योगिकी केंद्र द्वारा सभी युवाओं को स्वावलंबी बनने हेतु अवसर प्रदान किया है। माननीय प्रधानमंत्रीजी का प्रयास है कि युवा शक्ति के मन की कुंठा और निराशा को इन योजनाओं के माध्यम से समाप्त कर देश को विकसित बनाने की दिशा में उनका महत्त्वपूर्ण योगदान प्राप्त कर सकें।

माननीय प्रधानमंत्रीजी की स्पष्ट सोच है कि जहाँ सबका साथ सबका विकास का मूल मंत्र है, वहीं युवा शक्ति संयम बनाकर विश्व को अग्रणी राष्ट्र बना सकेगी। युवा शक्ति अपनी दृढ इच्छाशक्ति के आधार पर यह करने में सक्षम होगी। यह पूर्ण विश्वास है।

□

किसानों की समस्याएँ व उनका निवारण

भारत एक कृषि प्रधान देश है और भारत की 70 प्रतिशत आबादी कृषि व कृषि उत्पादों पर निर्भर करती है, परंतु विगत कुछ दशकों से सरकार की किसानों के प्रति गलत नीतियों के कारण किसानों की आर्थिक स्थिति बहुत दयनीय स्थिति में पहुँच गई है और कर्ज के बोझ से दबकर लाखों किसानों ने आत्महत्या कर ली है। इसका मुख्य कारण आजादी के पश्चात् किसानों के हित की लगातार अनदेखी की गई। यद्यपि प्रथम दो पंचवर्षीय योजनाओं में सिंचाई व अन्य सुविधाओं को विकसित करने के प्रयास किए गए, परंतु 60 के दशक तक खाद्यान्नों के मामले में हमें दूसरे देशों से खाद्यान्न के आयात पर निर्भर रहना पड़ता था। सन् 1966-67 में ऑस्ट्रेलिया से गेहूँ आयात होता था, वह लाल रंग का होता था। खाने में गोंद जैसा लचीला होता था, उसको याद करके आज भी बहुत कष्ट होता है। उसके पश्चात् देश में हरित क्रांति आई, जिससे Pusa Agricultural Research Institute के उत्तम किस्म के बीजों और फर्टिलाइजर के उपयोग से हम खाद्यान्नों के उत्पादन मामले में आत्मनिर्भर हुए। उसके पश्चात् ऑपरेशन फ्लड के माध्यम से हमने अपने दुग्ध उत्पादन को रिकॉर्ड स्तर पर पहुँचाया और ऑपरेशन ब्लू के माध्यम से मत्स्य उत्पादन में रिकॉर्ड वृद्धि की, परंतु 1990-91 में वैश्वीकरण युग के प्रारंभ होने के पश्चात् और कांग्रेस सरकार की दोषपूर्ण कृषि नीति व किसान विरोधी फैसलों के कारण किसानों की आर्थिक स्थिति बदहाल होती चली गई।

हिंदी दैनिक में श्री मिश्र का प्रकाशित लेख

आजादी के इतने समय के पश्चात् भी देश में कृषि शिक्षा नीति नहीं बन पाई। देश में जितने भी कृषि विश्वविद्यालय हैं या कृषि शोध संस्थान हैं, वे अपर्याप्त हैं। इसी कारण हरित क्रांति के पश्चात् कोई उल्लेखनीय कार्य नहीं हुआ, जबकि कृषि शिक्षा का व्यापक विस्तार व प्रसार ग्रामीण क्षेत्रों में होना चाहिए था, किंतु यह नहीं हो पाया। कृषि क्षेत्र में अंतरराष्ट्रीय स्पर्धा में बने रहने हेतु सरकार ने जी.एम.ओ. (Genetically Modified Organism) क्राप अपनाने से किसानों को अपने उत्पादों का मूल्य वास्तविक लागत से कम मिलने लगा और किसान ऋण के जाल में फँसते चले गए। विश्व व्यापार संगठन की गलत नीतियों और विकसित देशों द्वारा अपने कपास उत्पादकों को बड़े पैमाने पर सब्सिडी दिए जाने के कारण विश्व बाजार में विदर्भ व आस-पास के क्षेत्रों में पैदा कपास स्पर्धा से बाहर हो गई। किसानों द्वारा बड़े पैमाने पर आत्महत्या के मामलों में वृद्धि हुई। सदैव किसानों के हितों को नजरअंदाज किया गया। लगातार खाद्यान्न और तेल के आयात-निर्यात में किसान के हित विरोधी फैसले लिये गए।

(क) वर्ष 2007-08 में किसानों को उनके गेहूँ की फसल का समर्थन मूल्य 8.50 रुपए प्रति किलो दिया गया, परंतु बाद में गेहूँ को 14.82 रुपए प्रति किलोग्राम की दर से आयात किया, फिर उसी वर्ष 10.01 रुपए प्रति किलो की दर से निर्यात किया गया।

(ख) वर्ष 2009-10 में केंद्र में कांग्रेस के नेतृत्ववाली यूपीए सरकार थी और देश में आटा 20 रुपए प्रति किलो की दर से बिक रहा था, परंतु सरकार ने आटे का निर्यात 12.51 रुपए प्रति किलो की दर से किया।

(ग) इसी प्रकार देश में वर्ष 2006-07 के दौरान रिकॉर्ड उत्पादन लगभग 28.3 मिलियन मीट्रिक टन हुआ। ऐसी स्थिति में सरकार को चीनी का बफर स्टॉक रखना चाहिए था, परंतु सरकार ने ऐसा करने की बजाय 12.50 रुपए प्रति किलो की दर से चीनी का निर्यात किया और बाद में 36 रुपए प्रति किलो की दर से चीनी आयात की गई। पूर्ववर्ती सरकारों के समय में किसानों की पानी की समस्या, खाद की समस्या व उनके उत्पादों का उचित मूल्य न मिलना, आयात-निर्यात की दोषपूर्ण नीति,

ऋण का बढ़ता बोझ, बैंकों द्वारा जबरन वसूली आदि ऐसे कारण हैं, जो किसानों की बदहाली हेतु जिम्मेदार हैं। पिछले 22 वर्षों में लगभग 3.30 लाख किसानों ने आत्महत्या की, परंतु कोई ऐसा समाधानपूरक सुझाव नहीं आ पाया, जिससे इस बदतर स्थिति से किसानों को मुक्ति मिले और किसानों की समस्या का समुचित समाधान हो सके। मेरे विचार से किसानों को राहत प्रदान करने हेतु कुछ सुझाव विचारणीय हो सकते हैं—

1. कृषि लागत कम करने हेतु परंपरागत खेती पर जोर देना।
2. दोष रहित आयात-निर्यात नीति का होना।
3. विवादास्पद जेनेटिकली माडीफाइड फसलों पर अत्यधिक निर्भरता कम करना।
4. कृषि के प्रति आकर्षण पैदा करना व कृषि-आधारित उद्योग धंधों को प्रोत्साहित करना।
5. भूमि प्रबंधन व फसल प्रबंधन की एक राष्ट्रीय नीति होनी चाहिए।
6. कृषि उत्पादों की भंडारण व्यवस्था हो।
7. किसानों के लिए ऋण उपलब्धता हो।
8. किसानों के लिए उत्पादों की क्रय-विक्रय व्यवस्था हो।

वर्ष 2014 में केंद्र में एनडीए सरकार के गठन के पश्चात् प्रधानमंत्री श्री नरेंद्र मोदीजी के निर्देशन में किसानों के कल्याण हेतु विभिन्न योजनाएँ चलाई गईं। सरकार ने कृषि क्षेत्र को प्राथमिकता देते हुए गत चार वर्षों में कृषि बजट में 1,64,415 करोड़ रुपए आवंटित किए, जो कि यूपीए सरकार के वर्ष (2010-11 से 2013-14) के 1,04,337 करोड़ रुपए की तुलना में 57.58 प्रतिशत अधिक है।

- वर्ष 2016-17 में देश में खाद्यान्न का रिकॉर्ड उत्पादन हुआ है।
- दूध का उत्पादन वर्ष 2011-14 के तीन वर्ष में 398 मिलियन मीट्रिक टन के अनुपात में वर्ष 2014-17 में 465.5 मिलियन मीट्रिक टन है, जो 16.9 प्रतिशत अधिक है।
- मछली उत्पादन के क्षेत्र में वर्ष 2011-14 के तीन वर्ष में 272.88

लाख टन की तुलना में वर्ष 2014-17 में बढ़कर 327.74 लाख टन हो गया है, जो 20.1 प्रतिशत की वृद्धि है।

- अंडा उत्पादन के क्षेत्र में वर्ष 2011-14 की 210.93 बिलियन की तुलना में वर्ष 2014-17 में 248.72 बिलियन हो गया, जो 17.92 प्रतिशत अधिक है।
- शहद उत्पादन के क्षेत्र में 2011-14 तीन वर्ष में 2,18,950 मि. टन की तुलना में वर्ष 2014-17 में 2,63,930 मि. टन हो गया, जो 20.54 प्रतिशत अधिक है।
- किसानों को आपदा से होनेवाले नुकसान से बचाने हेतु प्रधानमंत्री फसल बीमा योजना, प्रधानमंत्री कृषि सिंचाई योजना प्रारंभ की गई है।

एनडीए सरकार के कार्यकाल में प्रधानमंत्री श्री नरेंद्र मोदी की पहल पर जहाँ कृषि बजट में लगभग 50 प्रतिशत की वृद्धि हुई, सरकार ने किसानों की कर्जमाफी में कई सकारात्मक कदम उठाए और किसानों को राहत देने के उद्देश्य से फसलों के समर्थन मूल्य में वृद्धि की गई।

खरीफ फसलें

फसल	2013-14	2017-18	वृद्धि
धान	1310	1550	18.32 प्रतिशत
ज्वार	1500	1700	13.33 प्रतिशत
बाजरा	1250	1425	14.00 प्रतिशत
रागी	1500	1900	20.67 प्रतिशत
अरहर	4300	5450	26.74 प्रतिशत
मूंग	4500	5575	23.89 प्रतिशत
उड़द	4300	5400	25.58 प्रतिशत
सोयाबीन	2560	3050	19.14 प्रतिशत
तिल	4500	5300	17.78 प्रतिशत

रबी फसलें

फसल	2013-14	2017-18	वृद्धि
गेहूँ	1400	1735	23.93 प्रतिशत
जौं	1100	1410	28.18 प्रतिशत
चना	3100	4400	41.94 प्रतिशत
मसूर	2950	4250	44.07 प्रतिशत
सरसों	3050	4000	31.15 प्रतिशत
कुसुम	3000	4100	30.67 प्रतिशत

अन्य फसलें

फसल	2013-14	2017-18	वृद्धि
जूट	2300	3500	52.17 प्रतिशत
गन्ना	210	255	21.43 प्रतिशत

केंद्र सरकार का वर्ष 2018-19 का वार्षिक बजट पास हो चुका है। किसानों को बढ़ते हुए ऋण के बोझ व अन्य समस्याओं से मुक्ति दिलाने के लिए केंद्र सरकार ने वर्ष 2018-19 के वार्षिक बजट में कृषि बजट में अभूतपूर्व वृद्धि की है।

वर्ष 2018-19 में कृषि बजट

प्रक्षेत्र	बजटीय प्रावधान (करोड़ में)		प्रतिशत में वृद्धि
	2017-18	2018-19	
कृषि अनुसंधान	2166.46	2914.77	34.6 प्रतिशत
सिंचित क्षेत्र विकास	223.00	234.00	4.93 प्रतिशत
डेयरी विकास	2318.97	2788.28	20.24 प्रतिशत

नीली क्रांति	553.23	747.45	35.11 प्रतिशत
फसल बीमा	9000.75	13014.15	44.59 प्रतिशत
माइक्रो इरीगेशन	3400.00	4000.00	17.65 प्रतिशत
जैविक खेती	450.00	520.00	15.5 प्रतिशत
कृषि यंत्रीकरण	577.58	1200.00	107.76 प्रतिशत
ऑपरेशन ग्रीन, जिससे आलू, प्याज, टमाटर उत्पादों का अधिक मूल्य मिल सके	—	500.00	—

वर्ष 2018-19 के बजट को किसानों और ग्रामीणों का हितैषी बजट माना गया। वित्तमंत्री श्री अरुण जेटली ने यह बताया कि किसानों की आमदनी वर्ष 2022 तक दोगुना करने की योजना है। किसान संगठन वर्षों से अपनी फसल का समर्थन मूल्य दोगुना करने की माँग कर रहे हैं और सरकार ने किसानों को उनके समर्थन मूल्य को लागत से डेढ़ गुना कर दिया है।

□

बेरोजगार से स्वरोजगार तक

भारत सरकार के सूक्ष्म, लघु तथा मध्यम उद्यम मंत्री के रूप में कुछ समय तक कार्य करने के पश्चात् मुझे अनुभूति हुई कि क्यों श्री अटल बिहारी वाजपेयी की सरकार में माइक्रोसॉफ्ट का प्रयोग हुआ। उन्होंने सलाह दी कि माइक्रो इंटरप्राइज को भी उद्यम माना जाए। इससे पहले इस सेक्टर को एस.एम.ई. सेक्टर, अर्थात् स्मॉल एवं मीडियम इंटरप्राइजेज सेक्टर कहा जाता था। श्री वाजपेयीजी ने बहुत दूरदर्शितापूर्ण निर्णय द्वारा इसे मंत्रिमंडल मंत्रणा में दर्जा देकर हिंदुस्तान के करोड़ों गरीबों एवं निम्न मध्यम वर्ग के लोगों को प्रोत्साहित किया। यदि हम भारत के प्राचीन ग्रामीण उद्यमिता पर जोर डालें तो पाएँगे कि देश के हर छोटे-बड़े गाँव में कुछ-न-कुछ ऐसी चीजें थीं, जिनको गाँव के लोग तकनीकी उद्यम के रूप में विकसित करके अपनी जरूरतों को पूरा किया करते थे। गाँव में उस समय हर प्रकार के लोग रहा करते थे। जहाँ एक ओर खेती करनेवाला किसान था, तो लकड़ी से अनेक प्रकार के कृषि के सामान, खेती के औजार बनानेवाला बढ़ई भी था। मिट्टी से बरतन बनानेवाला कुम्हार भी था। जल भरनेवाला कहार भी थी। दाना/अनाज भूजनेवाला भूज और लोहे का काम करनेवाला लोहार भी रहता था। इस कुटीर व्यवसाय से सबकी आवश्यकताएँ पूरी हो जाती थीं और इससे प्रदूषण नहीं होता था। प्राचीन काल में इन कुटीर उद्योगों से तैयार माल न सिर्फ अपने लोगों की आवश्यकता पूरी करता था, अपितु इसका निर्यात भी होता था और भारत के कुटीर उद्योग से तैयार माल

लघु उद्योग भारती के 20वें राष्ट्रीय अधिवेशन में श्री मिश्र का दिया गया भाषण

दक्षिण-पूर्व एशिया में सर्वाधिक निर्यात होता था और इन्हीं कुटीर उद्योगों के बल पर हिंदुस्तान को सोने की चिड़िया कहा जाता था। सबसे बड़ा उत्पादन क्षेत्र कृषि था और उसके पश्चात् ग्रामीण अर्थव्यवस्था को सपोर्ट करनेवाले छोटे-छोटे उद्योग धंधे। छोटी जोतवाला किसान किसी तरह से अपने परिवार का भरण-पोषण करता था, परंतु घर के अन्य सदस्य छोटे-मोटे कुटीर उद्योग-धंधों के अंदर अपने को समायोजित करते हुए उपयोग की वस्तुओं का निर्माण करते थे। यह कुटीर उद्योग भारत को स्वावलंबी बनाता था। देश में ईस्ट इंडिया कंपनी के शासन के दौरान अंग्रेजों ने भारत में कुटीर उद्योगों की शक्ति को जान लिया था, इसीलिए उन्होंने देश में पारंपरिक कुटीर उद्योगों को विनष्ट करना प्रारंभ किया।

आजादी के पश्चात् भी कुटीर उद्योगों को विनष्ट करने का प्रयास चलता रहा, क्योंकि स्वतंत्र भारत के प्रथम प्रधानमंत्री पं. जवाहर लाल नेहरू पश्चिमी देशों की आर्थिक नीतियों से प्रभावित थे, इसलिए कुटीर उद्योगों के स्थान पर बड़े-बड़े उद्योग स्थापित किए गए, परिणामस्वरूप छोटे-छोटे उद्योग समाप्त होते गए, परंतु माननीय अटलजी के नेतृत्व में बनी एनडीए सरकार में पहली बार लघु के साथ-साथ सूक्ष्म (माइक्रो) जोड़ा गया। एम.एस.एम.ई. सेक्टर का स्वरूप बना और वर्ष 2006 में औद्योगिक नीति निर्धारित की गई। फिर भी हम यह कह रहे हैं कि गाँवों में पढ़े-लिखे युवक ग्रेजुएटस्, पोस्ट ग्रेजुएट्स आज भी इधर-उधर भटक रहे हैं। एम.एस.एम.ई. ऐसे ही लोगों को बढ़ाने के लिए कृतसंकल्प है। एम.एस.एम.ई. का मुख्य उद्देश्य माइक्रो स्मॉल और मीडियम इंटरप्राइजेज को और इंटरप्रेन्योर्स को विकसित करना है। चाहे छोटा इंटरप्रेन्योर हो, चाहे महिला इंटरप्रेन्योर हो, चाहे अनुसूचित जाति, जनजाति के इंटरप्रेन्योर हों, आप गाँवों में आएँ, हम आपको परंपरागत उद्यमों हेतु सुविधा प्रदान कराएँगे। चाहे वह कक्षा 8 तक पढ़ा हो या 10वीं तक पढ़ा हो, योजनाबद्ध तरीके से उसे व्यवसाय कराया जा सकता है। हमारे विभाग में इनक्यूबेशन सेंटर्स हैं, वहाँ से प्रशिक्षण लेकर अपना छोटा-मोटा उद्यम खोला जा सकता है, इसके लिए बैंक से लोन लिया जा सकता है। यद्यपि अभी तक बैंकों से लोन की प्रक्रिया बहुत जटिल है। इसके लिए क्रेडिट गारंटी फंड बनाने के लिए निर्देश दिया गया है। क्रेडिट लिंक कैपिटल सब्सिडी स्कीम के अंतर्गत नव उद्यमी को जितने मेकैनिकल उपकरण चाहिए, इसमें उनको 15 प्रतिशत सब्सिडी मिलेगी। हमने

गुणवत्ता विकास को ध्यान में रखते हुए एक और योजना चलाई है। इसका नाम है—नेशनल मैन्युफैक्चरिंग नेस्ट प्रोग्राम। इसके माध्यम से जो निर्माण कार्य होगा, वह उच्च स्तर का हो, यही हमारा प्रयास है। हमने पी.पी.पी. मोड पर युवाओं को रोजगार उपलब्ध कराने के उद्देश्य से सैमसंग के साथ समझौता किया है। समझौते के अनुसार वे यहाँ मशीनरी लगाएँगे और आधारभूत ढाँचा व मूलभूत सुविधाएँ हमारी ओर से उपलब्ध कराई जाएँगी। इससे प्रतिवर्ष युवाओं को 10 हजार नौकरियाँ उपलब्ध कराई जा सकेंगी। हमारी योजना है—बेरोजगार से स्वरोजगार तक की यात्रा। इसके लिए एम.एस.एम.ई. सेक्टर में जो जटिलताएँ हैं, उसे हम रेक्टिफाई करने का प्रयास करेंगे। इस सेक्टर में जो इकाइयाँ बंद पड़ी हैं, उनको पुन: चलाने हेतु हम स्फूर्ति योजना बना रहे हैं। जो हमारे देश के प्राचीन उद्योग हैं, जैसे मुरादाबाद का पीतल उद्योग, वाराणसी का साड़ी उद्योग, इनको विकसित करने के उद्देश्य से अनेक सुविधाएँ प्रदान की जा रही हैं। एम.एस.एम.ई. सेक्टर में ई-गवर्नेंस प्रारंभ कर दिया गया है और हम ई-गवर्नेंस की ओर तेजी से बढ़ रहे हैं। हमने शापिंग वेबसाइट लॉन्च की है msmeshopping.com पर क्लिक करें। आपके रजिस्ट्रेशन समेत सभी चीजें आपके सामने आ जाएँगी। आप इसके माध्यम से अपना माल बेच भी सकते हैं व खरीद भी सकते हैं। एम.एस.एम.ई. सेक्टर को विकसित करने में जिस तरह की हमारी वैचारिक सोच है, उसी तरह का लोगों में उत्साह है।

रंग भारती हमारा वैचारिक परिवार है। वैचारिक परिवार के अंदर देशभक्ति, राष्ट्रभक्ति, समाज के प्रति समर्पण के भाव स्वाभाविक रूप में उत्पन्न होते हैं। इन भावों में और उन्नति हो, इसके लिए उद्यमिता के क्षेत्र में अच्छी गुणवत्तायुक्त निर्माण करते हैं और जब ऐसा होगा, तो लोग इस गुणवत्तायुक्त उत्पाद की सराहना करेंगे और अधिक मैन्युफैक्चरिंग भारत में होगी और भारत को मैन्युफैक्चरिंग हब बनाने में मदद मिलेगी, जो प्रधानमंत्रीजी का सपना है। उनकी मेक इन इंडिया पहल के अंतर्गत विदेशी उत्पादक भारत में आकर निर्माण करेंगे, परंतु हमारे अपने उद्यमी जब उनको और उनके उत्पाद को गुणवत्ता के मामले में टक्कर देंगे तो हम पूरी दुनिया को भारत के इस स्वरूप से जाग्रत् करेंगे।

□

उद्यमिता का सरलीकरण

काउंसिल फॉर स्मॉल मैन्युफैक्चरिंग इंडस्ट्रीज को जब एम.एस.एम.ई. सेक्टर कहा जाता है तो माइक्रो, अर्थात् सूक्ष्म का आभास होता है, परंतु वास्तविक अर्थ में यह बहुत ही व्यापक है, क्योंकि देश के अंदर जो आर्थिक असंतुलन है, उसको दूर करने के लघु उद्योग बहुत महत्त्वपूर्ण भूमिका का निर्वाह करते हैं। इसके लिए लघु उद्योगों को विभिन्न जानकारी की आवश्यकता होती है, इनके लिए स्किल की आवश्यकता पड़ती है, उस क्षेत्र की भौगोलिक स्थिति, क्षेत्र की व्यापारिक स्थिति और उद्यम चलाने हेतु आवश्यक मूलभूत सुविधाओं की जानकारी आवश्यक होती है। स्थान विशेष के रॉ-मैटेरियल का उपयोग करके वहाँ के बेरोजगार नवयुवकों को समयोजित कर निर्माण कार्य में अपना समुचित योगदान कर सकते हैं। इसके लिए इंटरप्रेन्योर स्कीम पर काम करने की आवश्यकता है।

जिस संस्थान में हम यहाँ बैठते हैं, इसकी स्थापना 1960 स्मॉल स्केल इंडस्ट्रीज को विकसित करने, विभिन्न प्रकार के प्रशिक्षण देने के लिए, कौशल विकास के लिए तथा आवश्यक जानकारी उपलब्ध कराने हेतु की गई। इसकी स्थापना के समय देश में कुल 20 क्लस्टर थे और इन क्लस्टरों के विकास हेतु इस संस्थान का उपयोग हुआ। दुर्भाग्य से इसके विषय में लोगों को जानकारी नहीं है। यहीं पास में एक टूल रूम है, जहाँ पाँच-सात सौ लड़के प्रशिक्षण ले

हैदराबाद काउंसिल फॉर स्मॉल मैन्युफैक्चरिंग के उद्घाटन पर मुख्य अतिथि के रूप में दिए गए भाषण

रहे हैं, स्किल डेवलपमेंट का इससे अच्छा कार्य नहीं हो सकता। यह सब होने के बावजूद लोग जानकारी प्राप्त करने सिंगापुर जाते हैं, जबकि अपने ही देश में बहुत प्रभावी स्थिति का निर्माण किया जा सकता है। आंध्र प्रदेश में एक लाख साठ हजार यूनिट हैं और इसमें से 84 प्रतिशत तेलंगाना के हैदराबाद में हैं। इसमें ग्यारह हजार करोड़ रुपए का निवेश हुआ है। सोलह लाख बेरोजगारों का समायोजन हुआ है। छोटे-छोटे उद्योगों को भारतीय अर्थव्यवस्था में प्रभावी करने के प्रयास चल रहे हैं। ग्रामीण भारत में छोटे उद्योगों की संभावना बहुत अधिक है।

परंतु इसके लिए चुनौतियाँ भी हैं। यदि आप छोटा उद्योग लगाना चाहते हैं तो जमीन चाहिए, पावर भी चाहिए, पर्यावरण का एन.ओ.सी. भी चाहिए। इसके अलावा लेबर व रॉ-मैटेरियल है कि नहीं, उसके पश्चात् समस्या आती है बैंक लोन की। कोलेक्ट्रल फ्री लोन बैंक आसानी से देते नहीं हैं, नव उद्यमी परेशान हो जाता है। इन सारी समस्याओं का समाधान निकालने की दृष्टि से हम सारी औपचारिकता ऑनलाइन करने जा रहे हैं। इससे 15 दिन के अंदर आपको सारे क्लियरेंस मिल जाएँगे। सूक्ष्म (माइक्रो) उद्यमों के लिए हमारी योजना है, क्रेडिट गारंटी फंड के आधार पर इन्हें आसानी से लोन मिल सकेगा। आपको अपने मशीनी उपकरणों के अपग्रेडेशन के लिए, बाजार में प्रतिस्पर्धा के लिए, जिससे आप अपना माल बेच सकें, इसके लिए क्रेडिट लिंक्ड कैपिटल सब्सिडी स्कीम, जिसको सीएलसीएससी कहते हैं, के अंतर्गत 1 करोड़ की सहायता करते हैं, इसमें सब्सिडी भी है। यह नेशनल मार्केट कंपीटीटिवनेस प्रोग्राम है। इसके माध्यम से क्लस्टर डेवलपमेंट का कार्यक्रम चलाया जा रहा है। इसके अतिरिक्त एससी/एसटी/रूरल इंटरप्रेन्योर्स को प्रोत्साहित किया जा रहा है। स्फूर्ति योजना के अंतर्गत ट्रेडिशनल कॉटेज इंडस्ट्रीज को भी बढ़ावा देने की योजना है। प्रधानमंत्री इंप्लॉयमेंट जनरेशन प्रोग्राम के अंतर्गत खादी ग्रामोद्योग कमीशन की ओर से अनेक कार्यक्रम चलाए जा रहे हैं। एम.एस.एम.ई. ने अनेक इनक्यूबेशन के द्वारा शिक्षित नौजवान बेरोजगारों को प्रशिक्षण देकर, वित्तीय सहायता प्रोवाइड कर उनको अपना रोजगार खोलने लायक बना दिया है। स्फूर्ति योजना के आधार पर परंपरागत उद्यमों को बढ़ावा देने के प्रयास हो रहे हैं और तेलंगाना में इस क्षेत्र

में काफी काम हुआ लगता है। अपने इनक्यूबेशन सेंटर्स को हम ग्रामीण क्षेत्रों में ले जा रहे हैं, जो 10वीं पास बच्चे हैं, उनको प्रशिक्षण देकर छोटी-छोटी मशीन प्रोवाइड कर, वित्तीय सुविधा प्रदान करने का प्रयास करेंगे। अभी-अभी आप लोगों में से यह माँग आई, पी.पी.पी. मॉडल की बात की। मैं आपको यह बात बता दूँ कि हम 19 स्थानों पर पी.पी.पी. मॉडल पर इनक्यूबेशन सेंटर्स खोलने जा रहे हैं। इससे 10 हजार लोगों को प्रशिक्षण मिलेगा और इन युवाओं को या तो समायोजित किया जाएगा या फिर इन्हें अपने रोजगार खोलने का अवसर प्रदान किया जा सकता है।

इंटरप्रेन्योर्स का स्किल डेवलपमेंट और इंप्लॉयमेंट को एक साथ जोड़ने का प्रयत्न है। इसके लिए निस्वड नौकरी डॉट कॉम नामक वेबसाइट लॉन्च की है और वेबसाइट पर काफी सकारात्मक रिस्पॉन्स मिल रहा है। एक माह के अंदर इस वेबसाइट के माध्यम से लगभग 10 हजार लोगों ने आवेदन किया है और लगभग 180 इंटरप्रेन्योर्स ने इसमें अपनी रुचि दिखाई है। हमारे छोटे उद्यमियों के उत्पादों की प्रॉपर मार्केटिंग हो, इसके लिए एन.एस.आई.सी. ने एक पोर्टल लॉन्च किया है—वीटूसी एम.एस.एम.ई. डॉट कॉम। इसका अभिप्राय है—बिजनेस टू कस्टमर। यह मार्केटिंग के लिए बहुत बढ़िया कदम है। इसके अतिरिक्त हमने कई और चीजें ऑनलाइन कर दी हैं, जिससे पारदर्शिता बनी रहे। उद्यमिता में टूल रूम का अपना महत्त्व होता है, पूरे देश में इस समय 18 टूल्स रूम हैं और 15 टूल्स रूम हम और खोल रहे हैं, जिससे इनक्यूबेशन से ट्रेनिंग प्राप्त कर, छोटी मशीन लेकर अपना उद्यम प्रारंभ कर सकें। जहाँ हम छोटे-मोटे टूल्स बनाकर छोटे उद्योगों को सपोर्ट कर रहे हैं, वहीं हम उच्च तकनीक वाले टूल्स व मशीन तैयार कर रहे हैं। हमारे यहाँ डिफेंस से संबंधित मशीनरी के डिजाइन बन रहे हैं। इसके लिए भारी संख्या में ऑर्डर आ रहे हैं। उद्यमिता में आपको जो कठिनाइयाँ आती हैं, उनका निवारण होना आवश्यक है, जैसे रॉ-मैटेरियल प्राप्त करने में कठिनाई है। आपकी इस समस्या के लिए राष्ट्रीय लघु उद्योग निगम स्मॉल इंडस्ट्रीज का एक कन्सोर्टियम बनाकर मार्केटिंग एवं रॉ-मैटेरियल उपलब्धता की समस्या हल कर रहे हैं। स्किल डेवलपमेंट के लिए जो सुविधाएँ चाहिए, उन्हें देने के प्रयास किए जा रहे हैं। हमने सिंगल विंडो सिस्टम

प्रारंभ किया है, रजिस्ट्रेशन आदि कामों में जो लंबा समय लगता था, वह कम होगा, क्योंकि हमारा मुख्य ध्येय व्यवसायों का सरलीकरण है।

देश के हर क्षेत्र में उद्यमियों का कैसे विकास हो, सरकार की ओर से पूरा करने के प्रयास किए जा रहे हैं। आपके पास तकनीकी ज्ञान है, उसको कैसे उपयोग में लाया जा सकता है, यह सफल बनाना सरकार का कर्तव्य है। आप जर्मनी या जापान का उदाहरण ले लें, इनकी अर्थव्यवस्था व उद्यम एम.एस. एम.ई. सेक्टर द्वारा संचालित हो रहे हैं। मैं यह विश्वास के साथ कह सकता हूँ कि यदि हम एम.एस.एम.ई. के माध्यम से गुणवत्तायुक्त माल तैयार करें तो हमारा घरेलू बाजार भी अच्छा हो जाएगा और हमारे बाजारों से चीन का माल गायब हो जाएगा और अंतरराष्ट्रीय बाजार में लोग यह कह सकेंगे कि यह प्रोडक्ट हिंदुस्तान का है, मेड इन इंडिया है। ऐसा करके हम अपने राष्ट्र को गौरवान्वित कर सकते हैं। इस सभागार में जो लोग बैठे हुए हैं, सभी देश व राष्ट्र के प्रति समर्पित हैं। वे अपनी जीविका चलाने हेतु देश हित से समझौता नहीं कर सकते। जब देश के अंदर कोई ऐसी चीज होती है, जो देश हित में न हो, तो हमें बहुत अधिक पीड़ा होती है। इसलिए हम जो मैन्युफैक्चर करते हैं, देशहित में वह गुणवत्तायुक्त होना चाहिए। यदि हम अपना उत्पादन इस भाव से करेंगे तो हम जैसे भारत का निर्माण करना चाहते हैं, वैसा ही होगा और भारत एक आर्थिक महाशक्ति के रूप में स्थापित होगा। आज एम.एस.एम.ई. सेक्टर में 45 प्रतिशत मैन्युफैक्चरिंग है, 40 प्रतिशत निर्यात है, 8 प्रतिशत ग्रोथ है। इसके साथ ही 8 करोड़ नौजवान बेरोजगार हैं और इस तथ्य को ध्यान में रखकर काम किया गया तो अच्छी स्थिति का निर्माण हो सकता है। ऐसा मेरा विश्वास है।

□

देश की आर्थिक व्यवस्था में एम.एस.एम.ई. सेक्टर का योगदान

मैंने अनुभव किया कि सूक्ष्म, लघु और मध्यम इंटरप्राइजेज एक ऐसा मंत्रालय है, जिस मंत्रालय के ऊपर देश की पूरी आर्थिक व्यवस्था निर्भर करती है। इसीलिए कहा गया है कि यह देश की आर्थिक व्यवस्था की रीढ़ है और जीडीपी में इसका योगदान 8 फीसदी का है, निर्माण में 45 फीसदी का है और निर्यात में 40 फीसदी का है। इस समय जो इकाइयाँ हैं, वे 3 करोड़ 60 लाख की हैं और 8 करोड़ के ऊपर बेरोजगार नौजवानों का समायोजन है। लगभग 25 करोड़ परिवार इस समय इस पर निर्भर करते हैं। इसका अर्थ यह है कि यह एक प्रभावी और एक ऐसा माध्यम है, जिसके माध्यम से अधिकाधिक उद्यमियों को तैयार किया जाए तो छोटे उद्यम विकसित होंगे, साथ ही सबसे बड़ी जो बेरोजगारी की समस्या है, उस बेरोजगारी की समस्या का अधिक-से-अधिक समाधान हो सकेगा। मैंने इसे इस दिशा में लिया है कि एम.एस.एम.ई. इंटरप्रेन्योरशिप और समस्या का समाधान। इन दो को प्रमुखता से प्रस्तुत करते हुए इसका निर्माण कार्य, फिर उसकी मार्केटिंग, यदि इसको हम व्यवस्थित तौर पर करें तो निश्चित रूप से देश के सामने जो बेरोजगारी की समस्या के विकराल स्वरूप का सामना हो रहा है, उसका समाधान हम कर सकते हैं। छोटे-छोटे उद्यमियों के माध्यम से पार्ट्स तैयार किए जाते हैं। अब इसके संवर्धन के लिए

23/9/2014 को संवाददाताओं से वार्त्ता के अंश

जो आवश्यकताएँ हैं, उसे ध्यान में रखने की जरूरत है। आबादी हमारे यहाँ ज्यादा है और नौजवानों की संख्या भी ज्यादा है, लेकिन जिस प्रकार के उद्यम को स्किल चाहिए, वह स्किल नहीं हो पा रहा है, मैन पावर होने के बावजूद मैन पावर का अभाव है। इसके लिए स्किल डेवलपमेंट भी बड़ा महत्त्वपूर्ण पक्ष है। इन सारी बातों को ध्यान में रखकर हमने सबसे पहले जो काम किया, हमने सबसे पहले जो काम करने की कोशिश की, वह यह कि इससे संबंधित जो लोग हैं, उन लोगों से व्यापक इंट्रोडक्शन किया जाए।

आपको जानकर प्रसन्नता होगी कि 80 से ज्यादा, जो हमारी लघु उद्योग एसोसिएशन हैं, उनसे वार्ता हुई। पूरे देश भर से लोगों को बुलाया, 8 बजे तक चर्चा हुई। सबके सुझाव आए और एक-एक से हमने सुझाव लिया। उनकी कठिनाइयाँ क्या थीं, उनका संज्ञान लिया और इतना ही नहीं, जो विभिन्न बड़े-बड़े व्यावसायिक संस्थान हैं, जैसे एसोचेम, सी.आई.आई., पी-एच.डी. और फिक्की, ऐसी-ऐसी एसोसिएशनों से भी हमने संपर्क किया। उनके भी बड़े-बड़े सम्मेलन हुए, उसमें भी मैं गया, उनके भी सुझाव लिये और विभिन्न इंडस्ट्रियों के सी.ई.ओ. हैं, उनसे भी चर्चा हुई और चर्चा होने के बाद यह लगा कि इसके अंदर इतनी संभावनाएँ हैं कि यदि व्यवस्थित तौर पर योजनाबद्ध तरीके से करने का प्रयत्न किया गया तो भारत के प्रधानमंत्रीजी ने लाल किले पर जो भाषण दिया था 'मेक इन इंडिया' और 'मेड इन इंडिया', जिससे हिंदुस्तान एक मैन्युफैक्चरिंग हब बनेगा, वह जरूर पूरा होगा। ये तरीके निश्चित रूप से अपना प्रभाव स्थापित कर सकते हैं। यह देखने के पश्चात् लगा कि विशेषतया यह विषय राज्य सरकार का है, लेकिन केंद्र सरकार विभिन्न योजनाओं के माध्यम से राज्य सरकार के अंतर्गत इन सारे उद्योगों को असिस्ट करती है, और भी सुविधाएँ प्रदान करते हुए करती है और अधिक राज्य सरकारों को संज्ञान में लेकर कर सकती है, इसका भी हमने प्रयत्न किया। हम अधिक-से-अधिक राज्य सरकार को इसमें ले सकें, जैसा कि आपको बताया गया और आपके संज्ञान में भी यह बात होगी कि मैंने राज्य सरकार के इंडस्ट्री मिनिस्टर्स और सेक्रेटरियों को बुलाया था और इनसे भी हमारे चर्चा हुई और काफी विचार हुआ। यह सब करने के बाद उससे जो निष्कर्ष निकला, हमें लगा कि एम.एस.एम.ई. के विकास के

लिए 5 प्राथमिकताएँ सुरक्षित करनी हैं। सब तरफ से लोगों से विचार करने के बाद सब जगह भ्रमण करने के पश्चात्, लोगों की समस्याओं को समझने के पश्चात्, ऐसा लगा कि ये 5 प्राथमिकताएँ हैं, जिनको हम पूरा करके आगे बढ़ते गए तो निश्चित रूप से हम जैसा चाहते हैं, उस प्रकार के स्वरूप का हम पूरा निर्माण कर सकते हैं और मेक इन इंडिया के नारे को चरितार्थ कर सकते हैं।

पहली जो प्राथमिकता है, मैंने बहुत सारे लोगों से इस संबंध में बात की। उन्होंने कहा कि बड़ी कठिनाई आती है, लोन जल्दी नहीं मिलता है, क्रेडिट फंड की दिक्कत रहती है, ये सारी चीजें हैं, इसको कैसे किया जाए। इसका समाधान कैसे निकाला जाए। इसको हमने पहली प्राथमिकता के रूप में सुनिश्चित किया और यह भी करने का प्रयत्न करना शुरू कर दिया, जैसे प्रेजेंटेशन में बताया गया और मैं भी बता रहा हूँ कि ये जटिलताएँ खत्म हों, इसके लिए दो चीजों पर ध्यान देना होगा। एक तो यह कि कई जगह जाकर जो एनओसी लेना पड़ता है, उससे छुटकारा कैसे दिलाया जाए और सिंगल विंडो सिस्टम के अंतर्गत इसके नजदीक कैसे पहुँचें, इस दिशा में आगे कैसे बढ़ें, इसके लिए दो चीजें हुई हैं—ई. एम.1 और ई.एम.2। यह इन दोनों को, जिससे एप्लीकेशन देने और रजिस्ट्रेशन आदि की जो प्रक्रिया होती है, इसको हमने ऑनलाइन किया और बाकी की चीजों को भी ऑनलाइन करने के पक्ष में आगे बढ़ रहे हैं। हमने उन्हें पूरा करने की कोशिश की है।

हम क्रेडिट ट्रस्ट फंड का भी इस तरह से निर्माण करने की कोशिश कर रहे हैं, क्योंकि राज्य के लोगों से भी हमारी वार्ता हुई है। उन्होंने भी स्वीकार किया, इसके लिए हम 100 करोड़ देंगे, किसी ने कहा हम 50 करोड़ देंगे, किसी ने कहा कि हम 500 करोड़ देंगे, यदि उनका सहयोग हमें मिलता है तो एम.एस.एम.ई. क्रेडिट फंड के माध्यम से इस समस्या को हम सुलझा सकते हैं, लेकिन क्रेडिट गारंटी जो होगी, वह माइक्रो को जल्दी कोलेस्ट्रल फ्री होने के बाद बैंक नहीं देता है, उस गारंटी के वादे के होने के बाद बैंकों से विचार करना पड़ेगा। पहली प्राथमिकता यह सुनिश्चित की है। दूसरी प्राथमिकता यह है कि हमने निर्णय किया है कि सामान्यत: राज्य सरकारों को ये सारी चीजें करनी पड़ती हैं और इसमें जैसे हमने कहा कि क्रेडिट फंड के हिसाब से राज्य सरकारों से भी हमने आग्रह किया

कि इसमें खुदरा पैसा डालें, ताकि हम इसमें लगा सकें। सरकार सही मायने में आधारभूत ढाँचे का निर्माण करने की दृष्टि से जिम्मेदार है। मैंने भी सरकार को विश्वास में लेकर उसे करने का प्रयत्न किया है, यह हमारी दूसरी प्राथमिकता है। तीसरी प्राथमिकता, हमने यह किया कि जो प्रक्रिया हमारी एनओसी की है, उस प्रक्रिया को हम कितना सरल और आसान बनाएँ। इस प्रक्रिया में अनुकूल वातावरण का निर्माण हो सके। हम इसको इस हिसाब से आगे बढ़ाएँ, ताकि जो इंटरप्रेन्योर हैं, वे भटकने की स्थिति में न रहें। जो प्राथमिकताएँ हैं, इंटरप्रेन्योर और डेवलपमेंट उस दिशा में अधिक-से-अधिक कार्य हो सके।

इंटरप्रेन्योर और अधिक-से-अधिक हों, लेकिन अधिक-से-अधिक होने के बावजूद कभी-कभी उद्यमी को उद्यम कैसे आगे बढ़ाता है, इस दिशा में जो जानकारी होनी चाहिए, वह नहीं हो पाती है या जानकारी होने के बावजूद उद्यम में उसके अनुकूल लेबर हो, वे लेबर भी उसे नहीं प्राप्त हो पाते हैं। ऐसे उद्यमी और एंप्लॉयमेंट लेनेवाले लोग हैं, उन्हें जॉब सीकर आप कह सकते हैं, दोनों का साथ-साथ स्किल डेवलपमेंट हो, यह भी हमने करने का प्रयत्न किया है। इतना ही नहीं, स्किल डेवलपमेंट के अंदर हमने इनक्यूबेशन सेंटर्स की भी जगह-जगह स्थापना की है। इनक्यूबेशन सेंटर्स दो प्रकार के हैं। एक जो कक्षा 10 या उससे ऊपर का, जो नौजवान है, कम पढ़ा-लिखा है, ऐसे लोगों के लिए लाइवलीहुड इनक्यूबेशन सेंटर का हम रूप देते हैं और उन्हें मशीन पर ले जाकर सिखाते हैं, बाद में वे मशीन ले सकते हैं।

मशीन के लिए लोन दिलाने की प्रक्रिया भी हम सरल कर सकते हैं। इसको भी सिखाते हैं और दूसरा जो छोटे उद्यम में जाकर काम कर सकता है, उसके लिए भी हम सिखाते हैं। नट-बोल्ट हैं, बाकी सारी चीजें हैं, यह जो आवश्यकता होती है इंडस्ट्री के अंदर, उस हिसाब से लोगों का स्किल डेवलपमेंट करते हैं। एक तो यह दूसरा टूल रूम्स हैं, हमारे टूल रूम्स में जो हाई टेक्नोलॉजी के लोग हैं या काफी पढ़े-लिखे हैं, जैसे बी.एससी., एम.एससी., बी.टेक, एम.टेक और एम.बी.ए.। इस स्तर के लोगों को भी टूल रूम्स में हम स्किल डेवलपमेंट का कार्यक्रम करते हैं, वह बड़ा है। वहाँ जो इंडस्ट्रीज हैं, बाकी की इंडस्ट्रीज की कॉमन फैसिलिटी के अंदर भी हमारी एक इकाई रहती है। उनकी सुविधा भी

प्राप्त कर सकें और जिन्हें हम ट्रेनिंग दे रहे हैं, स्किल डेवलपमेंट की दृष्टि से, वे वहाँ से सारी चीजों को सीख सकें। चौथी प्राथमिकता स्किल डेवलपमेंट के हिसाब से करने का प्रयत्न कर रहे हैं। इसी के अंतर्गत अभी हमारे सचिव महोदय ने प्रेजेंटेशन में बताया कि पी.पी.पी. का जो आश्रय लिया है, जिसमें सैमसंग के साथ हमने एक एम.ओ.यू. किया और सैमसंग को हमने अपना आधारभूत ढाँचा दिया और अपना भवन दिया। वे मशीन ले आएँगे, अपना इंस्ट्रक्टर ले आएँगे, सारी चीजें करेंगे और सिखाएँगे और 10 हजार युवकों को प्रति वर्ष ट्रेनिंग देकर उनको वहीं नौकरी में भी रख लेंगे। इसी ढंग से और भी किया है, अभी एक जॉब टू डायलॉग, यह एक मोबाइल बेस रिक्रूटमेंट है। हैदराबाद में हमने अभी इसे लॉन्च किया है। जो पी.पी.पी. का मामला है, उसके माध्यम से एक लाख मोबाइल के आधार पर लोग नौकरी प्राप्त कर सकेंगे। इसी ढंग से और भी उस दिशा में हमारा प्रयत्न है, क्योंकि कोशिश यह है कि अधिक-से-अधिक बेरोजगार नौजवानों का समायोजन और इंटरप्रेन्योर्स की बढ़ोतरी। इंटरप्रेन्योर्स की बढ़ोतरी के अंतर्गत हमने जहाँ अभी तक अरबन और इस इलाके के ज्यादा इंटरप्रेन्योर्स पर जोर दिया है। रूरल इंटरप्रेन्योर्स या सी.एस.टी. इंटरप्रेन्योर्स और महिला इंटरप्रेन्योर्स इनके ऊपर भी हम जोर दे रहे हैं। इसे आगे बढ़ाने का हम प्रयत्न करेंगे और पाँचवीं प्राथमिकता के अंदर हमने जो इसमें एम.एस.एम.ई. का ढाँचा है, एम.एस.एम.ई. का जो कानून है और इसके कारण इसके अंदर जो जटिलता है और परेशानी जारी है, उसको सरल बनाने हेतु एक एम.एस.एम.ई. की पॉलिसी बनाएँ। अभी एम.एस.एम.ई. की कोई पॉलिसी नहीं है। हम पॉलिसी बनाएँ, जो भी कानून बना है, उनको भी ध्यान में रखकर इसके पहले प्राइम मिनिस्टर टास्क फोर्स बनी थी, इससे पहले और भी रिपोर्ट आईं। उनके आधार पर विभिन्न राज्यों की इंडस्ट्री पॉलिसी बनाई है।

इस रिकॉर्ड के आधार पर जो अन्य इंटरप्रेन्योर्स आए हैं, उनका भी ध्यान रखकर विभिन्न राज्यों की इंडस्ट्री पॉलिसी को देखकर बाकी के देशों में एम.एस. एम.ई. का जो स्वरूप है, उसे देखकर सारी चीजों का ध्यान करते हुए एक एम.एस.एम.ई. पॉलिसी हम प्रस्तुत कर सकें, यह हमारी कोशिश है। यह हमारी पाँचवीं प्राथमिकता है। इन पाँचों प्राथमिकताओं के अंतर्गत रखते हुए एम.एस.

एम.ई. के संवर्धन के लिए, उस संवर्धन के अंदर हमारी जो विभिन्न योजनाएँ हैं, कई योजनाएँ हैं, इसके आधार पर मार्केट में जाते हैं और हमारे जो प्रोडक्ट हैं, मार्केट में जाकर वे जो प्रतिस्पर्धा करते हैं, उस प्रतिस्पर्धा के लिए भी हमारी प्रतिबद्धता है। यह स्कीम हमें देती है मिडिल मैन्युफैक्चरिंग। इसके माध्यम से भी उसके 8 कॉम्पोनेंट्स हैं। अधिक-से-अधिक अच्छी मशीनों का अवडोकेशन हो और प्रोडक्ट्स अच्छे हों। इनको कई मार्केटिंग के हिसाब से पाँचों प्राथमिकताओं के अंतर्गत जोड़ते हुए ले जाने का प्रयत्न कर रहे हैं। इतना ही नहीं, मैंने आज तक के इतने दिनों में इतनी बात करने का प्रयत्न किया है और इतना ही नहीं, यह तो पॉलिसीगत निष्कर्ष हमने निकाला। हमें आगे बढ़ना है, उसको मैंने आपके सामने कहा। दूसरा आपने देखा होगा, उसमें पी.एम.ई.जी.पी. के जरिये से हम जो विपेज इंडस्ट्री का करने जा रहे हैं। उसमें पिछली बार की तुलना में दोगुनी प्रगति हुई है अब तक और इसकी हमने सैंपल की दृष्टि से लखनऊ में मार्केटिंग की थी, उसमें बैंकर्स आए थे, अधिकारी थे और लाभार्थी भी थे। जो सबसे ज्यादा मॉनीटरिंग हुई है, उसमें कहाँ-कहाँ क्या हो रहा है?

राज्य सरकार के हमारे मंत्रीगण भी थे और सब मिलाकर हम यह कह सकते हैं कि पिछली बार की तुलना में वृद्धि तो बहुत अधिक हुई है। वेरीफिकेशन भी ठीक हुआ है और बैंक के द्वारा सेंक्शन हुआ और कुछ चीजें, जो सामने आईं कि यह सब जितनी जल्दी होना चाहिए, वह नहीं कर पा रहे हैं। यदि उसका भी कार्य नहीं होगा तो उस हिसाब से विचार किया जाएगा। सेंपल की दृष्टि से यह भी देखा गया है। पी.एम.ई.जी.पी. की तरफ से अधिक-से-अधिक कार्यक्रम हों, इसमें पिछली बार की तुलना में इस बार 1 लाख 24 हजार युवक लाभान्वित हुए। दूसरा, अभी जो स्फूर्ति योजना के बारे में बताया है, जिसमें पारंपरिक दृष्टि से हमारे उद्योग थे, जिसमें हमने इस समय 76 प्रतिशत क्लस्टर लिये हैं और उसके मशीनी अपग्रेडेशन के लिए हम इन क्लस्टरों का विशेष रूप से चयन करते हुए काम करेंगे/कर रहे हैं।

हमारा उद्देश्य है कि हम 500 क्लस्टरों को कवर कर लेंगे। यह इसमें बाकायदा दिया हुआ है और अभी शेष सूचना आप सबको ऑनलाइन प्राप्त हो जाएगी। इसके बारे में हमने वर्चुअल क्लस्टर वेब पोर्टल पर उपलब्ध कराया

है। यह सामान्य आवेदन फॉर्म क्रेडिट स्कोरिंग इन सारी सुविधाओं और उद्योग अकादमियों को विविध लिंकेज के लिए एक मंच प्रदान करेगा। जो वर्चुअल हमने लॉन्च किया है, जिसे जानकर आप प्रसन्न होंगे कि 86 डोमेन विशेषज्ञ और 10225 शिक्षण संस्थाएँ और 18341 एम.एस.एम.ई. उद्यम शुरू किए गए हैं और 31 जुलाई, 2014 को एन.एस.आई.सी. की तरफ से बी2सी पोर्टल का शुभारंभ किया है। बी2सी के अंदर बाकायदा बिजनेस टू कस्टमर है। अब आप इस पर क्लिक करेंगे तो यह खुलकर आ जाएगा। जो अच्छे प्रोडेक्ट हैं, वे एक तरफ होंगे, अन्य दूसरी साइड में। आप जो कंपटीशन करना चाहते हैं, वह हो जाएगा और इसमें मार्केटिंग भी है। ये सारी चीजें हैं, जो घर बैठे छोटा उद्यमी कर सकता है। यह भी हमने लॉन्च किया है और संपूर्ण मंत्रालय के लिए एक अच्छी चीज यह है कि जो सबसे बढ़िया बात हुई है, अभी तक जो हमें जानकारी प्राप्त है, वह यह है कि आई.एस.ओ. गुणवत्ता मानक है, यह केवल पूरी तरह से हमारे मंत्रालय में लागू हुआ है। यह एक वह चीज है, जिसका बाकायदा प्रमाण-पत्र, सारी चीजें प्राप्त होंगी। यह आई.एस.ओ. अभी पिछले सप्ताह ही हुआ है। यह बहुत बड़ी चीज हुई है। वाई प्रिमेय का हमारा जो पहले से चल रहा था, में ई-गवर्नेंस हमारे मंत्रालय में यह पहले से ही चल रही थी। इसके आने के पश्चात् ही इसकी शुरुआत हो गई थी।

बायोमीट्रिक की बात आपको हमने बताई। ईएम1 और ईएम2 है। सभी राज्यों और संघ राज्य क्षेत्रों के साथ एक वीडियो कॉन्फ्रेंस भी आयोजित की है। यह भी इसमें है, जिसमें 658 जिले और 644 जिला उद्योग केंद्रों में से बहुत कम के पास इ-फाइलिंग की काररवाई कार्यप्रवाह ऑनलाइन प्रणाली है। यह देखा गया और उसे करने का प्रयत्न कर रहे हैं। वेबसाइट हमने तैयार की है। हमारी वेबसाइट भी आप देख सकते हैं। मैं समझता हूँ कि इसमें एम.एस.एम.ई. फाइनेंस और रिजर्व बैंक ऑफ इंडिया इनकी कमेटी बनेगी और इनके आधार पर कैसे रिइंबर्समेंट होगा और बाकी सारी चीजें होंगी और भी इसकी प्रक्रिया क्या होगी, यह कहा गया था। यह बात सही है कि अभी वह कमेटी नहीं बन पाई है, लेकिन उस दिशा में हमारी कोशिश है कि जल्दी-से-जल्दी यह बन जाए।

फाइनेंस विभाग से हमारी चर्चा चल रही है और 200 करोड़ राशि का नेटवर्क नवप्रवर्तन उद्यमिता और कृषि उद्योगों के लिए 200 करोड़ राशि को

उपयोग में हम लगा रहे हैं, जिसमें विभिन्न मंत्रालयों से भी संबंधित हमारे सारे कार्य हैं। नई टूल रूम्स टेक्नोलॉजी डेवलपमेंट के लिए सेंट्रल की रूपरेखा हमने बना ली है और 15 नए सेंटर और हम स्थापित करने जा रहे हैं। टूल रूम्स बहुत महत्त्वपूर्ण हैं। एक-एक टूल रूम पर 100-100 करोड़ व्यय होता है। 100 करोड़ से भी ज्यादा इस समय बढ़ गया होगा और 150-200 करोड़ होगा, लेकिन हम इतना स्थापित कर रहे हैं। ट्रेनिंग इंस्टीट्यूशन से लगभग 5500 युवक-युवतियों को रोजगार सृजन करने के लिए डेवलपमेंट ट्रेनिंग हम दे चुके हैं। अभी इस समय तक की मैं बात बता रहा हूँ, इन तीन-चार महीने की बात। अब तक हमने जो कुछ किया है। 8000 नई इकाइयाँ 165 करोड़ रुपए का लोन मुहैया कराकर 52 हजार लोगों को स्वरोजगार के लिए सहायता की गई है। इसके अलावा करीब 61000 आवेदन-पत्र पर हम काररवाई कर रहे हैं। 70000 एम.एस.एम.ई. को 4000 करोड़ रुपए की क्रेडिट गारंटी की सहायता की जा चुकी है। कुछ समय पहले हमने निर्णय लिया था कि टेक्निकल ग्रेजुएट के लिए विशेष प्रावधान किया जाए, ताकि उन्हें क्रेडिट फंड का ज्यादा से ज्यादा फायदा मिल सके। 2500 से ज्यादा एम.एस.एम.ई. की सीएलसीएस स्कीम पर लगभग 167 करोड़ रुपए की सहायता दी गई है। 10000 सूक्ष्म और लघु उद्यमियों को परफॉर्मेंस एंड क्रेडिट रेटिंग स्कीम का फायदा पहुँचाया गया है। कोलकाता और त्रिपुरा में 6 करोड़ 45 लाख की लागत से डेवलपमेंट सेंटर स्थापित किए गए हैं और इसमें चरखों के लिए विशेष जोर दिया गया है। 78 संस्थाओं को 10 हजार नए चरखों की सहायता मिली है और इससे 10 हजार परिवारों की मदद होगी। इससे खादी उत्पादनों में सुधार होगा, इसको हम आगे बढ़ा रहे हैं।

खादी और ग्रामोद्योग उत्पादनों के प्रचलन के लिए गुणवत्ता को ध्यान में रखकर हमने कार्य करना शुरू किया और इस बीच में 13 अगस्त से 31 अगस्त के बीच में हमने एक अभियान चलाया था। वह अभियान था कि नौजवानों और युवतियों को हम अधिक-से-अधिक खादी की ओर आकर्षित कर सकें। मुंबई में जाकर मैंने स्वयं मोबाइल बस का उद्घाटन किया था, उसमें खादी के सामान थे, वहाँ काफी बिक्री हुई और वे दिल्ली में भी आए और आप आश्चर्य करेंगे, 13 अगस्त से लेकर 31 अगस्त के बीच में 5 करोड़ से ज्यादा का

सामान बिका। रिबेट देने के बाद तो एक अच्छी शुरुआत की थी। हम इसको और आगे बढ़ानेवाले हैं। यूनिवर्सिटी में, बड़े-बड़े डिग्री कॉलेजों में और इसे गाँवों में भी हम ले जाने का प्रयत्न करेंगे। खादी की दृष्टि से ये सारी चीजें हुई हैं, जिसमें हमारे कुछ इंस्टीट्यूशंस हैं, जो बहुत महत्त्वपूर्ण काम कर रहे हैं। हमारे कॉरपोरेशन हैं एन.एस.आई.सी., इनके इनक्यूबेशन सेंटर प्रभावी तौर पर काम कर रहे हैं तथा कोशिश है कि यह और आगे बढ़ता जाए। निस्बड है यह इंटरप्रेन्योर और जॉब सीकर दोनों को मिलाकर स्किल डेवलपमेंट की दृष्टि से वे काम कर रहे हैं। हमारा डेवलपमेंट ऑफिस है, यह टूल्स रूम आदि जितने भी डेवलपमेंट के कार्यक्रम हैं और जितने भी टूल रूम्स हैं, इन सारी चीजों में जो बड़े-बड़े प्रोजेक्ट्स हैं, इनमें इनके पाट्र्स बनाने का काम कर रहे हैं। उनमें तरह-तरह के डिजाइन दे रहे हैं, डिजाइन बनाने का काम कर रहे हैं, जिसमें डिफेंस का है, एविएशन का है और भी कई सारी चीजें हैं, जिसमें इनका बहुत महत्त्वपूर्ण योगदान है और हम लगातार यह करते जा रहे हैं।

सब मिलाकर हमें लगता है कि कहने के लिए तो सूक्ष्म हैं, लघु हैं, लेकिन मुझे लगता है कि विशाल-से-विशाल जो ढाँचा है, चाहे डिफेंस का हो, चाहे हवाई जहाज का हो, सबमें इसका योगदान है। मैं कह सकता हूँ कि सूक्ष्म और लघु एक साथ मिलकर हिंदुस्तान को विकसित देश के रूप में बनाएँगे। हम मेक इन इंडिया लॉन्च करने जा रहे हैं, मुझे लगता है, उसके आधार में एम.एस. एम.ई. ही है और एम.एस.एम.ई. के ही माध्यम से हिंदुस्तान एक विकसित देश होगा, मुझे पूरा विश्वास है। चाहे यूरोप हो, जर्मन हो, इटली हो, जापान हो, ये सारे देश अगर विकसित देश हुए हैं तो एम.एस.एम.ई. के आधार पर हुए हैं। मैं बड़े विश्वास के साथ इसे बोल रहा हूँ। मुझे पूरा विश्वास है कि आनेवाले कल में हिंदुस्तान की बेरोजगारी 5 वर्ष के अंदर समाप्त हो जाएगी। हम यह संदेश दे सकेंगे कि हम इन बेरोजगार नौजवानों को बेरोजगार से स्वरोजगार की तरफ अग्रसर करेंगे और हमारी यह यात्रा लगातार जारी रहेगी।

□

देश के आर्थिक विकास में औद्योगिक संघों की भूमिका

एम.एस.एम.ई. के विकास के लिए लगातार, बड़े ही सम्मानित औद्योगिक संघ का कार्य कर रहे हैं, चाहे सी.आई.आई. हो, चाहे फिक्की हो, चाहे एसोचैम हो, चाहे पी.एच.डी. हो, चाहे विभिन्न चैंबर्स ऑफ कॉमर्स हों, मैंने अनुभव किया है कि ये सभी संघ एम.एस.एम.ई. निरंतर विकास की तरफ अग्रसर होता जाए, इसके लिए प्रयत्नशील हैं। मैं हिंदी में बोल रहा हूँ, मैं समझता हूँ, समझ में आ रहा होगा सबको। यह बड़ा शुभ लक्षण है देश के लिए, क्योंकि एम.एस.एम.ई, आर्थिक दृष्टि से अगर मैं यह कहूँ कि रीढ़ की हड्डी है तो अतिशयोक्ति नहीं होगी। छोटे-छोटे उद्योगों का विकास और उनको विकसित करनेवाले इंटरप्रेन्योर इस दिशा में लगातार इनोवेशंस के माध्यम से क्वालिटीयुक्त, गुणवत्तायुक्त निर्माण करने में रुचि दिखा रहे हैं, उसके लिए अधिक-से-अधिक युवकों को, बेरोजगार नौजवानों को रोजगार दिया है। छोटे उद्योगों में भी स्किल्ड लेबर हमें चाहिए, मैनपावर चाहिए, उस पर भी लगातार जोर, यह सब मिलाकर ये संघ जहाँ औद्योगिक क्षेत्र में आर्थिक विकास को सुअवसर उपलब्ध कराते हैं, वहीं वैश्विक क्षेत्र में, ग्लोबली अपना माल, अपना निर्माण कार्य गुणवत्तायुक्त हो, इस दिशा में भी ध्यान देते हैं और इसलिए हम यह कह सकते हैं कि जिस ढंग से हमारे देश में बड़े औद्योगिक क्षेत्र में काम

एम.एस.एम.ई. बिजनेस समिति में इंडिया हैबिटेट सेंटर में अध्यक्षीय भाषण

करनेवाले लोग, सामान्य उद्यमी और राजनैतिक दृष्टि से जो भारत को विकसित देश बनाने के केवल पक्षधर ही नहीं, अपितु उस दिशा में निरंतर प्रयत्न करनेवाले ऐसे राजनेता, जब सबकी सामूहिक रूप से यह दृष्टि बनकर चलती है तो देश को विकसित देश बनाने के क्रम में उनको कोई रोक नहीं सकता है और देश एक कंट्री के रूप में उभरकर आएगा, इस दिशा में किसी प्रकार का संदेह ही नहीं हो सकता है, क्योंकि सामूहिक सोच, सामूहिक चिंतन, सामूहिक विचार देश के विकास का है, राष्ट्र के विकास का है।

दुनिया के अंदर एक आर्थिक महाशक्ति के रूप में हम कैसे उभरकर दिखाएँ, यह प्रबल आकांक्षा है और जब इस प्रकार की सामूहिक प्रबल आकांक्षा जाग्रत् होती है, उस देश को आगे बढ़ने से दुनिया की कोई ताकत नहीं रोक सकती। हमारा आज सौभाग्य इस बात का है कि भारत को एक ऐसा गतिशील व्यक्तित्ववाला प्रधानमंत्री मिला है, जिसका एक विजन है, जिसका एक चिंतन है। वह चिंतन सामूहिकता का है, वह चिंतन यथार्थ धरती को सामने रखकर उसके अनुरूप योजना बनाकर प्रभावी तौर पर उसको कार्यान्वित करानेवाला संकल्प है, उसका इम्पलीमेंटेशन करानेवाला चिंतन है और जब इस तरह का चिंतनवाला कोई नेतृत्व उभरकर आता है तो उसके बढ़ाव में कोई बाधा, रुकावट पैदा नहीं कर सकती है। मैं कह सकता हूँ कि भारत के प्रधानमंत्री आदरणीय नरेंद्र मोदीजी जब सदन के नेता के रूप में निर्वाचित हुए तो पहली बार उन्होंने यह कहा कि यह सरकार गरीबों के लिए समर्पित है और आप आश्चर्य करेंगे कि जब राष्ट्रपति के अभिभाषण पर चर्चा हो रही थी तो अभी भाषण पर चर्चा होने के बाद, जो आपस में विरोधी पक्ष और सत्ता पक्ष के बीच में आपस में बातचीत चलती रहती है तो उसमें उन्होंने कुछ आरोप लगाया कि यह गरीबों की सरकार नहीं है। यह तो बिजनेसमैनों की सरकार है, यह तो व्यवसायियों की सरकार है, यह तो उद्योगपतियों की सरकार है। यह प्रोविजनमैन की सरकार है, इस शब्द का प्रयोग किया था। उस समय उन्होंने उत्तर दिया था, यह प्रोविजन सरकार भी है, प्रोपूअर सरकार भी है। बगैर प्रोविजन हुए हम पूअर को आगे नहीं बढ़ा सकते। यह इस बात को प्रकट करता है कि नेतृत्व का समग्र चिंतन है।

सबको साथ में लेकर चलनेवाला चिंतन है और उसी चिंतन के आधार पर

उन्होंने कहा था कि हिंदुस्तान में आनेवाले समय में हर हाथ को काम, हर खेत को पानी देंगे, क्योंकि गाँव में रहनेवाला भी जवान भले ही उसका आईक्यू कम हो, लेकिन उसके अंदर हुनर की कमी नहीं है। अवसर नहीं मिलता है, उस हुनर के विकास के लिए। पढ़ाई करने के लिए उसको सुविधा नहीं प्राप्त हो पाती। यह बहुत बड़ा देश है, देश की आबादी भी बहुत बड़ी है, आर्थिक असंतुलन है, शिक्षा का प्रतिशत भी कम है, लेकिन आर्थिक असंतुलन को दूर करते हुए, शिक्षा के प्रतिशत को भी आगे बढ़ाते हुए, विभिन्न क्षेत्रों में काम करने के लिए स्किल डेवलपमेंट के कार्य को सर्वाधिक अवसर देकर हम चलेंगे। जब यह विचार सामने आता है, तब हमारे सामने एम.एस.एम.ई. आती है। जब यह विचार सामने आता है कि आम आदमी को हम कैसे अनुभव कराएँ कि तुम्हें नौकरी मिल जाएगी। देश में नौकरी की कमी नहीं है।

हम आम मध्यमवर्गीय लोगों को कैसे अनुभव कराएँ कि तुम भी छोटे-छोटे उद्योग लगा सकते हो, तुम छोटे-छोटे उद्यमी के रूप में काम कर सकते हो। हम उनको कैसे अनुभव कराएँ कि छोटे उद्यम के माध्यम से भी अपने मिशन को पा सकते हैं। मिशन पर हमारे टूल रूम से प्रशिक्षित किए हुए इंजीनियर्स गए थे, वहाँ शायद आपको जानकारी होगी। एम.एस.एम.ई. का टूल रूम के स्किल डेवलपमेंट का जो इंस्टीट्यूशन है, वहाँ से ट्रेनिंग प्राप्त करके गए थे इंजीनियर्स, माइक्रोवाले गए थे, जिनके बारे में कोई कल्पना भी नहीं कर सकता। अगर नासा के माध्यम से जाएँ तो कितना खर्चा होता यह सिर्फ आप कल्पना कर सकते हैं, लेकिन हमने तो कितने कम खर्चे में इतना चमत्कृत कार्य करके दिखा दिया कि दुनियावालों को इसमें आश्चर्य हो रहा है कि क्या हो गया हिंदुस्तान में। उनको यह विश्वास करना पड़ेगा कि तुम्हारे अंदर ऐसी प्रतिभा है। एम.एस.एम.ई. इस दिशा में महत्त्वपूर्ण भूमिका का निर्वाह करती है। अब एम.एस.एम.ई. के इतिहास के बारे में नहीं बताना चाहता, क्योंकि आप सब लोग अच्छी तरह से सुपरिचित हैं। एम.एस.एम.ई. कैसे हुआ, कैसे मंत्रालय बना, इसकी डेफिनेशन क्या है? अब यह डिफाइन करने की जरूरत नहीं है। अब तो एम.एस.एम.ई. जिसके लिए है, उस हिसाब से हमें आगे बढ़ना है। हमें छोटे-छोटे इंटरप्रेन्योर तैयार करने हैं, छोटे-छोटे उद्यमी तैयार करने हैं। उस उद्यमी की रुचि जाग्रत् करनी है। रुचि

जाग्रत् करने के लिए उसका भी स्किल डेवलपमेंट करना है।

छोटे-छोटे उद्यमी के साथ-साथ जो भी उद्यम लगाता है, वह केमिकल की फैक्टरी हो सकती है, छोटा उद्योग हो सकता है, तो केमिकल की फैक्टरी के लिए भी एक छोटा सा, जो उसमें लगनेवाला लेबर है, उसका भी स्किल डेवलपमेंट करना पड़ेगा और वह इसमें पास होगा। इस केमिकल फैक्टरी में काम करनेवाली कौन सी रासायनिक चीजें होंगी, इन रासायनिक चीजों के बारे में उसे जानकारी देनी पड़ेगी, तो छोटे उद्यमी के अंदर अच्छे स्तर का टेक्नोलॉजिकल कार्य करवा सकते हैं और उस छोटे उद्यमी को विकसित करना नंबर एक और छोटे उद्यमी के निर्माण कार्य के गुणवत्ता को स्थापित करने के लिए, उसे जो काम करनेवाला जवान है या श्रमिक है, उसका स्किल डेवलपमेंट कैसे करना है और उसका निर्माण कार्य गुणवत्तायुक्त हो सके, उसके लिए क्या-क्या संसाधन उपलब्ध करवाना? ये तीन चीजें प्रमुख होंगी। उसको रॉ मैटेरियल की जरूरत पड़ेगी, रॉ मैटेरियल कैसे आएगा और फिर उन सारी चीजों को मार्केट में कैसे ले जाएँ?

मार्केट में ले जाकर हम किसी से कंपीट कैसे कर सकेंगे। आज ग्लोबल मार्केट में होड़ लगी है और पता नहीं कि हमारी बात से लोग सहमत होंगे कि नहीं होंगे। चीन का एक हौवा खड़ा हो गया है, क्योंकि वहाँ बना हुआ सामान यहाँ आता है। बीच में बड़ा प्रचारित हुआ था कि उसके जो केमिकल्स हैं, जो लगे हुए हैं, वे जहर का काम कर रहे हैं, लेकिन वे कहते हैं कि सस्ता है। हम उसे किनारे करना चाहते हैं। व्हाई चीन, व्हाई नॉट इंडिया। हिंदुस्तान क्यों नहीं। अब हिंदुस्तान में छोटी-छोटी वस्तुओं का निर्माण अगर इस प्रकार की स्किल्ड लेबर को, स्किल्ड मैनपावर को, छोटे स्तर पर ही क्यों न हो, हमने उसमें लगाया और समुचित तौर पर साधनों का उपयोग करते हुए अपने निर्माण कार्य को इस ढंग से बनाया, ताकि दुनिया के बाजार में लोग अपने आप से यह कह सकें, यह हिंदुस्तान का बना हुआ माल है, इसको न खरीदने का कोई सवाल ही खड़ा नहीं होता। इस स्थिति का कैसे निर्माण हो, यह हमारी चिंता का विषय है। आज जो चिंतन का विषय आपके बीच में है, यह प्रमुख रूप से है। इसको हम कैसे आगे बढ़ा सकते हैं। अधिक-से-अधिक इंटरप्रेन्योरशिप, भारत की प्रतिभा के बारे में

अब किसी को संदेह नहीं है। भारत के नौजवानों के टैलेंट के बारे में किसी को संदेह नहीं है। सबसे अधिक तकनीकी चीज को दुनिया के अंदर सफलतापूर्वक करके दिखानेवाला अगर कोई टैलेंट है तो हिंदुस्तान का टैलेंट है और कहीं का टैलेंट नहीं है। अब इसमें बताने की आवश्यकता नहीं है। यह टैलेंट धरती से प्राप्त हुआ है, यथार्थ चिंतन से प्राप्त हुआ है और सही मायने में स्किल डेवलपमेंट के कारण प्राप्त हुआ है। उस टैलेंट का उपयोग कैसे करें।

लोग कहते हैं आबादी बढ़ गई है, हमें भी चिंता है आबादी की, आबादी अभिशाप हो गई है, लेकिन इस आबादी को वरदान कैसे बनाया जाए। इस आबादी को वरदान भी बनाया जा सकता है, क्योंकि हिंदुस्तान के किसी कोने में चले जाइए, किसी गाँव में चले जाइए, हम लोग तो गाँव के रहनेवाले लोग हैं। पहले आपको पता होगा खेती थी, बड़ा उद्योग नहीं था, लेकिन खेत होने के बाद भी, कृषि होने के बाद भी गाँव में गाँव के लोगों की आवश्यकताओं की पूर्ति के लिए गाँव में ही कुटीर उद्योग-धंधों का विकास था। बढ़ई भी था, लोहार भी था, कुम्हार, जो मिट्टी के बरतन बनाता था, तेल पेरने वाला तेली भी था। जो आज हम हर्बल की बात करते हैं, वह हर्बल की जड़ी-बूटियों को, पौधे को ठीक से देखनेवाला, पहचाननेवाला सामान्य वर्ग भी था, जो उसको लेकर हर दृष्टि से गाँव के लोगों के स्वास्थ्य की चिंता करता था। चटाइयाँ बनती थीं, लकड़ी के पटरे बनते थे, चारपाई बनती थी, घर भी बनता था और पक्का मकान बनाने के लिए ईंटों के भट्टे बनते थे। ये गाँव में बनते थे और इसलिए हिंदुस्तान उस समय सोने की चिड़िया कहा जाता था।

हिंदुस्तान पर बहुत हमले हुए हैं, उसके बारे में उधर जाने की आवश्यकता नहीं है। मैं केवल इस तरफ आपका ध्यान फोकस करना चाहता हूँ कि छोटे-छोटे उद्योग-धंधों का विकास हिंदुस्तान को सोने की चिड़िया बना देगा और आज उसकी लोग अपेक्षा कर रहे हैं। हमारे प्रधानमंत्रीजी ने 'मेक इन इंडिया' का नारा लगाया, ऐसे नहीं लगाया। लोगों को लगा हो शायद, मन में आ गया, इसलिए बोल दिया। ऐसे नहीं बोले वे। उनको लगा कि मेक इन इंडिया बिना कैसे होगा। लोगों को लगा कि हमारे उद्योग लगाने के लिए पैसे नहीं हैं, सरकारी स्तर पर। तुमको सबको आमंत्रित किया, आओ, हिंदुस्तान में चलो, निवेश करो।

मेक इन इंडिया सही में मेक इन इंडिया और एफ.डी.आई. को परिभाषित किया गया था। एफ.डी.आई. का मतलब यह ही नहीं है फॉरेन डायरेक्ट इन्वेस्टमेंट। एफ.डी.आई. फर्स्ट डेवलप इंडिया। हमें हिंदुस्तान का विकास करना है। पूँजी जहाँ से आएगी, वहाँ से लेंगे। पूँजी की जरूरत जैसे होगी, उतना करेंगे। हमें छोटे-छोटे इंटरप्रेन्योर्स को आगे बढ़ाना है। सबसे ज्यादा दुर्दशा होती है माइक्रो इंटरप्रेन्योर की, जो आज की प्रक्रिया है, उसके कारण। आज का जो प्रोसिजर है, उसके कारण उसे बहुत परेशानी होती है। कहे जाने के बाद भी बैंक से लोन नहीं मिल पाता है। इधर-उधर से चक्कर काटते हुए जाता है। कई स्थानों से जब एन.ओ.सी. नहीं प्राप्त होती है तो अंत में एन.पी.ए. घोषित हो जाता है और साथ ही उसका घर भी बिक जाता है। इसी कारण आज हिंदुस्तान के अंदर लाखों इकाइयाँ नष्ट हो गई हैं, बीमार पड़ी हैं।

अब इसके बारे में विचार करना पड़ेगा। यह माइक्रो, जिसके अंदर उद्यम की प्रतिभा है, टैलेंट है, उस टैलेंट के आधार पर उसको हम आगे बढ़ा सकते हैं, तो उसे सुविधा प्रदान होनी चाहिए, उसे बैंक लोन मिलने में कठिनाई नहीं आनी चाहिए। ठीक है हमने परिभाषित किया है, 25 लाख से एक करोड़ माइक्रो है, उसके बाद पाँच करोड़ का स्मॉल है, दस करोड़ का मीडियम है। अब टर्न ओवर ज्यादा हो गया तो कह दें कि नहीं-नहीं अब तो एम.एस.एम.ई. नहीं रह गए, यह तो गलत है। इसको मैं ठीक नहीं मानता हूँ। मैंने कहा है, माधव लालजी से कि इसे बदलिए। अगर वह अपनी प्रतिभा से निर्माण कार्य कर रहा है। हजार करोड़ का टर्न ओवर रहा, हमारा एम.एस.एम.ई. है वह, भले ही एक हजार करोड़ रुपए का टर्न ओवर होगा। वह एम.एस.एम.ई. है, एम.एस.एम.ई. के हिसाब से काम करता जाएगा। बाकी के लिए सब हैं ये। तो ऐसे इंटरप्रेन्योर के टैलेंट को विकसित करने के लिए भी हमारा जोर है और अभी तक ज्यादातर लोग शहर और छोटे-छोटे कस्बे के हुआ करते थे। हमने आग्रह किया है रूरल इंटरप्रेन्योर, ग्रामीण क्षेत्रों में छोटे-छोटे उद्यमियों को विकसित करिए आप। महिलाओं को अधिक-से-अधिक संख्या में विकसित करिए। एस.सी./एस.टी. के अंदर भी टैलेंट है, उनको भी आगे ले आइए। सामाजिक दृष्टि से पिछड़ा मानकर, सामाजिक दृष्टि से अनुसूचित मानकर डिस्क्रीमिनेशन ठीक नहीं

है। उनको भी उसी प्रकार की सुविधा प्राप्त होनी चाहिए और इसलिए रूरल इंटरप्रेन्योर, एस.सी./एस.टी. इंटरप्रेन्योर, महिला इंटरप्रेन्योर इनका विकास, डेवलपमेंट और इनके उद्यम के माध्यम से ढंग से उनको संसाधन की उपलब्धि हो, रॉ मैटेरियल मिले और जो इनका निर्माण कार्य हो, उसको मार्केट ढंग से उपलब्ध कराया जाए। यह ठीक है हमने कानून बनाया। यहाँ पी.एस.यू. के लोग होंगे, मैं समझता हूँ होंगे पी.एस.यू. के लोग, हैवी इंडस्ट्री। जैसा हमें बताया गया, इसलिए मैंने कहा। अब हमने कानून बनाया। इनका निर्माण कार्य होगा, ताकि कम-से-कम बीस प्रतिशत वे प्रीपेयर करेंगे, खरीदेंगे, लेकिन दुःख के साथ कहना पड़ता है, कानून ही रह गया। 277 पी.एस.यू. हैं, जिसमें से 85 मिनिस्ट्री हैं और आप ताज्जुब करेंगे कि केवल 32 पी.एस.यू. ने 20 प्रतिशत का प्रोक्योरमेंट किया है, ऑनली 32 प्रतिशत। अब यह स्थिति बनेगी तो दिक्कत आ सकती है। यह बात आई है कि 1 अप्रैल, 2015 से मेंडेटरी होगा कि 20 प्रतिशत उस लघु उद्यमी के द्वारा तैयार किया गया माल खरीदना ही पड़ेगा और उसमें एस.सी./एस.टी. उद्यमियों में 4 प्रतिशत खरीदना होगा और उसमें जोड़ने के लिए और भी आग्रह हमने किया है कि महिलाओं के द्वारा भी निर्माण किया गया, जो माल होगा, उसको भी उसी ढंग से खरीदना पड़ेगा। उससे उनको प्रोत्साहन मिलेगा, इस दिशा में अगर हमने काम करने की कोशिश की, जिसके बारे में जरूर आपने विचार किया होगा। यह हमारी अपेक्षा है, यह हमारी कल्पना है। उस कल्पना की हम पूर्ति कर सकेंगे।

शासकीय स्तर पर अगर हम यह कहें कि कलराज मिश्र मंत्री हैं और ये सेक्रेटरी हैं, ये लोग सबकुछ कर डालेंगे। अगर यह कोई सोचता है तो मैं समझता हूँ कि कम-से-कम मुझे भ्रम नहीं है। हम यह नहीं कर सकते। हम तो आपको आग्रह करेंगे। जो इसमें विशेषज्ञ हैं, जो हर दृष्टि से सक्षम हैं, सामर्थ्यवान हैं, वे अपनी पूँजी को भी लगा सकते हैं, लोगों को भी तैयार कर सकते हैं। सर्वाधिक बेरोजगार नौजवानों को प्रशिक्षित कर सकते हैं। ऐसे लोगों को भी हम आग्रह कर रहे हैं कि आप आइए और हमने अपने बजट के अंतर्गत यह भी कहा है कि 10 हजार करोड़ का कैपिटल वेंचर कैपिटल के रूप में रखेंगे। हम पी.पी.पी. के माध्यम से चलेंगे। आएँ, हमारे साथ जुड़ें लोग, लेकिन क्षेत्र में काम करनेवाले

करें और इसलिए सर्वाधिक जहाँ इंटरप्रेन्योर को डेवलप करने की कोशिश कर रहे हैं, जहाँ उनके निर्माण कार्य की गुणवत्ता के बारे में हम चिंता कर रहे हैं, वहाँ उनको सक्षम और सामर्थ्यवान बनाने के लिए हम स्किल्ड लेबर की जो चिंता हम कर रहे हैं तो स्किल डेवलपमेंट के इंस्टीट्यूटशन भी खुलने चाहिए। स्किल डेवलपमेंट के भी काम होने चाहिए व्यापक स्तर पर, क्योंकि हमने शासकीय स्तर पर, जहाँ हायर एजुकेशन के लोग हैं, जो बड़े कंपनीज में जा सकते हैं, काम कर सकते हैं, ऐसे लोगों के लिए स्किल डेवलपमेंट के लिए टूल्स रूम की व्यवस्था की है। बी.एस.-सी., एम.बी.ए, बी.टेक., एम.टेक., इस तरह के लोग जाकर अपनी ट्रेनिंग ले सकते हैं। वहाँ इंस्टीट्यूशनों में अलग से इस तरह की सुविधाएँ हैं, जहाँ इंडस्ट्रीज हैं, जो सुविधा उनको प्राप्त नहीं है, ऐसी कॉमन फैसलिटीज के लिए भी उस टूल्स रूम में व्यवस्था रहेगी, जिसका लाभ वे उठा सकते हैं और साथ-ही-साथ छोटे स्तर की ट्रेनिंग के लिए जो प्रशिक्षित नहीं हैं, बाकी के लोग हैं, उनकी भी स्किल डेवलपमेंट की ट्रेनिंग होनी चाहिए और ऐसा हमने किया है और कर रहे हैं। निस्बड कर रहा है, यहाँ इंटरप्रेन्योर का भी स्किल डेवलपमेंट और बाकी का भी स्किल डेवलपमेंट कई स्थानों पर आई.टी.आई. के जो उनके भवन हैं, उनको लेकर भी स्किल डेवलपमेंट का कार्यक्रम कर रहे हैं कि हमारे पास उस तरह के साधन नहीं हैं। छोटी पढ़ाई करनेवाले व्यक्ति का भी स्किल डेवलपमेंट हो, ताकि वे छोटे उद्यमों के अंदर जाकर काम कर सकें और ग्रामीण स्तर तक हम बहुत छोटे लोगों को भी क्लास 10 और उसके ऊपर के लोग उनका भी स्किल डेवलपमेंट करें। वे भी उद्यमी बनने का सामर्थ्य रखते हैं, तो उसके लिए हमने इनक्यूबेशन सेंटर्स की बात की है और यह इनक्यूबेशन सेंटर ग्रामीण स्तर तक आप ले जा सकते हैं।

एक ही परिसर के अंदर हैंड होल्डिंग मशीन, उस पर भी जाकर अपनी ट्रेनिंग प्राप्त कर सकते हैं। अलग से मशीनों को रिपेयर करिए, नट-बोल्ट बाकी सारी चीजों को ठीक करने की भी ट्रेनिंग और उसमें से कोई छोटी सी पूँजी लगाकर, बैंक से कर्जे लेकर अगर काम करना चाहता है तो बैंक की प्रक्रिया के अंतर्गत किस ढंग से तुम काम कर सकते हो, इसकी भी ट्रेनिंग और इसमें भी अगर कोई गड़बड़ हो रही है तो उसको साथ में ले जाकर बैंक से लोन

दिलवाने तक की व्यवस्था, इसकी भी ट्रेनिंग। ये सारी चीजें शासकीय स्तर पर हम कर रहे हैं और इस बारे में तय किया है कि पूरे देश भर में 500 इनक्यूबेशन सेंटर सरकार चलाएगी, अभी केवल 84 हैं। हम आप लोगों को आमंत्रित कर रहे हैं। हम जितना भी प्रयास करेंगे, गाँव का नौजवान हमें आशीर्वाद देगा। यह बेरोजगार नौजवान किसी के लिए दया की भीख नहीं माँगना चाहता है। उसकी शक्ति का दुरुपयोग हो रहा है। उसके अंदर आत्मविश्वास जगे, उसको लगे कि हमारे ऊपर किसी का हाथ है। अगर उस बेरोजगार नौजवान को इनक्यूबेशन सेंटर में ट्रेनिंग के लिए आपने बुला लिया और ट्रेनिंग देकर कहा कि देखो यह बीस लाख की मशीन है, पंद्रह लाख की मशीन है, चिप्स निकालनेवाली और चिप्स निकालनेवाली पंद्रह लाख की मशीन एक महीना, दो महीना तुम्हें ट्रेनिंग दे करके तुम्हें इतना हम आर्थिक सहयोग कर रहे हैं, तुम जाकर प्रबंध कर लो, तो वह नौजवान कल अकेले नहीं, खुद करेगा और अपने परिवारवालों को भी लगाएगा, उसी में मार्केटिंग भी होगी, उसी में रॉ मैटेरियल की इकाई एकत्रीकरण भी होगा, सारी चीजें होंगी। यह कितना बड़ा काम होगा, जिसकी कल्पना भी नहीं की जा सकती। अब ग्रामीण क्षेत्रों में तो यह कस्टमर डेवलपमेंट होता है एक तरह से। आप देखेंगे, अगर एक चिप्स को चला, मसाले बनाने को चला, साबुन बनाने का चला तो वह कहेगा—चाचा हम भी यही बनाएँगे। तो एक स्थान पर जो कस्टमर डेवलपमेंट होगा तो पूरी दुनिया के लिए आकर्षण का केंद्र बनेगा।

एक ही स्थान पर दस मशीनें हैं—साबुन बनानेवाली, मसाले बनानेवाली, जूस निकालनेवाली। अगर यहाँ की पसंद है तो यहाँ की लेंगे। एक कंपटीशन चलेगा और यह क्लस्टर डेवलपमेंट करते हुए अगर हमने ग्रामीण क्षेत्रों में काम करने का प्रयत्न किया तो छोटा, अति छोटा माइक्रो तो अति छोटा ही कहा जाता है। एक छोटा सा उद्यमी आगे चलकर स्वावलंबनपूर्ण जीवन व्यतीत करेगा और जब स्वावलंबनपूर्ण कोई जीवन व्यतीत करता है तो देश के लिए सकारात्मक दिशा में सोचता है। फिर वह नक्सलवादी नहीं बनेगा, फिर वह अपराध कार्य करने के लिए नहीं जाएगा। फिर देश को कैसे सँवारा जा सकता है, देश को कैसे आगे बढ़ाया जा सकता है, समाज के अंदर सामंजस्य कैसे पैदा किया जा सकता है, यह सोच करके आगे बढ़ेगा।

इसलिए मेरी आप से प्रार्थना है कि स्किल डेवलपमेंट के लिए इनक्यूबेशन सेंटर से इनको आगे बढ़ाइए। स्किल डेवलपमेंट के लिए टूल्स रूम खोलिए, प्राइवेट टूल्स रूम। मैं गोदरेज को इस बारे में जरूर धन्यवाद दूँगा, उन्होंने बहुत पहले से टूल्स रूम खोल रखा है। मैं समझता हूँ कि सबसे पहला टूल रूम उन्हीं का है, निमसे का हैदराबाद में। वह टूल्स रूम नहीं है, हैदराबाद में है एक टूल्स रूम, लगभग उतना ही पुराना है, लेकिन उससे भी पुराना प्राइवेट टूल रूम गोदरेज का है और उसमें लोग जाते हैं और मार्स में गए थे इसमें, मार्स आर्बिट मिशन में। उनमें से कुछ पार्ट अपने यहाँ बनाए गए थे। तो सारी चीजें हम अपने आधार पर कर सकते हैं और इसलिए इसी बात को ध्यान में रखकर आपके ऊपर विश्वास करते हुए, क्योंकि हमारे यहाँ के इंटरप्रेन्योर्स, हमारे यहाँ के उद्यमी, हमारे यहाँ के उद्योगपति सामरिक रूप से मिलकर एक बार निर्णय ले लेंगे तो हिंदुस्तान को हम टाइम बॉण्ड, समय-सीमा में निर्धारित करते हुए इस बीच में, इस प्रकार का हमारा मैन्युफैक्चरिंग का स्वरूप बनेगा कि जिसके आधार पर ग्लोबली हम किसी भी देश के मार्केट में कंपीट कर जाएँगे, कोई दूसरे का नाम नहीं लेगा। लोग यही कहेंगे, मेक इन इंडिया और मेड इन इंडिया है। यह विश्वास रखकर हमारे आदरणीय प्रधानमंत्रीजी ने बात कही है और इसलिए मैंने विशेष रूप से जोर दिया है।

इंटरप्रेन्योर डेवलपमेंट, मैन पावर डेवलपमेंट बेरोजगार नौजवानों का और अधिक-से-अधिक उत्पाद करते हुए आर्थिक समृद्धि कैसे हो, इन तीन बिंदुओं पर मैंने आपका ध्यान आकर्षित करने की कोशिश की है और एम.एस.एम.ई. ही यह पूरा कर सकता है। बाकी के देशों का मैंने देखने की कोशिश की, उसके आधार पर मैं कह सकता हूँ। चाहे जापान हो, जापान में मुझे बताया गया, उसके जो ग्राहक थे, छोटी-छोटी जो चीजें बनाते थे और आगे चल करके ऐसा जापान बन गया कि जापान अब दुनिया में सरप्लस मददवाला देश माना जाता है। जर्मनी की भी यही हालत है और भी जो विकसित देश हैं, अगर उनके मूल में आप जाएँगे तो दिखाई पड़ेगा कि एम.एस.एम.ई. का जबरदस्त महत्त्व है। एम.एस. एम.ई. इस दिशा में काम करे और उसी को ध्यान में रखते हुए इन सारे बिंदुओं को ध्यान में रखते हुए, चाहे खरीद का मामला होगा, चाहे मार्केटिंग का मामला

होगा, चाहे रॉ मैटेरियल का मामला होगा, हमारा एन.एस.आई.सी. है, जो रॉ मैटेरियल उपलब्ध कराता है और आज जिस पर आप चर्चा कर रहे थे, चाहे रेटिंग का मामला होगा या रिरेटिंग का, इसके बारे में भी हम बड़ी गंभीरता से विचार कर रहे हैं। जिनको लोन नहीं मिल पाता है माइक्रो को कालोड्राफी होने के पश्चात् भी, उनके लिए भी हम चिंता कर रहे हैं।

हमने तय किया है कि क्रेडिट गांरटी फंड प्लस हमने बनाया है और उसके लिए हर स्टेट से हम कह रहे हैं कि आप दीजिए और उसका दस गुना बढ़ाकर हम गारंटी देंगे और कुछ प्रदेशों ने दिया भी है, ताकि माइक्रो को तकलीफ न होने पाए, उसको लोन तत्काल मिल जाए और हम लेंगे उसकी गारंटी। आपकी चीजें और गुणवत्तायुक्त हों, जो छोटे उद्यमी हैं, उनके लिए कई स्कीमें हमने बना रखी हैं। क्रेडिट लिंक्ड कैपिटल सब्सिडी स्कीम है हमारी, जिसके आधार पर हम जो मशीनें हैं, उनका रेनोवेशन हो सके ठीक से, इसके लिए भी हमने योजना बनाई है। बाजार में हम ढंग से कंपीट करें, गुणवत्तायुक्त हमारा काम हो, इसके लिए भी हमने स्कीम बनाई है। नेशनल मैन्युफैक्चरिंग कंपीटीटिवनेस प्रोग्राम के रूप में, जिसमें 8 कंपोनेंट हैं, उसमें एक पॉल्ट्री का भी है, इसको भी हमने जोड़ने की कोशिश की है और इस आधार पर हम आप चूँकि योग्य हैं, एक्सपर्ट हैं, इससे भी अच्छी चीज सामने रख सकते हैं। इस पर आप हमें सुझाव देंगे तो उसको हम जरूर अपनाने का प्रयत्न करेंगे। इन आधार पर गुणवत्तायुक्त माल का निर्माण उसकी मार्केटिंग ऑनलाइन पर लाने के लिए हमने वेबपोर्टल भी प्रारंभ कर दिया है, जिससे पारदर्शिता भी स्थापित हो और इन सारी चीजों को ध्यान में रखते हुए हम अपनी एक पॉलिसी बनाने जा रहे हैं।

हम एम.एस.एम.ई. की पॉलिसी बनाने जा रहे हैं। हमने बना लिया है, जल्दी ही वेबसाइट पर आ जाएगा। हमारा सुआग्रह है कि उसे देखकर आप अगर कुछ सुझाव दे सकेंगे तो हमारे लिए काफी सुविधाजनक होगा और इसको हम लोग प्रस्तुत कर सकेंगे और इस रूप में अनेक कठिनाइयाँ आ रही हैं हमारे उद्यमियों को, उन कठिनाइयों से हम निस्तारण करवा सकने में सक्षम हो सकेंगे। मैं जानता हूँ, एक्साइज का मामला है, टैक्स का मामला है और भी कई चीजें हैं, जिसका उल्लेख कर सकते हैं हम लोग। इन विभिन्न विभागों से मिलकर इसका

भी समाधान कैसे निकल सकता है, इसके बारे में वार्ता की जा सकती है। ये सारी चीजें बड़ी गंभीरता से, चूँकि मेरा मंत्रालय है, मैं अपने सहयोगी साथियों के साथ हमारे सेक्रेटरीज हैं, हमारे एडिशनल सेक्रेटरीज हैं, ज्वॉइंट सेक्रेटरीज हैं, हमारे डायरेक्टर्स हैं, चेयरमैन हैं, ये सब लोग सामूहिकता के साथ समग्र चिंतन के द्वारा उपयुक्त निर्णय लेंगे।

□

दलित उद्यमिता का सशक्तीकरण

डिक्की दलित उद्यमियों को अपने माध्यम से प्रोत्साहित करने के साथ-साथ यह सुनिश्चित करने का प्रयास कर रही है कि दलित समुदाय देश की अर्थव्यवस्था के विकास में योगदान करे और रोजगार माँगने की बजाय लोगों को रोजगार प्रदान करनेवाला बने। सवाल यह है कि आजादी के 70 वर्ष बाद भी दलित उद्यमिता का सशक्तीकरण क्यों नहीं हो पाया है और वर्तमान सरकार इस संबंध में क्या कदम उठा रही है?

प्रधानमंत्री नरेंद्र मोदी ने अपने स्वतंत्रता दिवस के संबोधन में स्टार्टअप इंडिया और स्टैंडअप इंडिया की घोषणा की, जिसके अनुसार सरकार ने स्टार्टअप की स्थापना की प्रक्रिया को सुगम बनाने के लिए एक कार्यक्रम तैयार किया, जिससे नव उद्यमियों की आर्थिक सहायता हेतु एक विशेष ढाँचा तैयार किया गया। यह कदम नव उद्यमियों को एक नया आयाम देगा और देश में स्टार्टअप नेटवर्क स्थापित करने में सहायक होगा।

स्टैंड इंडिया की पहल के अंतर्गत देश में 1.25 लाख बैंक शाखाओं को नव उद्यमियों अनुसूचित जाति/जनजाति एवं महिला उद्यमियों को आर्थिक सहायता प्रदान करने हेतु आवश्यक निर्देश दिए जा चुके हैं। सूक्ष्म, लद्यु एवं मध्यम उद्यम मंत्रालय नव उद्यमियों एवं वंचित समाज से संबंध रखनेवाले उद्यमियों के समक्ष आनेवाली कठिनाइयों को दूर करने के उद्देश्य से विभिन्न योजनाओं और कार्यक्रमों का कार्यान्वयन करके वर्ष 2017-18 के बजट में सूक्ष्म, लघु एवं मध्यम उद्यमों को 7200 करोड़ रुपए का प्रतिवर्ष का वास्तविक कर लाभ दिया गया है। मुद्रा योजना के तहत ऋण की राशि को 1,22,000 करोड़ रुपए कर दिया

डिक्की की पाँचवीं औद्योगिक व्यापार प्रदर्शनी के उद्घाटन के अवसर पर व्यक्त विचार

गया है, जिसका प्रत्यक्ष लाभ अनुसूचित जाति, अनुसूचित जनजाति और महिला उद्यमियों को मिलेगा। इसके अतिरिक्त एम.एस.एम.ई. की विशेष योजनाओं में कमजोर वर्गों एवं महिलाओं को रोजगार के लिए प्रेरित करने एवं अपने पैरों पर खड़ा होने के लिए विशेष सहायता दी जाती है। इसके साथ-साथ देश-विदेश में लगनेवाली प्रदर्शनियों में भाग लेने हेतु विशेष सहायता दी जाती है। एम.एस.एम.ई. क्षेत्र के विकास के लिए वंचित समाज से संबंध रखनेवाले उद्यमियों को ऋण की उपलब्धता की समस्या हमेशा से रही है। इस समस्या से निपटने के लिए सूक्ष्म, लघु एवं मध्यम उद्यम मंत्रालय ने महत्त्वपूर्ण योजनाएँ चलाई हैं। क्रेडिट गारंटी स्कीम के अंतर्गत सूक्ष्म, लघु उद्यमों के लिए क्रेडिट गारंटी फंड एक करोड़ रुपए तक के कोलेट्रल मुक्त ऋणों के लिए गारंटी कवर तैयार किया गया है। प्रौद्योगिकी उन्नयन के लिए क्रेडिट लिंक्ड कैपिटल सब्सिडी योजना (सी.एल.सी.एस.एस.) चलाई गई है, इसका लक्ष्य अनुमोदित उपक्षेत्रों उत्पादों में भलीभाँति रूप से स्थापित उद्यमों में और बेहतर प्रौद्योगिकी के समावेशक के लिए सूक्ष्म एवं लघु उद्यमों द्वारा प्राप्त किए जानेवाले संस्थागत वित्त पर 15 प्रतिशत कैपिटल सब्सिडी दी जाती है। सरकार ने मुद्रा बैंक योजना का आरंभ करके उद्यमिता शुरू करनेवाले इच्छुक लोगों की पूँजी की समस्या का निदान कर दिया है। एम.एस.एम.ई. मंत्रालय ने ग्रामीण और शहरी क्षेत्रों में रोजगार के सृजन में एक क्रेडिट लिंक्ड कैपिटल सब्सिडी कार्यक्रम एवं प्रधानमंत्री रोजगार सृजन कार्यक्रम पी.एम.ई.जी.पी. समेत अनेक योजनाओं से अनुसूचित जाति एवं अनुसूचित जनजातियों के बेरोजगार नवयुवकों को बड़ी राहत प्रदान की है। शहरी क्षेत्र में अनुसूचित जाति एवं जनजाति उद्यमियों को परियोजना लागत के 2 प्रतिशत की दर से मार्जिन मनी सब्सिडी प्रदान की जाती है, जबकि ग्रामीण क्षेत्र के उद्यमियों के लिए यह सब्सिडी 35 प्रतिशत है।

पारंपरिक उद्योग हमारी ग्रामीण अर्थव्यवस्था की रीढ़ है। ग्रामीण उद्योगों में अनुसूचित जातियों और पिछड़े वर्गों की बहुत बड़ी भागीदारी रही है। पारंपरिक उद्योगों के पुनः सृजन हेतु निधि योजना परंपरागत उद्योगों और कारीगरों को कलस्टरों में आयोजित करती है, ताकि उन्हें प्रतिस्पर्धी बनाया जा सके, जिससे उन्हें दीर्घकालिक स्थायित्व प्रदान किया जा सके। पारंपरिक उद्योगों और कारीगरों के कलस्टरों से संगठित कर पारंपरिक उद्योगों को और अधिक उत्पादक और

प्रतिस्पर्धी बनाने के लिए 2005-06 में प्रारंभ की गई स्फूर्ति योजना का पुनर्गठन किया गया है। यह योजना युवा व सामाजिक रूप से पिछड़े (एस.सी./एस.टी./ओ.बी.सी.) उद्यमियों को विनिर्माण और सेवा क्षेत्र में सूक्ष्म, लघु उद्यम स्थापित करने में मदद करती है। नवप्रवर्तन ग्रामीण उद्योग और उद्यमिता संवर्धन हेतु एक योजना एस्पायर राष्ट्रीय लघु निगम लिमिटेड, खादी ग्रामोद्योग और कॅयर बोर्ड के माध्यम से लाइवलीहुड इनक्यूबेटरों को बढ़ावा देती है। स्फूर्ति के अंतर्गत खादी ग्रामोद्योग और कॅयर कलस्टरों को बेहतर उपक्रम सामान्य सुविधा केंद्र, व्यावसायिक विकास सेवाएँ, तकनीकी प्रशिक्षण, क्षमता निर्माण और डिजाइन तथा विपणन सहयोग आदि प्रदान करते हुए विकास के लिए अपनाया है। एम.एस.एम.ई. इकाइयों की सबसे बड़ी समस्या बाजार तक पहुँच है। इस समस्या के निदान के लिए सरकार द्वारा 1-04-2015 को सार्वजनिक खरीद नीति पी.पी.पी. आदेश लाया गया। इस आदेश के अनुसार केंद्रीय सरकार के मंत्रालयों, विभागों, सीपीएसयू के लिए अपनी वार्षिक आवश्यकताओं का कम-से-कम 20 प्रतिशत हिस्सा एम.एस.एम.ई. उत्पादों से खरीदना आवश्यक होगा और उसका 4 प्रतिशत अनुसूचित जाति एवं अनुसूचित जनजाति उद्यमियों के स्वामित्ववाली एम.एस.एम.ई. इकाइयों से खरीदना अनिवार्य होगा। मंत्रालय विक्रेताओं और क्रेताओं को एक सामान्य मंच पर लाने के लिए राष्ट्रीय व राज्य स्तर के विक्रेता विकास कार्यक्रम एन.वी.डी.पी., एस.वी.डी.पी. का आयोजन करता रहता है। मंत्रालय उपयुक्त मार्केटिंग लिंकेज प्रदान करते हुए बड़े-बड़े उपक्रमों, जैसे बेल, भेल, टेल्को, बीएसएनएल, आईओसी, एनएचपीसी, एनटीपीसी, भारतीय रेलवे एवं रक्षा संगठनों और एम.एस.एम.ई. के बीच बेहतर व्यावसायिक संपर्क सुगम बनाने के लिए राज्यों में विक्रेता विकास कार्यक्रम, वीडीपी आयोजित करता है। मंत्रालय द्वारा आयोजित प्रदर्शनी एम.एस.एम.ई. के उत्पादों और सेवाओं तथा बड़े-बड़े क्रेता संगठनों की आवश्यकताओं की आपूर्ति का एक सुदृढ मंच है।

अभी हाल में एम.एस.एम.ई. मंत्रालय ने डिजिटल एंप्लॉयमेंट एक्सचेंज का वेब पोर्टल लॉन्च किया है, जो प्रधानमंत्री श्री नरेंद्र मोदी के डिजिटल इंडिया विजन के अनुरूप है। इस पोर्टल से एंप्लॉयमेंट एक्सचेंज के माध्यम से नौकरी ढूंढ़नेवाले

रिक्तियों और नियोक्ता का पता लगा सकेंगे और नियोक्ता अपनी आवश्यकता के अनुसार नौकरी चाहनेवालों का पता लगा सकेंगे। इस पोर्टल के माध्यम से देश के युवाओं की बेरोजगारी की समस्या से आसानी से निजात पाई जा सकेगी। अनुसूचित जाति व अनुसूचित जनजाति के उद्यमियों के लिए उद्यम पूँजी निवेश योजना को सरकार द्वारा 16-12-2014 को अनुमोदित किया गया। इस योजना का कार्यान्वयन आई.एफ.सी.आई. लिमिटेड द्वारा किया जाता है। इस योजना के मुख्य उद्देश्य हैं—यह एक सामाजिक क्षेत्र की पहल है, जिससे देश अनुसूचित जनजातियों के बीच उद्यमिता को बढ़ावा दिया जा सके। उन अनुसूचित जातियों व अनुसूचित जनजातियों के बीच उद्यमिता का संवर्धन करना, जिनका अभिनव कार्यों व विकास प्रौद्योगिकी के प्रति रुझान है। उन अनुसूचित जातियों व अनुसूचित जनजातियों के उद्यमियों की रियायती वित्तीय सहायता करेंगे और कारोबार व व्यवसाय का संवर्धन करेंगे। अनुसूचित वर्गों के वित्तीय समावेशन में वृद्धि करना और अनुसूचित समुदायों के विकास हेतु प्रेरित करना। देश में अनुसूचित जातियों, जनजातियों के लिए प्रत्यक्ष अप्रत्यक्ष रोजगार सृजन की वृद्धि करना। अनुसूचित जाति व अनुसूचित जनजातीय उद्यमियों को आर्थिक रूप से विकसित करना। अनुसूचित जाति व अनुसूचित जनजातीय को युवा और नए उद्यामियों के लिए ऋण वृद्धि गारंटी योजना 200 करोड़ रुपए के बजटीय प्रावधान से 10 फरवरी, 2015 को प्रारंभ की गई। इस योजना का उद्देश्य अनुसूचित वर्ग के उन युवा और नए उद्यमियों के लिए ऋण वृद्धि गारंटी है, जो न्यू मिडिल क्लास का हिस्सा बनना चाहते हैं। इस योजना का ध्येय समाज के निचले तबके में उद्यमिता को प्रोत्साहित करना है, क्योंकि यह महसूस किया गया है कि आत्मविश्वास की कमी के कारण वंचित समाज के युवा प्रतिभा होते हुए भी अपना उद्यम प्रारंभ नहीं कर पाते। यह योजना वंचित समाज के युवाओं में विश्वास जागृति करने के अलावा काम के अवसर प्रदान करती है। इस वर्ष हम एकात्म मानववाद के प्रणेता पं. दीनदयाल उपाध्याय की जन्म शती मना रहे हैं, उनकी जन्म शती का मनाना तभी साकार होगा, जब हम समाज के अंतिम छोर पर खड़े वंचितों का सशक्तीकरण सुनिश्चित कर सकें।

□

महिला उद्यमियों के प्रोत्साहन एवं उनके कल्याण हेतु विभिन्न योजनाएँ

देश में प्रधानमंत्री नरेंद्र मोदी के नेतृत्व में एनडीए सरकार के गठन के पश्चात्म हिला सशक्तीकरण व महिलाओं को हर क्षेत्र में प्रतिनिधित्व सुनिश्चित करने के प्रयासों में सकारात्मकता देखी गई है। अब हर क्षेत्र में महिला अपनी उपस्थिति से सबको हैरान कर रही है। उद्यमिता के क्षेत्र में भी महिलाओं ने बड़ी प्रगति की है। देश के सूक्ष्म, लघु तथा मध्यम उद्यमिता मंत्री कलराज मिश्र के कुशल मार्गदर्शन में एम.एस.एम.ई. सेक्टर में महिला उद्यमियों को आत्मनिर्भर बनाने एवं उनका सशक्तीकरण सुनिश्चित करने के लिए विभिन्न योजनाएँ चलाई जा रही हैं। महिला उद्यमिता विकास के उद्‌देश्य से विकास आयुक्त, लघु उद्योग के कार्यालय में एक सहायता केंद्र खोला गया है, जो महिला उद्यमियों को परामर्श व सहायता उपलब्ध कराएगा। आर्थिक रूप से निर्बल महिलाओं को लघु उद्योग स्थापित करने के लिए प्रशिक्षण देकर सरकार बिना ब्याज के ऋण उपलब्ध कराती है। महिला उद्यमियों के लिए भारतीय लघु उद्योग विकास बैंक द्वारा विभिन्न योजनाएँ चलाई जा रही हैं। एम.एस.एम.ई. मंत्रालय के एम.एस.ई. समूह विकास कार्यक्रम के अंतर्गत हाई इंटरवेंशन के मामले में सरकार का कुल योगदान कुल परियोजना लागत के 30 से 40 प्रतिशत के बीच होता है, किंतु महिलाओं और वंचित समाज के स्वामित्ववाले और उनके द्वारा प्रबंध किए

महिला दिवस पर मुख्य अतिथिय भाषण के अंश

जानेवाले समूहों के लिए एम.एस.एम.ई. मंत्रालय का अंशदान परियोजना लागत का 90 प्रतिशत तक होता है। इस प्रकार सूक्ष्म एवं लघु उद्यम ऋण गारंटी निधि योजना के अधीन प्रदत्त ऋण के लिए सामान्यतः 75 प्रतिशत तक गारंटी उपलब्ध कराई जाती है, किंतु महिलाओं के स्वामित्व वाले और उनके द्वारा प्रबंध किए जानेवाले सूक्ष्म एवं लघु उद्योगों के लिए यह गारंटी 80 प्रतिशत होती है। सरकार द्वारा शुरू की गई स्त्री शक्ति पैकेज योजना उन महिलाओं के लिए है, जो छोटा उद्यम चलाती हैं तथा उस उद्यम में, जिसमें महिला उद्यमी का हिस्सा 50 प्रतिशत अधिक है। अन्नपूर्णा योजना भी महिला कल्याण के लिए एक महत्त्वपूर्ण योजना है। इस योजना का मुख्य उद्देश्य खाद्य सामग्री से संबंधित व्यापार की स्थापना के लिए महिलाओं को वित्तीय सहायता प्रदान करना है। इस योजना के तहत महिलाएँ 50 हजार तक बिना ब्याज के कर्ज ले सकती हैं, जिसका भुगतान 36 महीनों की आसान किस्त में किया जा सकता है।

वित्तीय सहायता के अतिरिक्त महिला उद्यमियों के सशक्तीकरण हेतु एम.एस.एम.ई. मंत्रालय अपनी इकाइयों के लिए विकास आयुक्त (सूक्ष्म, लघु एवं मध्यम उद्यम) खादी ग्रामोद्योग उपयोग, कॅयर बोर्ड, राष्ट्रीय लघु उद्योग निगम के सहयोग से विभिन्न कार्यक्रमों का आयोजक रहा है।

महिला कॅयर योजना—इस योजना का मुख्य उद्देश्य महिलाओं को स्वरोजगार के लिए बढ़ावा देना है, जिसके तहत महिलाओं को स्वरोजगार के अवसर उपलब्ध कराना है, इसके साथ-साथ उत्पादकता व गुणवत्ता सुधारने और अधिक लाभ प्राप्त करने के लिए परंपरागत उपायों के स्थान पर बेहतर व आधुनिक उपाय शामिल हैं। इस योजना के अंतर्गत महिलाओं को 75 प्रतिशत की सब्सिडी कॅयर यार्नकताई, कॅयर प्रसंस्करण उपकरण, मशीनरी आदि पर उपलब्ध कराई जाती है। योजना में प्रशिक्षण दिलाए जाने के पश्चात् महिला कारीगरों को कॅयर यार्नकताई के लिए मोटरयुक्त रट भी उपलब्ध कराए जाते हैं। मोटरयुक्त रट पर 7500 रुपए तक की और परंपरागत रट पर 2925 रुपए तक की (लागत का 75 प्रतिशत) सब्सिडी उपलब्ध कराई जाती है।

ट्रेनिंग सह इनक्यूबेशन सेंटर—देश में सभी लोगों के समावेशी विकास का लक्ष्य तब तक पूरा नहीं हो सकता, जब तक उद्यमशीलता के क्षेत्र में महिलाओं

की भागीदारी न हो। इसी को ध्यान में रखते हुए राष्ट्रीय लघु उद्योग निगम में महिलाओं के लिए सह इनक्यूबेशन सेंटर की स्थापना की गई है। प्रशिक्षण के उपरांत महिलाओं को अपना व्यवसाय प्रारंभ करने में आनेवाली वित्तीय परेशानी को दूर करने के उद्‌देश्य से एन.एस.आई.सी. ने विभिन्न राष्ट्रीयकृत एवं निजी बैंकों के साथ समझौता ज्ञापन हस्ताक्षर किए हैं। इन बैंकों के साथ सिंडीकेट बनाकर एन.एस.आई.सी. सूक्ष्म, लघु तथा मध्यम इकाइयों को बिना किसी लागत के बैंकों से क्रेडिट सहायता दिलाने की व्यवस्था करता है। इसके साथ-साथ एन.एस.आई.सी. अपने तकनीकी सेवा केंद्रों के माध्यम से प्रौद्योगिकी सहायता सेवाएँ, जैसे कौशल विकास के लिए प्रशिक्षण, मान्यताप्राप्त प्रयोगशालाओं के माध्यम से परीक्षण सुविधाएँ, ऊर्जा अडिट आदि प्रदान करता है।

व्यापार संबंधी उद्यमिता सहायता एवं विकास योजना—महिलाएँ देश में संसाधनों से सदा वंचित रही हैं। परामर्श और प्रशिक्षण के अतिरिक्त सामान की आपूर्ति का न होना महिलाओं को उद्यमशील बनने में बाधा उत्पन्न करता है। इसके अतिरिक्त महिलाओं को आवश्यक समर्थन उपलब्ध कराने के लिए उनकी मौजूदा स्थिति और उनकी सामान्य आवश्यकताओं के संबंध में सूचना के अभाव के कारण उनको पर्याप्त सुविधाएँ नहीं मिल पातीं। यह अनुभव किया गया है कि साधनविहीन महिलाओं को उद्यमशीलता के क्षेत्र में आगे बढ़ाना है तो एक ऐसी योजना बनानी होगी, जो महिला उद्यमियों की प्रत्येक पहलू में सहायता कर सके। व्यापार संबंधी उद्यमिता सहायता एवं विकास योजना इसी प्रकार की बहुआयामी योजना है। इस योजना में व्यापार संबंधी प्रशिक्षण, सूचना और व्यापार, उत्पाद सेवाओं आदि से संबंधित परामर्श देकर गहन कार्यकताओं के माध्यम से महिलाओं के आर्थिक सशक्तीकरण का प्रयास किया जा रहा है। इसमें उपयुक्त गैर सरकारी संगठनों के माध्यम से आवेदन करनेवाली महिलाओं को ऋण उपलब्ध कराया जाता है।

योजना के अंतर्गत चिह्नित महिला लाभार्थियों के सशक्तीकरण के लिए प्रशिक्षण कार्यक्रम संचालित कर रहे प्रशिक्षण संगठनों, जैसे कि सूक्ष्म, लघु एवं मध्यम उद्यम विकास संस्थान, एन.ई.एम.एस.एम.ई. और गैर सरकारी संगठनों को प्रति कार्यक्रम उपलब्ध कराया जाता है।

परंपरागत उद्योगों के पुनःसृजन हेतु निधि स्कीम—वैश्वीकरण के युग में, जहाँ एक ओर भारतीय उद्योग नई ऊँचाइयों को छूने में सफल हुए हैं, वहीं हमारे परंपरागत उद्योगों के अस्तित्व पर संकट के बादल मँडराने लगे। चूँकि इन परंपरागत उद्यमों में महिलाओं की एक बड़ी भागीदारी थी, इसलिए उदारीकरण के युग में जो नीतियाँ बनीं, महिला पारंपरिक उद्यमों की स्पर्धा में पुरुषों से पीछे रह गईं। इसी कारण सरकार इन परंपरागत उद्यमों के संरक्षण-संवर्द्धन हेतु आगे आई और परिणामस्वरूप परंपरागत उद्योगों के पुनःसृजन हेतु निधि स्कीम प्रारंभ की गई। इस योजना के अंतर्गत खादी और ग्रामोद्योग आयोग और कॅयर कलस्टर को आधुनिक उपकरण, प्रशिक्षण, डिजाइन एवं विपणन सहायता उपलब्ध कराते हुए परंपरागत उद्योग के विकास का कार्यक्रम बनाया गया है। इस योजना में सरकार की ओर से 800 कलस्टरों को विकसित करने का प्रस्ताव है। इस योजना के तहत महिला उद्यमियों और कारीगरों को बदलते स्वरूप के अनुसार ढालने हेतु कलस्टर स्तर पर संगठित किया जाता है, साथ-ही-साथ ग्रामीण उद्यमियों को स्थायी रोजगार प्रदान करते हुए इनके उत्पादों की बिक्री को बढ़ावा दिया जाता है, जिससे हमारी महिला उद्यमी अपने उत्पादों का उचित मूल्य पा सकें। महिलाओं के बीच बैंकिंग प्रक्रिया को बढ़ावा देने के लिए स्थापित भारतीय महिला बैंक तरह-तरह की योजनाओं के माध्यम से महिला उद्यमिता को बढ़ावा दे रहे हैं, जैसे ब्यूटी पार्लर, सैलून आदि खोलने हेतु वी.एम.वी. शृंगार योजना, डे केयर सेंटर की स्थापना के लिए वीएमवी परवरिश और खान-पान सुविधा के लिए वीएमवी अन्नपूर्णा जैसी बैंकिंग सुविधाओं का कार्यान्वयन किया जा रहा है।

प्रधानमंत्री की पहल और केंद्रीय सूक्ष्म, लघु और मध्यम उद्यम मंत्री कलराज मिश्र के प्रयास के परिणामस्वरूप महिला उद्यमी स्वालंबी हो रही हैं और उनके परिवार की व उनके द्वारा संचालित किए जानेवाले समूहों की आर्थिक संपन्नता बढ़ी है। महिला उद्यमिता को बढ़ावा देने के सरकार के प्रयास सकारात्मक परिणाम दे रहे हैं और वह दिन दूर नहीं, जब देश की महिला उद्यमी पुरुष उद्यमियों को कड़ी स्पर्धा देगी।

□

सूक्ष्म व लघु उद्यमियों को आर्थिक सहायता

प्रश्न : सबसे पहले एक मंत्री होने के नाते, इस सेक्टर के मंत्री होने के नाते हम आपसे जानना चाहेंगे कि यह जो नॉन कॉरपोरेट्स स्मॉल बिजनेस है, किराने की दुकान, हॉकर्स, इनके बारे में इनकी जो करेंट स्टेट है, करेंट अवस्था है, उसके बारे में आपका क्या कहना है ?

उत्तर : देखिए सूक्ष्म, लघु और मध्यम उद्योग इस समय अनेक प्रकार की आर्थिक कठिनाइयों का सामना कर रहे हैं। सामान्य तौर पर इनको ऋण मिलने में कठिनाई आती है। यद्यपि इनका स्रोत बैंक ही है। निजी बैंक भी हैं, ये सारे स्रोत जरूर हैं, लेकिन जिस ढंग से कर्जे मिलने की स्थिति होनी चाहिए, वह कर्जा न मिल सकने के कारण उनको अत्यधिक कठिनाई आती है और उन परेशानियों को दूर करने के लिए हम लोगों की तरफ से प्रयत्न चल रहे हैं और मुझे लगता है कि शायद भविष्य में हम उसको दूर भी कर लेंगे।

प्रश्न : आपने बात की कि इनके लिए बैंक हैं, कॉपरेटिव बैंक हैं। हमने कई ऐसे वर्गों के लोगों से बात की। उन्होंने हमें कहा कि केवल चार प्रतिशत ही लोग हैं, जिन्हें इन बैंकों के द्वारा लोन मिल जाता है, लेकिन इसके अलावा जो 96 प्रतिशत लोग हैं, उन्हें या तो अपने घर के गहने बेचकर या फिर अपने घर को गिरवी रखकर कुछ इस तरह से लोन लेना पड़ता है मनी लेंडर से, जहाँ पर करप्शन भी बहुत ज्यादा है, क्योंकि शाम को

एन.डी.टी.वी. को दिए गए साक्षात्कार के अंश

वे अपने पैसे माँगने आ जाते हैं?

उत्तर : देखिए कठिनाई तो बैंक से भी झेलनी पड़ती है। बैंक से कोलेट्रल फ्री होने के पश्चात् भी बैंक जल्दी कर्जा नहीं दे पाता है और वहाँ भी इनको कोलेट सिक्योरिटी देनी पड़ती है और मनी लेंडर से लेने जाते हैं तो मनी लेंडर तो हर प्रकार की हरकत करता है। इसलिए इसमें बहुत सारे ऐसे लोग भी हैं, जो बैंक से अगर कर्जा नहीं पर्याप्त मात्रा में मिलता है तो निजी स्रोत से वे करने की कोशिश करते हैं। उनका प्रयत्न यह होता है कि उनके कोई मित्र हों, दोस्त हों, उनसे कोई कर्जा ले लिया, क्योंकि छोटी पूँजी है। छोटी पूँजी के आधार पर वे इस ढंग से करने का प्रयत्न करते हैं। कुछ ऐसे भी फाइनेंशियल इंस्टीट्यूशंस हैं, जो न तो बैंक हैं, न और कोई हैं, जिन्हें लघु वाणिज्यिक वित्त संस्था कह सकते हैं आप, जिस पर एक बार रिजर्व बैंक ऑफ इंडिया विचार भी कर सकता है। यद्यपि वह अभी हुआ नहीं है, लेकिन इस प्रकार के भी फाइनेंशियल इंस्टीट्यूशंस हैं, जिनके माध्यम से वे कर्जा लेकर कार्य को चलाने का प्रयत्न करते हैं, लेकिन इसके आधार पर जैसी उनकी व्यवस्था होनी चाहिए, वह नहीं हो पाती है और जो आपने चार प्रतिशत कहा, चार प्रतिशत सामान्य तौर पर सभी की दुर्दशा है और चूँकि प्रोसिजरल कठिनाइयाँ इतनी अधिक हैं, रजिस्ट्रेशन कराने में, उनकी सारी क्वैरीज जो होती हैं, उन क्वैरीज को फुलफिल करने में इतनी दौड़-भाग करनी पड़ती है, विशेषकर माइक्रो के लिए इतनी दौड़-भाग करनी पड़ती है कि टाइम पूरा निकल जाता है और बाद में एन.पी.ए. के अंतर्गत वह बेचारा मारा जाता है।

प्रश्न : बिल्कुल, कंडीशन बहुत ज्यादा खराब है, पर क्योंकि आप इसी सेक्टर के मंत्री हैं, आपका क्या विजन है, आप इस सेक्टर में क्या चाहते हैं?

उत्तर : मैं इस सेक्टर में प्राथमिकता देता हूँ इंटरप्रेन्योर डेवलपमेंट को, लघु उद्यमियों का विकास और लघु उद्यमियों को केंद्र में रखते हुए उसको सर्वाधिक सुविधा प्रदान करने को। सुविधा प्रदान करने के लिए उसको ठीक से कर्जा मिल जाए और जो कई जगह उसको, चाहे फैक्टरी लॉ

हो, चाहे लेबर लॉ हो, इन सारी चीजों का जो सामना करना पड़ता है, उससे उसे मुक्ति मिले और साथ-ही-साथ जो आधारभूत ढाँचा, बुनियादी ढाँचा बनाना पड़ता है, इंफ्रास्ट्रक्चर ऑफ डेवलपमेंट, उसके लिए भी उनको कठिनाई न हो। इन सारी चीजों को ध्यान में रखते हुए एक स्थान पर सारी चीजें प्राप्त हो जाएँ, यह हमारी कोशिश है और जो भी इस समय के कानून के कारण उस लघु उद्यमी को परेशानी हो रही है, इसमें संशोधन करते हुए वह परेशानी कम-से-कम हो, यह कोशिश है। तभी हम इंटरप्रेन्योर डेवलपमेंट कर सकते हैं और जो शहरी इंटरप्रेन्योर नहीं, तो गाँव में भी अभी आपने किराना और यह सब कहा, नए गाँव में भी इस प्रकार के लोगों को हम इनकरेज कर सकते हैं कि तुम अधिक-से-अधिक दुकान खोलो, तुम अधिक-से-अधिक छोटे-छोटे उद्यम लगाओ, तुम्हें हर प्रकार की सुविधा प्रदान की जाएगी, तुम्हारा आधारभूत ढाँचा भी तैयार किया जाएगा, जैसे कुछ स्थानों पर हमने देखा कि लैंड बैंक भी प्रारंभ किया गया है, क्योंकि हमारे लिए लैंड की बहुत जरूरत है। लैंड की आज कॉस्ट इतनी अधिक हो गई है कि जल्दी कोई लेने की हिम्मत नहीं कर रहा है, लेकिन लैंड बैंक अगर किसी सरकार ने किया तो उस के कारण उस इंटरप्रेन्योर को वह सुविधा हो जाएगी।

प्रश्न : फाइनेंस की आपने बात की। सर, सबसे बड़ा मुद्दा यही है कि किसी भी बिजनेस को शुरू करने के लिए चाहिए होता है पैसा। एक व्यापारी एक दुकान लगाता है, अपने घर से पैसा लेकर उसने दुकान लगा ली। उसको फिर उसको बढ़ाने के लिए फर्दर फाइनेंस चाहिए। हम इस वक्त अगर बात करें फाइनेंशियल आर्किटेक्चर की तो आपका क्या विजन है फाइनेंशियल आर्केटेक्चर को लेकर, क्या आप कोई बैंक बनाना चाहते हैं, जो सिर्फ इन लोगों की नीड्स को समझे और इनको ग्रेटीफाइड करे?

उत्तर : हमने तो इस बात पर बहुत जोर दिया है और हमने माइक्रोस्मॉल को धन में रखते हुए कहा है कि क्रेडिट गांरटी, जो बैंक को चाहिए, हमने प्रारंभ

में ही बताया कि कोलेट्रल फ्री होने के पश्चात् भी बैंक नहीं देता है। हमने तय किया कि क्रेडिट गारंटी फंड ट्रस्ट बनना चाहिए और क्रेडिट गारंटी फंड ट्रस्ट एम.एस.एम.ई. की तरफ से बना तो एम.एस.एम.ई. विल टेक गारंटी, वही होगा कि क्रेडिट गारंटी फंड ट्रस्ट के आधार पर बैंक स्वाभाविक रूप से उनको कर्जा दे सकेगा, दूसरा मैं भी इस बात पर विचार कर रहा हूँ। अब इसके लिए प्रधानमंत्री से बात करनी है, बाकी लोगों से भी वार्ता करनी है कि एक अलग से, जैसे अभी आपने कहा कि अलग से कोई फंड होना चाहिए। एक अलग से फंड इस तरीके से तैयार किया जाए, जिसके माध्यम से हम माइक्रो, स्मॉल को लोन भी दें और कम इंटरेस्ट पर दें। इस समय बैंक जो लोन दे रहा है, वे कहते हैं, बेस रेट पर दे रहे हैं। बेस रेट कभी उनका दस प्रतिशत होता है, कभी 12 प्रतिशत होता है, तो उस बेचारे की हालत खराब होती है। हमारी कोशिश है और आगे हम इस बात पर जोर दे रहे हैं। कोशिश है कि यह लोन, जो हम बैंक की तरफ से देने का प्रयत्न करेंगे, वह 4 प्रतिशत, 5 प्रतिशत, 6 प्रतिशत इस आधार पर इनको लोन अगर दिया जाता है तो इंटरप्रेन्योर डेवलपमेंट और आर्थिक विकास इसके लिए एक बहुत बड़ा अवसर प्राप्त होगा और उससे लाभ भी होगा।

प्रश्न : यह जो 4 और 5 प्रतिशत के ब्याज पर लोन मिले, यह स्कीम जो है, आपके द्वारा कब तक रोल आउट करने की संभावना है और क्या इसका प्लान है?

उत्तर : मैं यह नहीं कह रहा हूँ कि हो ही जाएगा, लेकिन हमारा प्रयास है। प्राइवेट तौर पर मैंने वार्ता भी करनी शुरू कर दी है, कुछ लोग तैयार भी हुए हैं, लेकिन यह सब होने के बावजूद जब तक हम प्रधानमंत्रीजी से और बाकी के अपने सारे कलीग से परामर्श करने के पश्चात् उनकी तरफ से एक आश्वस्ति प्राप्त नहीं कर लेते हैं, तब तक करना उपयुक्त नहीं हो पाएगा, लेकिन मुझे पूरा विश्वास है कि इस दिशा में हमने उस तरह का स्वरूप बना लिया, ढाँचा बना लिया तो भविष्य में हम इसका अच्छा लाभ प्रदान कर सकते हैं।

प्रश्न : यह जो आपने अभी बात हमें बताई, जो एक्शन कमेटी अब एक नई बनी है; के.वी. कामथजी के अंडर चेयरमैनशिप में, इन्हें तीन महीने में अपनी रिपोर्ट सबमिट करनी है, जिसके बारे में फाइनेंस मिनिस्टर ने बजट में भी बोला था। क्या आपके जो सजेशंस हैं, उस कमेटी की रिपोर्ट के आने के बाद जो डिसीजन लिया जाएगा, तब हमारे सामने आएँगे?

उत्तर : देखिए यह बजट के अंदर भाषण किया गया था। यह वेंचर कैपिटल 10 थाउजेंड करोड़ का रखा गया था और उसमें फिर यह घोषणा भी की गई थी कि इसके लिए कमेटी बनेगी और उस कमेटी में एम.एस. एम.ई., रिजर्व बैंक ऑफ इंडिया और फाइनेंस, ये तीन होंगे। अब कमेटी कामथ की चैयरमैनशिप में बनी है। अभी-अभी बनी है। अब इसके बारे में जब मीटिंग होगी तो निश्चित रूप से चर्चा की जा सकती है। हमारे सेक्रेटरी जाएँगे। निश्चित रूप से इस बात पर कहा जाएगा और कैसा प्रारूप बनता है, क्या है, यह तो भविष्य में जब बैठक होगी, मीटिंग होगी, उस मीटिंग के पश्चात् ही कहा जा सकता है।

उत्तर : देखिए, इसमें सही बात तो यह है कि जो गणना है, इस आधार पर इस समय लगभग चार करोड़ इकाइयाँ हैं। चार करोड़ इकाइयों में आप आश्चर्य करेंगे, लगभग 15 या 20 फीसदी इकाइयाँ ऐसी हैं, जिनको आप रजिस्टर्ड कह सकते हैं। बाकी को अनरजिस्टर्ड कह सकते हैं, लेकिन अनरजिस्टर्ड होने के बावजूद वे सैल टैक्स देती हैं, वैल्यू एडिड टैक्स देती हैं। अगर इन प्रक्रियाओं को रजिस्ट्रेशन के अंतर्गत मान लिया जाए, शायद इस पर विचार चलेगा भी। हम एक एम.एस.एम.ई. पर पॉलिसी बना रहे हैं। हमारी कोशिश है कि इन सारी चीजों को इसमें लेना चाहिए। अब उसको कहाँ तक स्वीकृति मिलती है, हम नहीं कह सकते, लेकिन अगर इसको मान लिया जाए, तब तो चार करोड़ हमारी इकाइयाँ रजिस्टर्ड मानी जाएँगी और नहीं तो 15-20 फीसदी रजिस्टर्ड और बाकी की अनरजिस्टर्ड, लेकिन सब इकाइयाँ मानी जाती हैं। उनको एक्सपोर्ट के अंतर्गत जोड़ते हैं, जो एक्सपोर्ट का काम करते हैं, 40 प्रतिशत एक्सपोर्ट हम कर रहे हैं। 40 प्रतिशत एक्सपोर्ट में योगदान

है। हम कहते हैं कि 45 प्रतिशत मैन्युफैक्चर में योगदान है, हम यह भी कहते हैं कि आठ करोड़ हमारे बेरोजगार नौजवान इसमें हैं, हम यह भी कहते हैं कि आठ फीसदी ग्रोथ रेट में भी इसका योगदान है तो इनटोटेलिटी इस तरह के आँकड़े को हम पेश करते हैं। इनको हम इग्नोर नहीं कर सकते। इसलिए ये रजिस्टर्ड कैसे बनें, तो रजिस्ट्रेशन के लिए जो सुविधाएँ हैं, वे सुविधाएँ प्रदान की जाएँ, उसके लिए हमने कार्य करना शुरू कर दिया है। ऑनलाइन चीजें हों, यह हमारा प्रयत्न हैं और उन सुविधाओं को अवेल करके सबने रजिस्ट्रेशन करा लिया तो कोई हर्ज नहीं है। अब जो सुविधाएँ नहीं है और अनरजिस्टर्ड हैं, लेकिन सारी चीजों को पूरा कर रही हैं तो उनको भी इसके अंतर्गत लेना चाहिए, यह हमारा अपना प्रयत्न है, ताकि गणना के अंतर्गत यह बात न हो कि भइया ये तो इनवेलिड हैं, ये वेलिड हैं।

इनवेलिड और वेलिड का स्वरूप नहीं निर्माण होना चाहिए, यह हमारा प्रयत्न है और इसीलिए सूक्ष्म, लघु और मध्यम इंटरप्राइजेज के लिए हम एक अलग से पॉलिसी बना रहे हैं और मैं चाहूँगा कि आप भी एक सप्ताह के अंदर वेबसाइट पर देख सकते हैं और आप सब लोगों का भी सुझाव अपेक्षित होगा, क्योंकि सूक्ष्म, लघु और मध्यम उद्योग किसी भी देश की आर्थिक रीढ़ हैं और अगर मैं यह कहूँ कि आर्थिक विकास का एक महत्त्वपूर्ण इंजन है ग्रोथ इंजन, तो अतिशयोक्ति नहीं होगी। जो बड़े-बड़े देश हैं, चाहे जापान हो, चाहे यूरोप के जर्मनी और बाकी के देश हैं, ये विकसित हुए हैं तो सूक्ष्म, लघु और मध्यम इंटरप्राइजेज के विकास के माध्यम से ही हुए हैं। हमारी कोशिश है कि हम भारत को एक विकसित देश के रूप में बनाएँ और हिंदुस्तान सही मायने में मेक इन इंडिया और मेड इन इंडिया, दोनों के स्वरूप में जाग्रत् कर सके, इसका माध्यम यह हमारा एम.एस.एम.ई. बने और एम.एस.एम.ई. के जरिए ही देश को हम विकसित देश के रूप में स्थापित कर सकें, यह हमारा प्रयास है।

□

परिशिष्ट-1

एम.एस.एम.ई. मंत्रालय द्वारा कार्यान्वित योजनाएँ

प्रधानमंत्री रोजगार सृजन कार्यक्रम (पी.एम.ई.जी.पी.)

मंत्रालय का अधिकतम योजनागत बजट प्रधानमंत्री रोजगार सृजन कार्यक्रम के अंतर्गत स्वरोजगार वेंचरों, परियोजनाओं, सूक्ष्म उद्यमों के सृजन पर स्वयं होता है। वर्ष 2014-16 के दौरान 92.508 इकाइयाँ लगाई गईं, जिनसे 6,80,864 व्यक्तियों को रोजगार मिला। इस पर कुल 2,142,59 करोड़ रुपए का योजना बजट व्यय किया गया।

संभावित लाभार्थियों की सुविधा के लिए एक ऑनलाइन पोर्टल बनाया गया, जिससे लाभार्थियों द्वारा दाखिल आवेदनों पर ऑनलाइन कारवाई की जा सकती है। इस ऑनलाइन पोर्टल से बैंकों द्वारा ऋण की ऑनलाइन मंजूरी और विभिन्न स्वीकृत परियोजनाओं की मॉनिटरिंग इस परियोजना के आरंभ से वर्षों तक संभव हो पा रही है।

पारंपरिक उद्योगों के उन्नयन और पुनरुज्जीवन के लिए निधि योजना

इस स्कीम में पारंपरिक उद्योगों और कारीगरों को क्लस्टरों में सहयोग करने और उनके दीर्घकालीन स्थायित्व के लिए उन्हें प्रतिस्पर्द्धी बनाने की परिकल्पना की गई है। इस स्कीम में एम.एस.एम.ई. क्लस्टरों को डिजाइन इंटरवैशन, बेहतर

पैकेजिंग और अवसंरचना से उत्पादों की विपणनीयता बढ़ाने में भी सहायता की जाती है। 2014 में इस योजना का पुनर्गठन किया गया था, जिसमें प्रथम चरण में 71 क्लस्टरों (केयर सहित) के विकास के लिए 149.44 करोड़ रुपए का व्यय और 44.500 कारीगरों को कवर किया गया था। पुनः वर्ष 2015 में निधि प्रवाह के अनुमोदन की प्रक्रिया को दुरुस्त करने और कठिनाइयों को दूर करने के लिए मार्ग-निर्देशों में संशोधन किया गया था। 2015-16 के दौरान क्लस्टरों की 71 नैदानिक अध्ययन रिपोर्ट और 32 विस्तृत रिपोर्ट का अनुमोदन किया गया था, जिसमें 30.29 करोड़ रुपए के निधि सहयोग से 30438 कारीगरों को रोजगार प्रदान किया गया।

निष्पादन और क्रेडिट रेटिंग स्कीम (पी.सी.आर.एस.)

यह योजना प्रमुख रेटिंग एजेंसियों, जैसे क्रिसिल, आई.सी.एल.ए., एम.एस.ई.आर.ए. आदि द्वारा क्षमताओं और ऋण योग्यता के बारे में विश्वस्त तृतीय पक्ष की राय बनाने में सूक्ष्म और लघु उद्यमों (एम.एस.एम.ई.) की सहायता करने के लिए है। पिछले दो वर्षों, अर्थात् 2014-15 और 2015-16 के दौरान अपनी रेटिंग कराने के लिए 38198 सूक्ष्म और लघु उद्यमों की 125 करोड़ रुपए की सहायता दी गई है। इस स्कीम में आवेदन करने की प्रक्रिया को वेब आधारित बनाया जा रहा है और केवल उन्हीं रेटिंग एजेंसियों को रेटिंग करने की अनुमति दी जा रही है, जिन्हें भारतीय रिजर्व बैंक (आरबीआई) और भारतीय प्रतिभूति और विनिमय बोर्ड (सेबी) दोनों द्वारा अधिकार प्राप्त हैं।

विपणन सहायता योजना

राष्ट्रीय लघु उद्योग निगम के माध्यम से घरेलू और राष्ट्रीय बाजारों दोनों से प्रदर्शनियों में भाग लेने के लिए सूक्ष्म और लघु उद्यमों (एम.एस.ई.) की सहायता करने के लिए 2014-15 और 2015-16 के दौरान 2820 करोड़ रुपए की धनराशि दी गई है। 2014-15 के दौरान 137 मेलों और 2015-16 के दौरान 112 मेलों में 3959 इकाइयों ने भाग लिया।

अंतरराष्ट्रीय सहयोग योजना

भारतीय लघु उद्यमों और संक्षिप्त देशों में उद्यमों के बीच सहयोग के लिए दीर्घकालिक और स्थायी उद्यम आरंभ करने के लिए मंत्रालय द्वारा अंतरराष्ट्रीय सहयोग योजना का कार्यान्वयन किया जा रहा है। इस स्कीम के जरिये उद्यमों के बीच व्यावसायिक प्रतिनिधि मंडलों के आदान-प्रदान द्वारा आमने-सामने की व्यावसायिक बैठकें आयोजित की गई हैं। 2014-15 के दौरान 3.95 करोड़ रुपए की राशि और 2015-16 के दौरान 3.6 करोड़ रुपए की धनराशि 43 कार्यक्रमों के आयोजन के लिए व्यय की गई, जिससे 2014-15 के दौरान 603 उद्यमियों को लाभ हुआ और 2015-16 के दौरान 55 कार्यक्रम आयोजित किए गए और 875 उद्यमी लाभान्वित हुए।

प्रशिक्षण संस्थानों को सहायता योजना (ए.टी.आई.)

मंत्रालय सूक्ष्म उद्यमों की स्थापना और वैतनिक नियोजन द्वारा एम.एस. एम.ई. की सहायता के लिए युवाओं को आवश्यक कौशल और प्रोत्साहन प्रदान कर देशी उद्यमिता के विकास के लिए ए.टी.आई. स्कीम का कार्यान्वयन कर रहा है। 2014-16 के दौरान 6551 उद्यमिता विकास कार्यक्रमों/उद्यमिता कौशल विकास कार्यक्रमों के लिए 159.12 करोड़ रुपए की राशि खर्च की गई और इससे 1,85,573 प्रतिभागियों को लाभ हुआ।

क्रेडिट गारंटी स्कीम

क्रेडिट प्रदायगी प्रणाली को सुदृढ करने और कोलेटरल अथवा तृतीय पक्ष की गारंटी के बिना 100 लाख रुपए तक एम.एस.एम.ई. क्षेत्र को ऋण प्रवाह सुलभ कराने के लिए सी.जी.टी.एम.एस.ई. की स्थापना की गई है। इस स्कीम के जरिये 2014-15 के दौरान 74,99 करोड़ रुपए खर्च किया गया और 21,274,82 करोड़ रुपए की गारंटी कवरेज के साथ 403,422 ऋण आवेदनों का अनुमोदन किया गया, जबकि 2015-16 के दौरान 70.99 करोड़ रुपए व्यय किया गया और 19,949,38 करोड़ रुपए की गारंटी के साथ 5.13,000 ऋण आवेदनों का अनुमोदन किया गया। सी.जी.टी.एम.एस.ई. की संचित निधि

में भारत सरकार और सिडबी द्वारा क्रमशः 4.1 के अनुपात में योगदान दिया जा रहा है।

लीन मैन्युफैक्चरिंग

विभिन्न लीन मैन्युफैक्चरिंग तकनीकों जैसे 5 एस प्रणाली, दृश्य नियंत्रण, मानक प्रचलन प्रक्रियाओं जस्य इन टाइम, कानवन प्रणाली और अपशिष्ट कम कर कायर्जन, उत्पादकता में वृद्धि, नवोन्मे, पद्धतियों की शुरुआत और अच्छी प्रबंधन प्रणालियों का संचार कर लीन विनिर्माण स्कीम का कार्यान्वयन किया गया था। संघों और अन्य हितधारकों के समन्वय में जागरूकता कार्यक्रम आयोजित किए गए और संभावित एम.एस.एम.ई. को समान क्षेत्र में मिनी-क्लस्टर/अधिमानतः 10 एम.एस.एम.ई. का एसपोवी बनाने के लिए और समान उत्पादों के विनिर्माण के लिए प्रेरित किया गया। इस स्कीम के जरिये 2014-16 के दौरान 26.10 करोड़ रुपए की निधि सहायता से 22,720 इकाइयों को लाभ हुआ।

क्रेडिट लिंक्ड कैपिटल सब्सिडी स्कीम (सी.एल.सी.एस.एस.)

विनिर्माण में लगने और मौजूदा एम.एस.ई. के प्रौद्योगिकीय उन्नयन को सुगम बनाने के लिए क्रेडिट लिंक्ड कैपिटल सब्सिडी स्कीम का कार्यान्वयन किया गया था, जिसमें सुस्थापित और बेहतर प्रौद्योगिकी लगाने के लिए न्यूनतम 15 लाख रुपए (अनुमोदित प्लांट और मशीनरी में एक करोड़ रुपए निवेश तक) के लिए 15 प्रतिशत अग्रिम पूँजी सब्सिडी दी जाती है। इस स्कीम के तहत 51 उपक्षेत्र/उत्पाद अनुमोदित मशीनरी/प्रौद्योगिकियों के साथ कवर किया गया है। 2014-15 के दौरान इस स्कीम के माध्यम से 394,74 करोड़ रुपए की धनराशि खर्च की गई, जिससे 7246 इकाइयों को लाभ हुआ और 2015-16 के दौरान 258.04 करोड़ रुपए के व्यय के साथ 5047 इकाइयों को लाभ हुआ।

सूक्ष्म, लघु उद्यम क्लस्टर विकास कार्यक्रम (एम.एस.ई.सी.डी.पी.)

प्रौद्योगिकी, कौशल, गुणवत्ता में सुधार और बाजार तक पहुँच जैसी

समस्याओं को दूर कर एम.एस.ई. के स्थायित्व और विकास में सहायता के लिए और मौजूदा औद्योगिक क्षेत्रों/एम.एस.ई. के क्लस्टरों में अवसंरचना सुविधाएँ सृजित करने/उन्नयन के लिए मंत्रालय एम.एस.ई.सी.डी.पी. का कार्यान्वयन कर रहा है। भौगोलिक अवस्थिति और क्षेत्रगत संरचना दोनों अर्तोंमो एम.एस.ई. की विविधता को देखते हुए एम.एस.ई.सी.डी.पी. स्कीम का उद्‌देश्य सुपरिभाषित क्लस्टरों के जरिये उद्योगों की आवश्यकता को पूरा करता है। इससे संसाधनों के नियोजन और समान उद्योगों की विशिष्ट आवश्यकताओं पर ध्यान केंद्रित करने के मामले में आकारिक मितव्ययिता प्राप्त होगी। वर्ष 2014-15 के दौरान नैदानिक अध्ययन, सॉफ्ट, इंटरवेशन और अवसंरचना परियोजनाओं जैसे विभिन्न इंटरवेशनों के लिए 63.18 करोड़ रुपए की राशि के साथ 43 क्लस्टरों और 2015-16 के दौरान 81.36 करोड़ रुपए की राशि के साथ 59 क्लस्टरों को लिया गया है।

डिजाइन क्लिनिक स्कीम (एन.एम.सी.पी.)

स्थायी डिजाइन ईको सिस्टम बनाने और औद्योगिक डिजाइन समूह को एम.एस.एम.ई. क्षेत्र के निकट लाने के लिए एन.एम.सी.पी. के तहत डिजाइन क्लिनिक स्कीम का कार्यान्वयन किया गया था, 2014-15 और 2015-16 के दौरान 9.06 करोड़ रुपए की राशि के व्यय से 6273 इकाइयों को लाभ हुआ।

बौद्धिक संपदा अधिकार (आई.पी.आर.)

एम.एस.एम.ई. क्षेत्र की प्रतिस्पर्धा बढ़ाने के लिए एम.एस.एम.ई. के लिए बौद्धिक संपदा अधिकारों पर जागरूकता उत्पन्न करने की योजना आरंभ की गई, जिसका उद्‌देश्य जागरूकता उत्पन्न करना और विचारों—व्यायसायिक कार्य नीतियों को सुरक्षित करना था। 2014-15 के दौरान 0.83 करोड़ रुपए के व्यय से 1072 इकाइयों ने और 2015-16 के दौरान 1.74 करोड़ रुपए के व्यय से 4938 इकाइयों ने भाग लिया।

इनक्यूबेशन

प्रौद्योगिकीय ज्ञान पर आधारित नवोन्मेषी उद्यमों के संवर्धन और अलग-अलग नवप्रवर्तकों की अप्रयुक्त सृजनात्मकता को सहयोग देने के लिए इनक्यूबेशन स्कीम का कार्यान्वयन किया गया था। 2014-15 के दौरान 2.68 करोड़ रुपए के व्यय से 35 मेजबान संस्थानों और 143 विचारों का और 2015-16 के दौरान 6.22 करोड़ रुपए की सहायता से 45 मेजबान संस्थानों और 145 विचारों का अनुमोदन किया गया।

जेडईडी मैच्योरिटी मॉडल : गुणवत्ता प्रबंधन मानक (क्यूएमएस) और गुणवत्ता प्रौद्योगिकी टूल्स (क्यूटीटी)-एन.एम.सी.पी.

एम.एस.एम.ई. को जागरूक करने और प्रोत्साहन देने, अद्यतन क्यूएमएस और क्यूटीटी अपनाने, विनिर्माण के क्रम में रिडक्शन और रीवके के लिए जेडईडी मैच्योरिटी स्कीम का कार्यान्वयन किया गया था और 2014-15 के दौरान 1.43 करोड़ रुपए की निधि सहायता से 3,480 इकाइयों और 2015-16 के दौरान 2.13 करोड़ रुपए से 5,461 इकाइयों की भागीदारी हुई।

महिलाओं के लिए ट्रेड संबंधी उद्यमिता सहायता और विकास (ट्रेड)

इस स्कीम में ट्रेड, उत्पादों, सेवाओं आदि से संबंधित काउंसिलिंग, विस्तार कार्यकलापों और ट्रेड संबंधी प्रशिक्षण, सूचना के जरिये महिलाओं के आर्थिक सशक्तीकरण की परिकल्पना की गई है। इस योजना में गैर सरकारी संगठनों (एनजीओ) के जरिये वित्तीय ऋण की व्यवस्था की गई है, जिन्हें क्षमता निर्माण के लिए अनुदान दिए जाते हैं। यह सहायता महिलाओं को किसी भी प्रकार के गैर कृषि कार्य करने हेतु स्वरोजगार उद्यमों के लिए दी जाती है। वर्ष 2014-16 के दौरान 4.54 करोड़ रुपए के कुल व्यय से 11825 इकाइयाँ लाभान्वित हुईं।

विपणन सहायता एवं प्रौद्योगिकी उन्नयन (माटू)

यह स्कीम राज्य/जिला स्तर पर प्रदर्शनियों में विनिर्माण में लगे एम.एस.एम.ई. की भागीदारी के माध्यम से उन्हें विपणन मंच प्रदान कर तथा उनके

उत्पादों को उपभोक्ताओं में और अधिक स्वीकार्य बनाने के लिए आई.एस.ओ. प्रमाणन तथा बार कोड प्राप्त करने में सहायता प्रदान करती है। इस स्कीम के माध्यम से वर्ष 2014-16 के दौरान 2.02 करोड़ रुपए के फंड की सहायता से 1.122 इकाइयाँ लाभान्वित हुईं।

वेंडर विकास कार्यक्रम (वी.डी.पी.)

यह स्कीम सार्वजनिक क्षेत्र की इकाइयों तथा रेलवे, रक्षा संगठन, बी.ई.एल., बी.एच.ई.एल., एन.टी.पी.सी. तथा भारतीय लघु एवं मध्यम उद्यमों (एम.एस.ई.) के मध्य उपयुक्त विपणन रणनीतियों के द्वारा आपसी लाभ के लिए संबंधित व्यापारिक तालमेल की सुविधा प्रदान करती है। बी.डी.पी. एम.एस. एम.ई. के उत्पादों एवं सेवाओं के प्रदर्शन/डिसप्ले द्वारा तथा बड़े उद्योग के क्रेता संगठनों की आवश्यकताओं के लिए मंच प्रदान करना है। वर्ष 2014-16 के दौरान देश के विभिन्न भागों से वी.डी.पी. के तहत आयोजित प्रदर्शनकारियों में कुल 38,430 इकाइयों ने भाग लिया।

बाजार विकास सहायता (एम.डी.ए.)

एम.डी.ए. योजना अंतरराष्ट्रीय व्यापार मेलों तथा प्रदर्शनियों में भागीदारी के द्वारा विदेशी बाजार का लाभ उठाने में सहायता करती है। इस योजना के माध्यम से वर्ष 2014-16 के दौरान 8.07 करोड़ रुपए की राशि के साथ 580 इकाइयाँ लाभान्वित हुईं।

बार कोड स्कीम

यह स्कीम बार-कोड को प्रयोग करने के लिए जी-एसआई-इंडिया को भुगतेय एकबारगी पंजीकरण शुल्क का 75 प्रतिशत तथा वार्षिक आवर्ती शुल्क (तीन वर्षों के लिए) प्रदान कर एम.एस.ई. के बीच बार कोड अपनाने को लोकप्रिय बनाती है। प्रतिपूर्ति के कार्य का विकेंद्रीकरण किया गया है और योजना के त्वरित समय पर और व्यापक कार्यान्वयन सुनिश्चित करने के लिए

इसे क्षेत्रीय कार्यालयों को भेज दिया गया है। वर्ष 2014-16 के दौरान 1.579 इकाइयाँ 2.87 करोड़ रुपए से लाभान्वित हुई हैं।

सूचना एवं संचार प्रौद्योगिकी

इस योजना में विकास आयुक्त (एम.एस.एम.ई.) कार्यालय के प्रौद्योगिकी केंद्रों तथा संस्थानों के बीच अंतर एवं अंतरा नेटवर्क स्थापित करने हेतु क्लाउड कंप्यूटिंग के माध्यम से एम.एस.एम.ई. के लिए लागत प्रभावी तथा सर्व-समावेशी आई.सी.टी. अनुप्रयोगों की परिकल्पना की गई है। यह एम.एस.एम.ई. को मूल्य शृंखला की खोज करके उत्पादों एवं सेवाओं की गुणवत्ता में सुधार के लिए उत्तम पद्धतियों को ऑनलाइन अपनाने, सुपुर्दगी समय में कमी लाने में समर्थ बनाती है। क्लाउड सॉल्यूशंस एम.एस.एम.ई. को श्रेष्ठ प्रौद्योगिकियों के कार्यान्वयन में सहायता करता है तथा प्रचालन के जोखिम को कम करके स्वामित्व की प्रचालन लागत एवं कुल लागत को निम्न स्तर पर लाता है। एम.एस.ई. बेहतर ब्रांडिंग के साथ नए बाजार तक पहुँच बनाते हैं तथा क्लाउड कंप्यूटिंग सेवाओं के अपनाने से त्वरित सुपुर्दगी करते हैं।

एम.एस.एम.ई. के लिए प्रौद्योगिकी एवं गुणवत्ता उन्नयन समर्थन

यह योजना एम.एस.एम.ई. को राष्ट्रीय और अंतरराष्ट्रीय निकायों से उत्पाद प्रमाणन/लाइसेंस प्राप्त करने तथा वैश्विक मानकों के अनुसार अधिदेशित अन्य प्रौद्योगिकियों को अपनाने में सहायता करती है। इस योजना में ऊर्जा कुशल प्रौद्योगिकियों के प्रयोग तथा विनिर्माण प्रक्रिया पर ध्यान रखा गया है, ताकि उत्पादन लागत तथा उत्सर्जन घट सके। इसके तहत 48.32 करोड़ रुपए की राशि खर्च की गई है तथा ऊर्जा कुशल प्रौद्योगिकी एवं उत्पादन प्रमाणन प्रतिपूर्ति से 493 इकाइयों की सहायता की गई है।

कॅयर क्षेत्र

गत दो वर्षों के दौरान मंत्रालय कॅयर क्षेत्र के विकास पर ध्यान केंद्रितकर रहा है। कॅयर उत्पादन 10,000 मैट्रिक टन से अधिक बढ़ गया है और अब 5,40,000

मीट्रिक टन से अधिक हो चुका है। सामान्य रुझान को हटाकर कॅयर एवं कॅयर उत्पादों का निर्यात 200 करोड़ रुपए से अधिक बढ़ गया है, जो कि वित्तीय वर्ष 2015-16 से 1700 करोड़ रुपए हो गया है। अब कॅयर बोर्ड को 27 जनवरी, 2016 से पूर्व-लोकसभा सदस्य श्री सी.पी. राधाकृष्णन के रूप में नया अध्यक्ष मिल गया है। कॅयर उद्योग का केरल से बाहर भी विस्तार हुआ है और पोलाची जैसा शहर अब लगभग कॅयर शहर बन गया है। कॅयर उद्योग कृषि आधारित ग्रामीण उद्योग है, जो वर्तमान में 7.21 लाख कर्मचारियों (80 प्रतिशत वर्कफोर्स महिला हैं) से अधिक को रोजगार देता है। यह प्रमुखतः नारियल उत्पादक राज्यों में है।

कॅयर उद्यमी योजना

यह विशिष्ट योजना कॅयर उद्योग के आधुनिकीकरण के लिए तथा नारियल भूसी का उपयोग बढ़ाने के लिए है। वर्ष 2014-16 के दौरान 36.92 करोड़ रुपए की लागत से 880 इकाइयों की स्थापना के लिए 14.60 करोड़ रुपए मार्जिन मनी के रूप में खर्च किए गए तथा इससे लगभग 8520 व्यक्तियों को रोजगार मिला है।

कॅयर विकास योजना

जैसा कि नाम से स्पष्ट है, कॅयर विकास योजना कॅयर क्षेत्र के विकास के लिए है। इस स्कीम का उद्‌देश्य कच्चे माल के अधिकाधिक उपयोग, कौशल विकास और ग्रामीण लोगों; विशेष रूप से महिलाओं को रोजगार प्रदान कर और देश के अंदर और विदेशों में कॅयर उत्पादों के विपणन के जरिए कॅयर उद्योग का स्थायी विकास करना है। पिछले दो वर्षों के दौरान 50 करोड़ रुपए से अधिक राशि खर्च की गई है। इस व्यय से 27 हजार से अधिक लोगों को मूल्य से संबंधित प्रशिक्षण प्रदान किया गया है, 15476 महिलाओं को महिला कॅयर योजना के तहत प्रशिक्षण दिया गया है और देश के अंदर और बाहर आयोजित 22 मेलों में 159 कंपनियों को भाग लेने के लिए प्रोत्साहित किया गया है।

खादी एवं ग्रामोद्योग

जैसा कि शुरू में उल्लेख किया गया है, खादी और ग्रामोद्योग भारत की

दो महत्त्वपूर्ण राष्ट्रीय विरासत हैं। इन क्षेत्रों से बड़ी संख्या में लोगों को देश में रोजगार देने में मदद मिली है। इन दो क्षेत्रों में पिछले दो वर्षों के दौरान रोजगार प्रदान करने में 8.5 लाख से अधिक की वृद्धि हुई है। इन क्षेत्रों में कुल रोजगार 31.03.2016 की स्थिति के अनुसार 139.07 लाख है। पिछले दो वर्षों के दौरान इन क्षेत्रों में कुल उत्पादन में 1921.00 करोड़ रुपए की वृद्धि हुई है, जिससे यह बढ़कर कुल 28030.00 करोड़ रुपए हो गया है।

खादी संस्थानों में वृद्धि

के.वी.आई.सी. के पास 2223 पंजीकृत संस्थान हैं, जिनमें से 1850 संस्थानों को बाजार संवर्धन एवं विकास सहायता योजना के तहत प्रत्यक्ष सहायता दी गई। वर्ष 2014-16 के दौरान कुल प्रत्यक्ष सहायता 325.89 करोड़ रुपए की थी, जिसके परिणामस्वरूप 1945 करोड़ रुपए की खादी का उत्पादन हुआ। इसके अलावा 172 करोड़ रुपए के पॉलिवस्त्र के उत्पादन में सहायता देने के लिए 31.71 करोड़ रुपए का अनुदान दिया गया। ब्याज सब्सिडी के लिए 81.31 करोड़ रुपए का अनुदान दिया गया, जिससे पिछले दो वर्षों के दौरान लगभग 370 करोड़ रुपए की कार्यशील पूँजी का लाभ उठाने में खादी संस्थानों को सहायता मिली।

खादी कारीगर

खादी कारीगर, जो खादी विरासत को अक्षुण्य रख रहे हैं, हमेशा से मंत्रालय के विशेष फोकस रहे हैं। 25.21 करोड़ रुपए वर्कशेड के लिए जारी किए गए और 5424 वर्कशेड का निर्माण किया गया है। 2.96 लाख कारीगरों को आम आदमी बीमा योजना के अंतर्गत सामाजिक सुरक्षा दी गई है। खादी कारीगरों के लगभग 10 हजार बच्चों को प्रत्येक वर्ष छात्रवृत्ति दी जाती है। 1945 संस्थानों और 1 लाख 10 हजार कारीगरों को शामिल करके 21 राज्यों में कारीगर कल्याण कोष न्यास स्थापित किया गया है।

राष्ट्रीय लघु उद्योग (एन.एस.आई.सी.) लिमिटेड

मंत्रालय के एकमात्र सार्वजनिक क्षेत्र उपक्रम के रूप में इसने 10 लाख

मीट्रिक टन से अधिक कच्चे माल की आपूर्ति की एम.एस.एम.ई. को समर्थन प्रदान किया है और इसके द्वारा सहायता प्रदत्त एम.एस.एम.ई. की संख्या लगभग 12 हजार है। इसने 529 एम.एस.एम.ई. को 7059 करोड़ रुपए का क्रेडिट समर्थन भी प्रदान किया है। वर्ष 2014-15 और 2015-16 दोनों को मिलाकर कुल व्यापार 20 हजार करोड़ रुपए से अधिक का रहा है और कर से पूर्व का लाभ लगातार बढ़ते हुए 2015-16 के दौरान 158 करोड़ रुपए हो गया है।

एन.एस.आई.सी. ने सरकारी टेंडरों में एम.एस.एम.ई. को भाग लेने के लिए और सरकारी सार्वजनिक खरीद में योगदान करने में एम.एस.एम.ई. की क्षमता निर्माण के लिए सरकारी खरीद में एकल बिंदु पंजीकरण का भी समर्थन किया है। एम.एस.एम.ई. को कंसोर्टिया और टेंडर मार्केटिंग स्कीम के माध्यम से सरकारी विभागों/संस्थानों के टेंडरों में भाग लेने के लिए सशक्त भी बनाया गया है। एन.एस.आई.सी. का मार्केटिंग पोर्टल एम.एस.एम.ई. ग्लोबल मार्ट वेब पोर्टल (www.msmemart.com) के माध्यम से एम.एस.ई. को अपना व्यापार बढ़ाने के लिए इ-मार्केटिंग प्लेटफॉर्म भी प्रदान करता है।

एन.एस.आई.सी. उद्योगों की जरूरतों के अनुसार उनके साथ लिंकेज करके उद्योगों के अद्यतन ज्ञान के माध्यम से जारी प्रशिक्षण कार्यक्रमों को मजबूत करने के लिए प्रशिक्षण प्रदान कर कौशल व कार्य को सुलभ बनाता है। एन.एस.आई.सी. भावी उद्यमियों और स्टार्टअप कंपनियों को रेपिड इनक्यूबेशन के माध्यम से भूमि उत्पाद विनिर्माण के लिए सहयोग देता है। इसकी प्रक्रिया प्रौद्योगिकी विकास, व्यापार, विकास तथा वित्तीय व्यवस्था आदि के साथ मिलकर एक छत के नीचे चलती है।

राष्ट्रीय सूक्ष्म, लघु और मध्यम उद्यम संस्थान (एन.आई.एम.एस.एम.ई.)

दो वर्षों के दौरान इस संस्थान को राष्ट्रीय स्तर के वास्तविक संस्थान जैसे कार्य करने योग्य बनाने का प्रयास किया गया है। इसके द्वारा देश के 25 राज्यों जैसे बिहार, उत्तर प्रदेश, कर्नाटक, तमिलनाडु, महाराष्ट्र, पंजाब, पश्चिम बंगाल, ओडिसा, आंध्र प्रदेश, तेलंगाना, इत्यादि में 2674 उद्यमिता तथा कौशल विकास

प्रशिक्षण कार्यक्रम का आयोजन किया गया, जिसमें 79,010 युवा/अधिकारी प्रशिक्षित किए गए। इसके द्वारा विभिन्न राज्यों में रोजगार मेलों का आयोजन किया गया, जिसमें 24,187 लोगों को वैतनिक रोजगार के लिए चुना गया।

एन.आई.एम.एस.एम.ई. अंतरराष्ट्रीय एक्जिक्यूटिव (अधिकारियों) के लिए भी प्रशिक्षण कार्यक्रम आयोजित करता है और इसके द्वारा 35 कार्यक्रमों का आयोजन किया गया, जिनमें 76 देशों के 655 अंतरराष्ट्रीय अधिकारियों ने भाग लिया। यह हर्ष की बात है कि एन.आई.एम.एस.एम.ई. वर्ष 2016 में आई.टी.ई.सी.कार्यक्रमों के कार्यान्वयन के 50 वर्ष पूरे कर रहा है। पहली बार एन.आई.एम.एस.एम.ई. भूटान, श्रीलंका तथा बाँग्लादेश में अंतरराष्ट्रीय व्यापार पर प्रशिक्षकों के लिए प्रशिक्षण कार्यक्रम का भी कार्यान्वयन कर रहा है।

एन.आई.एम.एस.एम.ई. द्वारा गत दो वर्षों के दौरान 40 प्रकाशन प्रकाशित किए गए हैं और विभिन्न संगठनों द्वारा प्रायोजित 23 परियोजनाओं का अनुसंधान तथा परामर्श प्रदान किया गया है।

महात्मा गांधी ग्रामीण औद्योगिकीकरण संस्थान (एम.जी.आई.आर.आई.)

वर्ष 2014-16 के दौरान संस्थान ने ग्रामीण औद्योगिकीकरण के लिए विज्ञान एवं प्रौद्योगिकी समर्थन देकर अपने कार्यकलापों को बढ़ाया है। इस प्रकार कई प्रकार की प्रौद्योगिकी प्रयोग में लाई गई है, जिसमें से निम्न पाँच को सूचीबद्ध किया जा सकता है—(1) साबुन, डिटर्जेंट व इसके कच्चे माल को जाँच करने की किट, (2) खादी वस्त्रों को रंगना, फिनिशिंग, (3) कुम्हार के अलग-अलग गति से चलनेवाले चाक, (4) बायोगैस इंजन रूपांतरण किट, (5) जैव खाद डायग्नोस्टिक किट। एम.जी.आई.आर.आई. ने गत दो वर्षों के दौरान 219 सौर चरखे स्थापित किए हैं, जिसमें विशेष रूप से नवादा (बिहार) एवं नागपुर (महाराष्ट्र) में स्थापित चरखे उल्लेखनीय हैं। एम.जी.आई.आर.आई. ने गत दो वर्षों में 25 पेटेंट भी फाइल किए हैं। इसके कार्य को इस तथ्य से भी आँका जा सकता है कि विगत दो वर्षों से 25 पेटेंट कराए गए, जबकि पहले इस संस्थान की स्थापना से अब तक केवल सिर्फ एक पेटेंट ही कराया गया था। □

परिशिष्ट-2

सांसद के रूप में उपलब्धियाँ

हमारे देश में राष्ट्रीय स्तर के नेताओं और सरकार में वरिष्ठ मंत्रियों के रूप में काम कर रहे नेताओं पर प्राय: आरोप लगता है कि राष्ट्रीय उत्तरदायित्व का निर्वाह करते-करते जाने-अनजाने उनका संसदीय क्षेत्र उपेक्षा का शिकार हो जाता है, परंतु श्री मिश्र के विषय में ऐसा नहीं है। यद्यपि वे देवरिया संसदीय क्षेत्र का प्रतिनिधित्व वर्ष 2014 से प्रथम बार कर रहे हैं, परंतु उनके और संसदीय क्षेत्र देवरिया के पार्टी कार्यकर्ताओं-मतदाताओं के बीच कुछ ऐसा रिश्ता है, जिसे देखकर ऐसा लगता है, मानो इन लोगों के बीच वे 25 वर्ष से अधिक समय से हों। वर्ष 2014 के आम चुनावों की घोषणा होने पर उन्हें अपेक्षाकृत नई सीट देवरिया से चुनाव लड़ने हेतु पार्टी के शीर्ष नेतृत्व द्वारा कहा गया, जिसे उन्होंने सहर्ष स्वीकार कर लिया। यद्यपि वे एक वर्ष पूर्व से ही कानपुर संसदीय क्षेत्र से चुनाव लड़ने की योजना बना रहे थे, परंतु भा.ज.पा. के वरिष्ठ नेता डॉ. मुरली मनोहर जोशी का संसदीय क्षेत्र वाराणसी से कानपुर बदले जाने के कारण उन्हें कानपुर के बजाय देवरिया से लड़ने को कहा गया। प्रारंभ में वहाँ के स्थानीय नेता श्री सूर्य प्रताप शाही व देवरिया के पूर्व सांसद श्री प्रकाश मणि त्रिपाठी द्वारा श्री मिश्र की उम्मीदवारी का विरोध किया गया, परंतु श्री कलराजजी के विराट् व्यक्तित्व के सम्मुख यह विरोध अस्थायी और प्रभावहीन रहा। वे देवरिया से 2.65000 मतों के अधिक अंतर से सांसद चुने गए।

जिस समय श्री मिश्र देवरिया से सांसद चुने गए, उस समय देवरिया में स्वच्छ पेयजल की कमी, बिजली का अभाव व साइको की स्थिति दयनीय थी।

युवाओं में बेरोजगारी के कारण रोष था, क्योंकि पिछली सरकारों की घोर उपेक्षा के कारण क्षेत्र की अधिकांश चीनी मिलें बंद हो गई थीं। श्री मिश्र को चार दशक से अधिक के राजनीतिक अनुभव के कारण प्रधानमंत्री श्री नरेंद्र मोदी ने उन्हें अपने मंत्रिमंडल में कैबिनेट मंत्री के रूप में शामिल किया और सूक्ष्म, लघु एवं मध्यम उद्यम मंत्रालय का उत्तरदायित्व सौंपा क्योंकि वे कैबिनेट मंत्री बन गए थे, इसलिए क्षेत्र के मतदाताओं की अपेक्षाएँ उनसे बढ़ गई थीं। बिजली आपूर्ति की समस्या से निपटने के लिए श्री मिश्र द्वारा सांसद के रूप में निम्न कदम उठाए गए।

राजीव गांधी ग्रामीण विद्युतीकरण योजना के अंतर्गत केंद्र सरकार द्वारा देवरिया के 2880 टोलों के विद्युतीकरण हेतु 120.90 करोड़ रुपए स्वीकृत किए गए और कुशीनगर में 93 करोड़ रुपए स्वीकृत किए गए। गाँवों में निर्बाध बिजली आपूर्ति के उद्देश्य से भारत सरकार ने 25 जुलाई, 2015 को दीनदयाल उपाध्याय ग्राम ज्योति योजना प्रारंभ की। इस योजना के अंतर्गत देवरिया क्षेत्र को 277.73 करोड़ रुपए आवंटित किए गए और 1415 गाँवों का विद्युतीकरण किया गया, जबकि कुशीनगर जनपद में स्थित दो विधानसभाओं—फाजिल नगर और तमकुहीराज के ग्रामीण क्षेत्रों के विद्युतीकरण हेतु 245.91 करोड़ रुपए मंजूर किए गए और 764 गाँवों का विद्युतीकरण किया गया। इसके अतिरिक्त एकीकृत ऊर्जा कार्यान्वयन योजना के अंतर्गत विभिन्न कार्य किए गए और तीन वर्षों में इस योजना के अंतर्गत देवरिया में 1.91 करोड़ रुपए व कुशीनगर में 26.82 करोड़ रुपए मंजूर किए गए। सांसद आदर्श ग्राम विद्युतीकरण योजना में 16 लाख रुपए की लागत से 25 सोलर स्ट्रीट लाइट और 5 सोलर हाई मास्ट लाइटें लगाई गईं।

देवरिया संसदीय क्षेत्र में बिजली की आपूर्ति के अतिरिक्त स्वच्छ पेयजल की आपूर्ति की समस्या काफी लंबे समय से हो रही है। श्री कलराजजी के अपने प्रयासों के परिणामस्वरूप भारत सरकार की संस्था राष्ट्रीय लघु उद्योग निगम द्वारा सेवरही में 15 लाख रुपए की लागत से 2000 लीटर प्रतिघंटा क्षमतावाले आर.ओ. प्लांट की स्थापना की गई। इससे क्षेत्र के 10,000 लोगों को शुद्ध पेयजल उपलब्ध हो सकेगा। राष्ट्रीय लघु उद्योग निगम ने देवगाँव गौरी में भी

स्थापना की। इसके अलावा, सांसद आदर्श गाँव पयासी मिश्र में भी दो आर.ओ. प्लांट स्थापित किए गए। इन दोनों वाटर प्लांटों की पानी शुद्धीकरण की क्षमता 5000 लीटर प्रतिघंटा है। सांसद निधि से फाजिल नगर विधानसभा क्षेत्र में एक और आर.ओ. प्लांट लगाया गया। इस प्रकार देवरिया संसदीय क्षेत्र में पेयजल की समस्या के निदान हेतु 8 आर.ओ. प्लांट लगाए जा चुके हैं और शीघ्र इतने ही आर.ओ. प्लांट लगाए जाने का कार्यक्रम है।

श्री कलराज मिश्र के प्रयास से देवरिया में विभिन्न केंद्रीय सार्वजनिक उद्यम निकायों द्वारा पेयजल समस्या का समाधान व रात्रिकाल में आवागमन की सुविधा हेतु निम्न कार्य किए गए—

1. हैंड पंप का लगाना 160 पी.जी.सी.आई.एल
2. सोलर स्ट्रीट लाइट की स्थापना 2158 ई.ई.एस.एल.
3. हाई मास्ट लाइटों की स्थापना 75 एन.टी.पी.सी.पी.एफ.सी.
4. सोलर स्ट्रीट लाइट की स्थापना 375 एस.जे.बी.एन.एल.

संसदीय क्षेत्र में बिजली और पानी के अतिरिक्त नाबार्ड की सहायता से अनेक कार्यक्रम किए गए, जिससे क्षेत्र का विकास सुनिश्चित किया जा सके। क्षेत्र के नाबार्ड ने निम्न कार्यक्रम किए—

क्रम सं.	परियोजना की श्रेणी	इकाइयों की संख्या	नाबार्ड ऋण करोड़ों में
1	जलागम विकास	11	1534.93
2	स्कूल	1	91096
3	सिंचाई	1	100.48
4	सड़क	347	7523.6
5	नलकूप	237	4250.44
6	बाढ़ नियंत्रण	37	3682.71
7	सेतु	15	3519.57

देवरिया संसदीय क्षेत्र में बिजली, पेयजल के अतिरिक्त सड़कों की स्थिति बड़ी दयनीय रही है। श्री मिश्र के प्रयास से वित्तीय वर्ष 2015-16 में ग्रामीण सड़कों के विकास हेतु 29.386 करोड़ रुपए अवमुक्त कराए गए, जिससे क्षेत्र में 133.33 कि.मी. की 22 सड़कों का निर्माण हुआ। प्रधानमंत्री ग्राम सड़क योजना के अंतर्गत लगभग 65 गाँवों को संपर्क मार्ग से जोड़ा गया। मई, 2015 में गोरखपुर, देवरिया, सलेमपुर होते हुए भैरवाँ तक जानेवाले मार्ग को राष्ट्रीय राजमार्ग 727ए घोषित किया गया तथा देवरिया बाईपास को स्वीकृत करने हेतु आवश्यक कदम उठाए जा रहे हैं।

श्री कलराज मिश्र ने अपने संसदीय क्षेत्र में उद्यमिता के विकास एवं बेरोजगार युवाओं को रोजगार उपलब्ध कराने के उद्देश्य से निम्न कार्यक्रम चलाए—भारत सरकार के उपक्रम राष्ट्रीय लघु उद्योग निगम द्वारा एस्पायर योजना के अंतर्गत इनक्यूबेशन व प्रशिक्षण केंद्र स्थापित किया गया। इसका मुख्य उद्देश्य बेरोजगार युवक-युवतियों को स्वरोजगार के योग्य बनाना है। इन केंद्रों पर पुरुषों को उद्यम शुरू करने संबंधी जानकारी, मशीनों पर प्रैक्टिकल ट्रेनिंग एवं विनिर्माण संबंधी संपूर्ण जानकारी उपलब्ध कराना है। वर्तमान में देवरिया स्थित प्रशिक्षण केंद्र में लगभग 300 प्रशिक्षु विभिन्न केंद्रों में प्रशिक्षण प्राप्त कर रहे हैं। अब तक इस केंद्र में अनुसूचित जाति के 87, अनुसूचित जनजाति के 22, अल्पसंख्यक 10 एवं पिछड़े वर्ग के 411 प्रशिक्षुओं सहित 903 युवक-युवतियाँ सफलतापूर्वक प्रशिक्षण प्राप्त कर चुके हैं। इसके अतिरिक्त राष्ट्रीय सूक्ष्म, लघु एवं मध्यम उद्यम संस्थान द्वारा 422 प्रशिक्षणार्थियों को प्रशिक्षण प्रदान किया गया है।

शिक्षित युवा बेरोजगारों को रोजगार प्रदान करने के उद्देश्य से देवरिया में मार्च, 2016 एवं दिसंबर, 2016 में जॉब मेले का आयोजन किया गया। इन मेलों में क्रमशः 30 और नियोक्ता कंपनियों ने भाग लिया। मार्च, 2016 में आयोजित मेले में 12049 बेरोजगार युवकों ने भाग लिया और 1169 को नियुक्तियाँ दी गईं। इसी प्रकार दिसंबर, 2016 में आयोजित मेले में 2804 ऐसे युवकों ने भाग लिया, जो बी.टेक. व डिप्लोमाधारी थे। इनमें 413 उम्मीदवारों को नियुक्ति-पत्र दिए गए। देवरिया में महिला सशक्तीकरण हेतु श्री मिश्र ने एम.एस.एम.ई. मंत्रालय से

विभिन्न प्रशिक्षण शिविरों एवं कार्यशालाओं का आयोजन कराया, जिसमें कताई, खादी उत्पादन, स्वास्थ्य जागरूकता अभियान शामिल हैं। इसी तरह दलितों एवं दिव्यांगों के कल्याण हेतु विभिन्न आयोजन किए गए। सामाजिक अधिकारिता मंत्री श्री थावर चंद गहलोत के हाथों से दिव्यांगों को ट्राइसाइकिल व सुनने की मशीनें, बैसाखी आदि बँटवाए गए। कुल मिलाकर श्री कलराज मिश्र ने मंत्री पद के निर्वाह के साथ-साथ अपने संसदीय क्षेत्र देवरिया के विकास के लिए पूरे मनोयोग से प्रयास किया है।

□

केंद्रीय मंत्रिमंडल से कलराज मिश्र का त्यागपत्र : एक नैतिक कदम

3 सितंबर, 2017 को मंत्रिमंडल विस्तार में चार कैबिनेट मंत्रियों और नौ राज्यमंत्रियों को शपथ दिलाई गई। इस विस्तार की मुख्य विशेषता श्रीमती निर्मला सीतारमण का कैबिनेट मंत्री के रूप में पदोन्नति व रक्षामंत्री के रूप में उनकी तैनाती रही। स्वतंत्र भारत के इतिहास में इंदिरा गांधी के पश्चात् रक्षामंत्री बनने वाली वे दूसरी महिला हैं। इसके अतिरिक्त इस विस्तार से पूर्व मंत्रिमंडल के वरिष्ठतम सदस्य, देश के सूक्ष्म, लघु एवं मध्यम उद्यम मंत्री कलराज मिश्र का नैतिक आधार पर स्वेच्छा से दिया त्यागपत्र रहा।

श्री मिश्र 75 वर्ष की सीमा को पार कर 76 वर्ष के हो गए हैं। यद्यपि वे शारीरिक व मानसिक रूप से पूर्ण स्वस्थ एवं सक्रिय हैं, फिर भी नैतिकता के आधार पर स्वेच्छा से मंत्रिपरिषद् से इस्तीफा दे दिया। जहाँ तक सूक्ष्म, लघु एवं मध्यम उद्यम मंत्रालय में उनके प्रदर्शन का सवाल है तो उनके सवा तीन साल के कार्यकाल में एम.एस.एम.ई. सेक्टर में आश्चर्यजनक परिवर्तन हुआ है। एम.एस.एम.ई. मंत्री के रूप में उनके द्वारा उठाए गए सारे कदमों का वर्णन करना तो संभव नहीं है, परंतु एम.एस.एम.ई. सेक्टर को सुदृढ बनाने व उसका लाभ लोगों तक पहुँचाने हेतु उठाए गए कुछ कदमों के विषय में लोगों को अवगत कराना जरूरी समझता हूँ।

श्री मिश्र के कुशल निर्देशन में वर्ष 2015 में उनके मंत्रालय ने एम.एस.

एम.ई. पुनर्वास और पुनर्जीवन की रूपरेखा तैयार की और बैंकों को जून, 2016 तक एम.एस.एम.ई. की इकाइयों का पुनर्वास व पुनर्जीवन का ढाँचा तैयार करने का निर्देश दिया। इस योजना का मुख्य उद्देश्य बीमार पड़ी या बंद पड़ी सूक्ष्म, लघु इकाइयों को पुनर्जीवित करना था। इसके अतिरिक्त विश्व बैंक की सहायता से 15 नए प्रौद्योगिकी केंद्र स्थापित करने का निर्णय लिया गया। भारत सरकार तथा विश्व बैंक के बीच हुए समझौते के पश्चात् 10 राज्यों में नए प्रौद्योगिकी केंद्र स्थापित करते हुए 160 एकड़ भूमि कब्जे में ली जा चुकी है और शीघ्र ही भिवंडी (राजस्थान), बद्दी (हिमाचल प्रदेश) तथा इम्फाल (मणिपुर) सहित अन्य पिछड़े क्षेत्रों में प्रौद्योगिकी केंद्र काम करना प्रारंभ कर देंगे।

इस क्षेत्र में रोजगार प्रदान करने की दृष्टि से 8.5 लाख से अधिक की वृद्धि हुई। विगत तीन वर्षों में इस सेक्टर के उत्पादन में 1921 करोड़ रुपए मूल्य की वृद्धि हुई, अर्थात् कुल उत्पादन बढ़कर 28.030 करोड़ रुपए मूल्य का हो गया है। खादी ग्रामोद्योग के पास इस समय कुल 2223 संस्थाएँ हैं, जिनमें से 1850 को बाजार संवर्धन एवं विकास सहायता योजना के तहत 325.89 करोड़ रुपए की प्रत्यक्ष सहायता दी गई। खादी कारीगरों के कल्याण हेतु 5424 वर्कशेडों का निर्माण हुआ और 2.96 लाख खादी कारीगरों को आम आदमी बीमा सुरक्षा प्रदान की गई। खादी के 1945 संस्थानों और 1,10,000 कारीगरों को शामिल करते हुए कल्याण कोष न्यास स्थापित किया गया।

वित्तीय वर्ष 2016–17 में कॅयर एवं कॅयर उत्पादों का कुल निर्यात 2282 करोड़ रुपए हो गया। इस उद्योग में नारियल उत्पादक प्रमुख राज्यों में 7.21 लाख कर्मचारियों को रोजगार दिया गया। गत तीन वर्षों में इस सेक्टर में 880 इकाइयाँ स्थापित की गईं। कॅयर क्षेत्र के विकास के लिए 50 करोड़ रुपए से अधिक की राशि खर्च की गई और 27,000 से अधिक लोगों को मूल्य संबंधित प्रशिक्षण दिया गया। 15,476 महिलाओं को महिला कॅयर योजना के तहत प्रशिक्षित किया गया और कॅयर क्षेत्र में काम कर रही कंपनियों को देश-विदेश में आयोजित होनेवाले 25 से अधिक मेले में भाग लेने के लिए प्रोत्साहित किया गया।

प्रधानमंत्री की मेक इन इंडिया, स्टार्टअप, स्टैंडअप, डिजिटल इंडिया

आह्वान को मूर्त रूप देने में राष्ट्रीय लघु उद्योग निगम ने महत्त्वपूर्ण भूमिका निभाई। श्री मिश्र का सदैव यह प्रयास रहा है कि वंचित समाज के लोगों—महिलाओं और कमजोर वर्गों के आर्थिक उत्थान से समाज को सशक्त बनाएँ। मंत्रालय ने नव उद्यमियों एवं वंचित समाज से संबंध रखनेवाले उद्यमियों के समक्ष आनेवाली कठिनाइयों को दूर करने के उद्‍देश्य से विभिन्न योजनाओं और कार्यक्रमों के कार्यान्वयन के लिए वर्ष 2017-18 के बजट में सूक्ष्म, लघु एवं मध्यम उद्यमों को 7200 करोड़ रुपए का प्रतिवर्ष का वास्तविक कर लाभ दिया है।

मुद्रा योजना के तहत ऋण की राशि को 1,20,000 करोड़ रुपए से बढ़कर 2,44,000 करोड़ रुपए कर दिया गया है, जिसका प्रत्यक्ष लाभ अनुसूचित जाति, अनुसूचित जनजाति और महिला उद्यमियों को मिलेगा। निगम ने अपने टेक्निकल सेंटर्स पर 125563 परीक्षार्थियों को प्रशिक्षित किया और देश में 106 इनक्यूबेशन सेंटर्स स्थापित किए, जिससे बेरोजगार प्रशिक्षण लेने के पश्चात् विलय सहायता का लाभ लेकर अपना उद्यम स्थापित कर सकें।

अपने सवा तीन वर्ष के कार्यकाल में श्री कलराज मिश्र ने अपने दृढसंकल्प व कुशल मार्गदर्शन से स्टार्टअप्स को सहायता प्रदान करके प्रोत्साहित करके अपना नव उद्यम स्थापित करने हेतु काबिल बनाया, वहीं बेरोजगार नवयुवकों को इनक्यूबेशन द्वारा प्रशिक्षण प्रदान करके, वित्तीय सहायता प्रदान करके अपना उद्यम स्थापित करने लायक बना दिया है, जिससे वे जॉब सीकर के स्थान पर जॉब प्रोवाइडर बन सकें।

सूक्ष्म, लघु एवं मध्यम उद्यम मंत्रालय में इतनी सारी उपलधियों के बावजूद श्री मिश्र ने 75 वर्ष की आयु सीमा प्राप्त करने के पश्चात् नैतिकता के आधार पर त्यागपत्र दे दिया है, परंतु यदि उन्होंने इस मंत्रालय में अपना पूरा कार्यकाल पूरा किया होता तो यह पूरे एम.एस.एम.ई. सेक्टर के लिए उत्तम होता। मेरा मानना है कि उद्यमिता को गरीबों, वंचितों और दूर-दराज के क्षेत्र तक पहुँचाने के लिए कुछ और समय चाहिए था। सौभाग्य से वर्तमान सूक्ष्म, लघु, मध्यम मंत्री श्री गिरिराज सिंह उनकी हर योजना में उनके सहयोगी के रूप में शामिल रहे हैं तो उनसे आशा की जानी चाहिए कि श्री कलराजजी द्वारा प्रारंभ की गई योजनाओं को पूरा करेंगे।

श्री मिश्र ने अपने पूरे राजनीतिक जीवन में सदैव नैतिकता को अपनाया है। उ.प्र. में निर्वाह की घटना का जिक्र करते हुए पूर्व केंद्रीय मंत्री व उ.प्र. भाजपा के वर्तमान अध्यक्ष डॉ. महेंद्र नाथ पांडेय बताते हैं कि यह घटना उनके दृढ और सर्व स्वीकार्य पक्ष को उजागर करती है। जब विधानसभा में पी.डब्लू.डी मंत्री के रूप में उन पर एक व्यक्ति ने आरोप लगाए, तो स्वाभिमानी श्री मिश्र ने सदन में अपने त्यागपत्र की घोषणा कर दी और पद छोड़ दिया। ऐसे में क्या सत्ता, क्या विपक्ष पूरा सदन अवाक् रह गया। हफ्ता भर बीतने के बाद भी श्री मिश्र अपना त्यागपत्र वापस लेने को तैयार नहीं थे।

तब तत्कालीन मुख्यमंत्री श्री राम प्रकाश गुप्त ने सदन में आकर श्री कलराजजी से जनहित में त्यागपत्र वापस लेने की अपील की और आरोप लगानेवाले व्यक्ति ने सदन के अंदर अपने मिथ्या आरोपों पर क्षमा याचना की, तब जाकर कलराजजी ने त्यागपत्र वापस लेकर पुनः कार्यभार ग्रहण किया। इससे पूर्व में श्री कलराज मिश्र उत्तर प्रदेश भाजपा के चार बार प्रदेश अध्यक्ष रहे हैं। 1991 में उनकी और श्री कल्याण सिंह के जोड़ी ने गजब की संगठन क्षमता और चुनावी कौशल का परिचय दिया। सारी विपरीत परिस्थितियों के बावजूद 212 सीटें जीतकर भाजपा की सरकार बनाई।

उन्होंने अपने पूरे जीवन में पद को कभी भी प्राथमिकता नहीं दी। उनका 75 वर्ष की आयु के पश्चात् पूर्ण स्वस्थ होने के बावजूद नैतिकता के आधार पर मंत्रिमंडल से त्यागपत्र देना भावी पीढ़ी के नेताओं के लिए अनुकरणीय है। अपने पूर्ण राजनीतिक जीवन में श्री मिश्र ने पं. दीनदयाल उपाध्याय, श्री अटल बिहारी वाजपेयी और श्री लालकृष्ण आडवाणी के सानिध्य में उनके आदर्शों को अपनाया है।

□□□